John Ortberg

Die *Tür* ist offen

Ergreife Gottes Chancen

Aus dem Amerikanischen von Doris C. Leisering

SCM

R.Brockhaus

SCM

Stiftung Christliche Medien

Der SCM Verlag ist eine Gesellschaft der Stiftung Christliche Medien, einer
gemeinnützigen Stiftung, die sich für die Förderung und Verbreitung christlicher
Bücher, Zeitschriften, Filme und Musik einsetzt.

Umschlaggestaltung und -illustration: Dietmar Reichert, Dormagen
Satz: Christoph Möller, Hattingen
Druck und Bindung: CPI books GmbH, Leck
Gedruckt in Deutschland
ISBN 978-3-417-26634-4
Bestell-Nr. 226.634

Inhalt

In großer Dankbarkeit widme ich dieses Buch Barbara Lynn (Ortberg) Harrison und Barton David Ortberg, mit denen ich durch die geheimen Tore und offenen Türen der Kindheit gehen durfte und die bis heute mutig hindurchgehen.

1

So viele *Möglichkeiten* ... wie soll ich mich entscheiden?

*W*enn Sie Ihr Leben in sechs Worten zusammenfassen sollten, wie würden sie lauten?

Vor einigen Jahren stellte ein Online-Magazin genau diese Frage. Die Vorlage dafür war eine Herausforderung an Ernest Hemingway, eine Geschichte mit nur sechs Worten zu schreiben. Das Ergebnis war der Klassiker: „Zu verkaufen: Baby-Schuhe, nie getragen."

Es gab so viele Rückmeldungen auf die Frage des Online-Magazins, dass die Internetseite fast zusammenbrach, und am Ende wurde aus den Antworten sogar ein ganzes Buch. *Not Quite What I Was Planning* („Nicht ganz, was ich geplant hatte") steckt voller Sechs-Wort-Memoiren von berühmten und unbekannten Verfassern – mal lustig, mal ironisch, aber auch inspirierend und herzzerreißend:

↦   „Ein Zahn, ein Loch, wie gemein!"
↦   „Ein Retterkomplex führt zu vielen Enttäuschungen."
↦   „Krebs: ein Fluch. Freunde: ein Segen." (Dieser
      Spruch stammte nicht von einer weisen alten Groß-

mutter, sondern von einem neunjährigen Jungen mit Schilddrüsenkrebs.)

- ⇢ „Die Hellseherin hatte mehr Geld versprochen." (Vielleicht hätte diese Verfasserin mehr Geld, wenn sie es nicht für Hellseher ausgeben würde.)
- ⇢ „Für meinen Grabstein: ‚Hatte keine Krankenversicherung.‘"
- ⇢ „Kein guter Christ, aber weiter beharrlich."
- ⇢ „Ich dachte, ich könnte mehr bewirken."[1]

Die Herausforderung bei der Beschränkung auf sechs Worte besteht darin, sich auf das zu konzentrieren, was am meisten zählt – etwas wirklich Bedeutendes kurz zusammenzufassen. Winston Churchill soll einmal ein Dessert zurück in die Küche geschickt haben, weil es „kein Thema" hatte. Mein Leben soll nicht sein wie Churchills Dessert.

Was hätten wohl die Menschen der Bibel in sechs Worten über ihr Leben geschrieben? Wahrscheinlich würden ihre Sätze sich um die Punkte drehen, an denen sich ihre Lebensgeschichte und Gottes Geschichte kreuzten. Es wäre wohl immer von einer göttlichen Chance die Rede und von ihrer persönlichen Antwort – dem Ja oder Nein –, die ihr Leben prägten.

- ⇢ Abraham: „Weggegangen. Baby bekommen. Lache immer noch."
- ⇢ Jona: „‚Nein.‘ Sturm. Wasser. Wal. Ausgespuckt. ‚Ja.‘"
- ⇢ Mose: „Brennender Busch. Zwei Gesetzestafeln. Charlton Heston."

- Adam: „Erkenntnis gefunden. Weg nach Hause verbaut."
- Schadrach, Meschach und Abed-Nego: „Der König kochte, der Ofen nicht."
- Noah: „Blöder Regen. Gutes Schiff. Toller Regenbogen!"
- Esau: „Gutes Essen. Segen weg. Blöder Bruder!"
- Ester: „Königliche Schönheitsfarm. Schlauer Cousin. Israel gerettet."
- Maria: „Futterkrippe. Schmerz. Freude. Kreuz. Schmerz. Freude."
- Der verlorene Sohn: „Danebengehauen. Zurückgekommen. Vater froh, Bruder nicht."
- Der reiche junge Mann: „Auftrag von Jesus abgelehnt. Reich. Unglücklich."
- Zachäus: „Zu klein. Maulbeerbaum. Ärmer, aber glücklicher."
- Die Frau, die beim Ehebruch ertappt wurde: „Schäferstündchen. Fast gesteinigt. Von Jesus gerettet."
- Der barmherzige Samariter: „Ich kam, ich sah, ich half."
- Paulus: „Damaskus. Blind. Gefängnis. Briefe. Welt verändert."

Sie alle hätten ihre Lebensgeschichte in den sechs Worten „Nicht ganz, was ich geplant hatte" zusammenfassen können. Keine dieser Personen hätte ahnen können, wo ihr Leben sie hinführen würde. Sie wurden aufgestört. Sie bekamen eine Chance oder gerieten in Gefahr oder beides. So ist das Leben. Wir sind weder die Verfasser noch die Schachfiguren unserer

Lebensgeschichte, sondern irgendwie Partner des Schicksals oder der Bestimmung oder der Umstände oder der göttlichen Vorsehung. Und die Schreiber der biblischen Bücher sagen nachdrücklich, dass zumindest manchmal im Leben einzelner Menschen – im Leben aller Menschen, die dazu bereit sind – dieser unsichtbare Partner Gott ist.

Diese Chancen präsentieren sich in der Bibel häufig in einer unverkennbaren Verpackung. Ein brennender Dornbusch. Ein kämpfender Engel. Schrift an der Wand. Ein Schaffell. Eine Stimme. Ein Traum. Ein sprechender Esel wie in dem Film *Shrek*.

Es gibt noch ein anderes Bild von gottgegebenen Gelegenheiten in der Bibel, zu dem ich leichter Zugang finde. Es ist das Bild einer göttlichen Chance, das noch heute in jedem Leben vorkommt. Es ist ein Bild, das mir besonders nah ist, seit ich es durch meinen Dozenten Jerry Hawthorne kennenlernte:

Das ist die Botschaft dessen, der heilig und wahrhaftig ist und der den Schlüssel Davids hat. Was er öffnet, kann niemand schließen, und was er schließt, kann niemand öffnen. Ich weiß alles, was du tust, und *ich habe eine Tür für dich geöffnet*, die niemand schließen kann; denn du bist nicht stark, aber hast an meinem Wort festgehalten und meinen Namen nicht verleugnet. (Offenbarung 3,7-8; eigene Hervorhebung)

Eine Tür, so Dr. Hawthorne, ist in der Literatur ein besonders vielschichtiges Bild. Sie kann Sicherheit bedeuten („Meine Tür ist verschlossen und verriegelt") oder Verborgenheit

(„Niemand weiß, was hinter verschlossenen Türen vor sich geht"). Sie kann Zurückweisung bedeuten („Sie hat mir die Tür vor der Nase zugeschlagen") oder Ruhe (der Lieblingsraum junger Mütter ist das Bad, wo sie die Tür hinter sich zumachen und allein sein können).

Doch in diesen Versen bedeutet die Tür nichts von alledem. Vielmehr ist es eine *offene* Tür, ein Symbol für „grenzenlose Möglichkeiten; für unbegrenzte Gelegenheiten, etwas Sinnvolles zu tun; für weite Zugänge zu neuen und unbekannten Abenteuern eines sinnvollen Lebens; von bisher unvorstellbaren Chancen, Gutes zu tun und unserem Leben Ewigkeitswert zu verleihen".[2]

Eine offene Tür ist das große Abenteuer des Lebens, weil sie die Möglichkeit bedeutet, sich von Gott gebrauchen zu lassen. Dieses Angebot und unsere Antwort darauf sollen das Thema dieses Buches sein.

Gott kann jedem eine Tür öffnen

Kurz vor dem fünfzigsten Geburtstag meines Vaters fragte meine Mutter ihn eines Tages ganz unvermittelt in der Küche: „John, ist das alles, was wir mit unserem restlichen Leben anfangen wollen? Immer die gleiche Routine? Zur Arbeit gehen und mit den gleichen Leuten reden?" Mein Vater, ein Buch- und Rechnungsprüfer mit einem sehr stabilen Posten, der sein Leben lang in Rockford, Illinois, gelebt und nie darüber nachgedacht hatte, woanders hinzugehen, antwortete: „Ich glaube schon." Doch er fing an nachzudenken, ob es nicht noch etwas anderes geben könnte.

Oft beginnt sich eine Tür zu einem anderen Raum zu öffnen, wenn man anfängt, unzufrieden mit dem Raum zu sein, in dem man sich gerade befindet.

Ganz unerwartet erhielt mein Vater durch meine Frau ein Stellenangebot von einer Gemeinde in Südkalifornien. Es wäre allerdings ein ziemlich radikaler Umbruch gewesen – über 3000 Kilometer entfernt von dem Ort, an dem er schon immer gelebt hatte, eine Arbeit aufnehmen, für die er nicht ausgebildet war, mit Menschen, die er nicht kannte. Nachdem er sich alles genau angeschaut hatte, erklärte er der dortigen Gemeindeleitung, dass er sich die Sache so nicht vorstellen konnte: Das Gehalt war zu niedrig, die Häuser waren zu teuer, die berufliche Umstellung war zu groß, die Altersversorgung zu klein, er war zu alt, und die Menschen dort waren zu seltsam.

Oft beginnt sich eine Tür zu einem anderen Raum zu öffnen, wenn man anfängt, unzufrieden mit dem Raum zu sein, in dem man sich gerade befindet.

Er dachte, es sei die richtige Entscheidung. Es wäre ein zu großes Risiko gewesen. Erleichtert atmete er auf und flog nach Hause.

Doch nachdem er Nein gesagt hatte, begannen seltsame Dinge zu passieren. Eines Nachts hatte mein Vater einen Traum, in dem Gott zu ihm sagte: „John, wenn du auf diesem Weg bleibst, wirst du weder säen noch ernten." Mein Vater stammte aus einer sehr nüchternen, zurückhaltenden schwedischen Gemeinde, in der die Christen mit Gott sprachen, aber nicht erwarteten, dass Gott mit ihnen sprach. Sie sprachen nicht einmal besonders viel miteinander. Also maß er dem Traum nicht viel Bedeutung bei.

Als er aufwachte, las er im Tagebuch meiner Mutter (auch das hatte er noch nie getan!): „Ich weiß nicht, wie ich für John beten soll; ich glaube, er tut nicht das, was Gott von ihm will."

Nach alledem hatte er keine Lust, zum Gottesdienst in die Gemeinde zu gehen, also blieb er zu Hause. Dort schaute er sich aber einen Gottesdienst im Fernsehen an, bei dem der Prediger sagte: „Wenn Beweise möglich sind, ist Glauben unmöglich." Da wurde meinem Vater plötzlich klar, dass er Beweise gewollt hatte: Beweise, dass alles reibungslos laufen würde, wenn er die neue Stelle annahm. Doch der Prediger hatte recht: Solche Beweise hätten dem im Weg gestanden, was Gott sich am meisten von meinem Vater wünschte, nämlich seinen Glauben.

Also ging er in der folgenden Woche wieder zum Gottesdienst. Die Predigt handelte vom „Lassen" des Glaubens: Man muss sein altes Leben *hinter sich lassen*, sich darauf *verlassen*, dass Gottes Verheißungen zuverlässig sind, und sich auf einen neuen Weg *einlassen*.

Also stieg mein Vater in ein Flugzeug zurück nach Kalifornien, obwohl der Pastor der dortigen Gemeinde gesagt hatte, sie würden nun auch andere Kandidaten prüfen. Im Flugzeug schlug er die Bibel auf und las zufällig einen Abschnitt, in dem Gott den Menschen versprach, ihnen reiche Saat und Ernte zu schenken, wenn sie sich von ihren Götzen aus Gold und Silber abwenden (Jesaja 30,22-26).

Das alles betrachtete mein Vater mehr oder weniger als offene Tür.

Vor Kurzem verbrachten meine Schwester, mein Bruder und ich drei Tage mit unseren Eltern, um den achtzigsten Geburtstag meines Vaters zu feiern. Er und meine Mutter sind inzwischen in Rente, aber sie zogen damals nach Kalifornien und waren in jener Gemeinde ein Vierteljahrhundert lang angestellt. Es war das größte, riskanteste, aufregendste Abenteuer ihres Lebens.

Wir schrieben achtzig Karten, achtzig Erinnerungen an das Leben mit meinem Vater. Es war erstaunlich, wie viele Erinnerungen plötzlich wieder hochkamen: die Stimme meines Vaters, wenn er uns Kindern vorlas. Die Karteikarten mit Matheaufgaben, mit denen er uns unterrichtete. Der Geruch seines Eau de Toilette, das ich mir ausborgte, wenn ich eine Verabredung hatte.

Doch die spektakulärste Karte war die mit der Entscheidung, die sein Leben in „vorher" und „nachher" teilte: seine Entscheidung, durch eine offene Tür zu gehen, die er nicht aufgestoßen hatte, niemals erwartet hätte und auf die er sich nicht vorbereitet fühlte.

„Ich weiß, dass du nicht stark bist", sagt Gott zu der Gemeinde in Philadelphia. Die Christen dort fühlten sich vielleicht nicht gerade geschmeichelt, als sie diese Zeile lasen. Doch was für ein Geschenk ist es zu wissen, dass offene Türen nicht nur den besonders Talentierten oder außergewöhnlich Starken vorbehalten sind! Gott kann jedem eine Tür öffnen.

Gott kann in jeder Lage eine Tür öffnen

Viktor E. Frankl war ein herausragender Arzt, der von den Nazis ins Konzentrationslager deportiert wurde. Sie nahmen ihm die Möglichkeit, seinen Lebensunterhalt zu verdienen,

14

konfiszierten sein Eigentum, verhöhnten seine Würde und brachten seine Familie um. Sie sperrten ihn in eine Zelle ohne Ausgang: Ein Raum ohne offene Tür ist ein Gefängnis. Doch er fand eine Tür, von der die Lagerwachen nichts wussten: „Man [kann] dem Menschen […] alles nehmen, nur nicht: die letzte menschliche Freiheit, sich zu den gegebenen Verhältnissen so oder so einzustellen."[3]

Frankl entdeckte, dass Türen nicht nur Gegenstände sind. Eine Tür ist eine Entscheidung. Er stellte fest, dass ihm in einer Lage, in der ihm alle äußeren Türen verschlossen worden waren, die Türen bewusst wurden, die viel mehr zählen – die Türen, durch die die Seele aus der Angst heraus- und in den Mut eintreten kann, aus dem Hass und in die Vergebung, aus dem Unwissen ins Wissen. Viktor E. Frankl entdeckte, dass seine Wächter in Grausamkeit, Ignoranz und törichtem Gehorsam einem barbarischen System gegenüber viel stärker gefangen waren als er in Mauern und Stacheldraht.

Manche Menschen lernen diese Lektion und werden frei; andere begreifen es nie und leben als Gefangene. Aber es gibt immer eine Tür.

Sheena Iyengar, eine Forscherin der Columbia-Universität, fand heraus, dass der durchschnittliche Mensch jeden Tag etwa siebzig bewusste Entscheidungen trifft.[4] Das sind 25 550 Entscheidungen pro Jahr. In siebzig Jahren kommt man so auf 1 788 500 Entscheidungen. Albert Camus sagte einmal: „Das Leben ist die Summe unserer Entscheidungen." Nehmen Sie diese 1 788 500 Entscheidungen zusammen, und Sie wissen, wer Sie sind.

Die Fähigkeit, Türen zu erkennen – zu entdecken, welches Spektrum an Möglichkeiten in jedem Augenblick und in allen Umständen vor uns liegt –, ist eine erlernbare Fähigkeit. Sie bringt das Potenzial von Gottes Gegenwart und Macht in jede Situation auf dieser Erde. Forscher, die sich mit dem Verhalten von Unternehmern beschäftigen, sagen, dass diese ein besonders gutes „Chancenbewusstsein" besitzen. Sie haben die gleichen Umstände vor Augen wie alle anderen, doch sie „bemerken, ohne danach zu suchen, Gelegenheiten, die bisher übersehen wurden". Sie sind „wachsam, abwartend, immer offen für etwas, das geschehen könnte".[5] Vielleicht können wir eine Art „göttliches Chancenbewusstsein" entwickeln.

Manchmal geht es bei einer solchen Chance gar nicht darum, an einen neuen Ort zu gehen, sondern eine neue und bisher unerkannte Gelegenheit am alten Ort zu entdecken. In gewissem Sinn ist dies die überraschende Geschichte des Volkes Israel. Israel meinte, es befände sich auf dem Weg zu nationaler Größe, mit einer mächtigen Armee und überfließendem Reichtum. Stattdessen kamen Exil und Unterdrückung. Doch mit der verschlossenen Tür der nationalen Größe ging eine offene Tür der geistlichen Größe einher. Israel veränderte das geistliche und moralische Leben der Welt. Und während Nationen wie Assyrien, Babylon und Persien kamen und gingen, bleibt Israels Geschenk an die Menschheit bestehen.

Die Fähigkeit, Türen zu erkennen ist erlernbar.

Offene Türen existieren in der Bibel nie nur um der Menschen willen, denen sie angeboten werden. Es geht um eine Chance, aber auch um die Chance, ein Segen für andere zu sein. Eine offene Tür mag für mich aufregend sein, aber sie existiert nicht nur zu meinem eigenen Vorteil.

Eine offene Tür ist nicht einfach ein Bild für etwas Gutes.

16

Es geht um etwas Gutes, das wir noch nicht ganz erkennen können. Eine offene Tür bietet keinen vollständigen Blick auf die Zukunft. Eine offene Tür bedeutet eine Chance, ein Geheimnis, eine Möglichkeit – aber keine Garantie.

Gott sagt zu uns nicht: „Ich habe dir eine Hängematte vor die Nase gesetzt."

Er sagt auch nicht: „Ich habe dir ein detailliertes Handbuch gegeben, was du genau machen sollst und was genau infolgedessen passiert."

Eine offene Tür bedeutet nicht, dass auf der anderen Seite alles angenehm und glattläuft. Eine der anfangs erwähnten Sechs-Wort-Memoiren könnte auch von Jesus stammen: „Ein Retterkomplex führt zu vielen Enttäuschungen." Eine offene Tür ist kein Bauplan und keine Garantie.

Sie ist einfach eine offene Tür. Um herauszufinden, was sich auf der anderen Seite befindet, müssen Sie schon hindurchgehen.

Gott kann Türen sehr leise öffnen

Oft sagt Gott uns nicht, für welche Tür wir uns entscheiden sollen. Das ist eine äußerst frustrierende Eigenschaft Gottes.

Vor vielen Jahren standen meine Frau Nancy und ich vor einer offenen Tür. Wir mussten entscheiden, ob wir einmal quer durchs Land ziehen wollten – von Kalifornien, wo Nancy ihr Leben lang gelebt hatte, zu einer Gemeinde namens *Willow Creek* in der Nähe von Chicago. Die Entscheidung zwischen der Chicagoer Gemeinde und Kalifornien war sehr schwer. Am gleichen Tag und auf der gleichen Straße, auf der O.J. Simpson in seinem weißen Bronco vom Tatort floh, machten wir uns auf die entscheidende Reise.

Ich neigte eher dazu, nach Chicago zu gehen, weil ich dachte: *Wenn ich nicht dort hingehe, werde ich mich immer fragen, was gewesen wäre, wenn ...* (Wir werden von den Türen, durch die wir *nicht* hindurchgehen, ebenso geprägt wie von den anderen.) Nancy neigte zu Kalifornien, weil die Chicagoer Gemeinde in Chicago war. Wir dachten nach und beteten und redeten und redeten. Die Entscheidung für eine Tür ist selten leicht. Mich quälte die Angst, das Falsche zu tun. Was, wenn Gott wollte, dass ich mich für Tür Nr. 1 entscheide, ich aber Tür Nr. 2 nehme? Warum konnte er uns nicht deutlicher zeigen, was wir tun sollten?

Wir erfahren nicht immer, durch welche Tür wir gehen sollen. Jesus sagt zu der Gemeinde in Philadelphia: „Ich habe eine Tür für dich geöffnet" (Offenbarung 3,8). Er sagt aber nicht genau, welche Tür das ist. Ich kann nur versuchen mir vorzustellen, welche Fragen die Gemeinde nun hatte. *Woher wissen wir, welche Tür es ist? Sollen wir darüber abstimmen? Was, wenn wir durch die falsche Tür hindurchgehen?*

Das ist ein paradoxer und oft schmerzlicher Teil meines Lebens. Gott öffnet Türen, doch dann sagt er mir nicht, durch welche ich hindurchgehen soll.

Ich komme aus einer alten Predigersippe, und sie alle hatten ihre Geschichte, wie sie ihren „Ruf" erhielten. Mein Urgroßvater Robert Bennett Hall lief mit zwölf Jahren aus dem Waisenhaus weg, fand irgendwann Arbeit bei einem Händler und heiratete am Ende dessen Tochter. Eines Tages war er gerade dabei, den Laden zu fegen, als er seine Berufung spürte. Er stellte den Besen zur Seite, ging nach Hause und teilte meiner Urgroßmutter mit, Gott habe ihn berufen, Prediger zu werden.

Mein Schwager Craig arbeitete in einem Supermarkt, als er die für ihn unüberhörbare Berufung erhielt, Pastor zu werden. Sie ereilte ihn in der Tiefkühlabteilung.

Ich habe nie einen „Ruf" erhalten – wenigstens nicht so einen. Ich verbrachte zwar manchmal meine Freizeit im Supermarkt, aber ich bekam nie eine Berufung. Es dauerte Jahre, bis ich verstand, dass Gott vielleicht sehr gute Gründe dafür hat, die Entscheidung uns zu überlassen, statt uns eine E-Mail mit genauen Anweisungen zu schicken.

Als ich die Einladung erhielt, nach Chicago zu gehen, stand ich vor dem gleichen Dilemma. Wenn Pastoren die Gemeinde wechseln, sollen sie eigentlich eine klare Berufung haben – besonders, wenn die neue Gemeinde größer ist als die alte. Meist erzählen solche Pastoren dann: „Ich wollte eigentlich gar nicht die Stelle wechseln, aber ich hatte diese seltsame innere Unruhe und musste gehorchen." Fast nie hört man von einem Pastor den Satz: „Die neue Gemeinde ist viel größer als meine alte, und das begeistert mich total!"

Aber ich hatte solche Gedanken. Ich wusste, dass es nicht meine besten oder meine einzigen Gedanken waren, aber sie spielten eine Rolle. Und ich musste mich mit ihnen auseinandersetzen. Vielleicht gebraucht Gott deshalb offene Türen. Sie helfen uns, uns mit unseren eigentlichen Träumen und Motiven auseinanderzusetzen.

Nancy und ich schlugen uns mit dieser Entscheidung herum. Während wir überlegten, was wir tun sollten, schenkte mir mein Freund Jon ein Buch, das erst kürzlich geschrieben worden war und das ich noch nicht gelesen hatte. Es stammte von dem amerikanischen Kinderbuchautor Dr. Seuss, bei dem ich noch nie Karriereratschläge eingeholt hatte. Er schrieb in seinem Buch:

Du hast Hirn im Kopf und Füße in den Schuhen.
Du kannst jede Richtung einschlagen, die du willst …
Ach, wohin du überall gehen kannst! …
Außer, wenn du es bleiben lässt.
Denn manchmal wirst du nicht gehen.[6]

Ach, wohin du überall gehen kannst! Das war die Verheißung, die alle genannten biblischen Personen erhielten. Es ist die Verheißung des Gottes der offenen Tür.

Ich glaube, Tausende von Schulabgängern können sich jedes Jahr zutiefst mit den Worten von Dr. Seuss identifizieren, weil das, was eigentlich zählt, nicht das garantierte Resultat ist. Was zählt, ist das Abenteuer der Reise. Das fiel mir besonders auf, als ich dieses Kinderbuch zum ersten Mal las.

Ich dachte an meine Eltern und ihr großes Abenteuer, von Illinois nach Kalifornien umzuziehen. Ich dachte daran, wie sehr mein Vater sein sicheres Nein bereute und sich über sein riskantes Ja freute.

Am Ende beschlossen Nancy und ich, nach Chicago zu gehen. Es gab – soweit wir das beurteilen können – für uns keine göttliche Marschanweisung oder übernatürlichen Hinweise. Doch wir entschieden uns für Chicago, weil das Abenteuer des Ja mehr von Leben erfüllt war als die Sicherheit des Nein.

Nur selten lesen wir in der Bibel, dass Gott zu einem Menschen kommt und zu ihm sagt: „Bleib hier!" Fast nie stört Gott jemanden auf und bittet ihn dann, in seiner bequemen, sicheren, vertrauten Lebenssituation zu bleiben. Vielmehr öffnet er eine Tür und fordert den Betreffenden auf, hindurchzugehen.

Die umwerfende Wahrheit ist, dass in diesem Augenblick unzählige Möglichkeiten stecken. Was könnten Sie in diesem Moment tun, das Sie nicht tun? Sie könnten Chinesisch lernen, für einen Marathon trainieren oder sich auf die Suche nach der Liebe Ihres Lebens machen (und sie vielleicht sogar finden!). Sie könnten einem Freund ein Geheimnis verraten, das Sie noch nie einer Menschenseele erzählt haben. Sie könnten die Patenschaft für ein armes Kind übernehmen. Sie könnten einen romantischen Film schauen oder auf dem Shopping-Kanal das schärfste Messer der Welt bestellen oder den Seelsorgetermin vereinbaren, zu dem Ihr(e) Ehepartner(in) Sie schon seit Jahren ermutigt.

Eine offene Tür ist eine von Gott geschenkte Gelegenheit, mit Gott und für Gott aktiv zu werden.

Es gibt eine offene Tür.

Aber es gibt noch mehr. Der Ausdruck „offene Tür" beschreibt nicht einfach irgendeine Gelegenheit. Eine offene Tür ist eine von Gott geschenkte Gelegenheit, mit Gott und für Gott aktiv zu werden. In dem kleinen Abschnitt aus dem Brief an die Gemeinde in Philadelphia benutzt der Apostel Johannes einen wunderbaren Ausdruck. Wörtlich schreibt er, vor der Gemeinde liege eine *geöffnete* Tür. Jüdische Autoren vermieden oft aus Ehrfurcht, das Wort *Gott* ausdrücklich niederzuschreiben. Johannes drückt also auf diese Art und Weise aus, dass die gebotene Gelegenheit nicht einfach so vom

Himmel gefallen ist. Es war Gott, der handelte. Vor uns liegt nicht etwas rein Menschliches – nicht einfach offene Türen, sondern *geöffnete* Türen.

Am Anfang der Geschichte von Gottes Volk steht das unerwartete Angebot einer geöffneten Tür. Es erging an einen Mann namens Abram unter der Kategorie „Nicht ganz, was ich geplant hatte". Am Anfang, noch bevor Israel existierte, kam Gott auf ein altes Ehepaar zu:

Abram und Sarai, heute ist es so weit!
Nehmt Vater Terach und zieht los, seid bereit!

Macht euch auf die Wanderschaft, und vielleicht bekommt ihr sogar
noch ein eigenes Kind mit über neunzig Jahr'.

Euch wird euer Glaube auszeichnen und meine Verheißung
und (auch wenn es unangenehm ist) die Beschneidung.

Wie Sterne am Himmel werden eure Nachkommen sein,
auch wenn manche Lüge sich wird schleichen ein.

Ihr werdet vom Weg abkommen, Verwirrung und Angst werden euch quälen,
ihr werdet lang warten müssen und viele Fehler begehen.

Euch werden die Worte fehlen, ihr werdet ratlos sein,
doch durch euch kommt mein Segen in alle Völker der Welt hinein.

Mit eurem kleinen Glauben wird euch mehr gelingen, als ihr versteht,

und ich verspreche euch: Ihr werdet staunen, was ihr alles seht!

Und sie gingen. In gewissem Sinne ist dieser Augenblick der Dreh- und Angelpunkt der gesamten biblischen Geschichte. Der Verfasser des 1. Buchs Mose brachte es in zwei hebräischen Worten zum Ausdruck: *vajelech Avram.* „Und Abram ging."

Nicht ganz, was ich geplant hatte.

Aber wohin Sie überall gehen werden!

Gott kann auch mit „falschen Türen" arbeiten

Im Neuen Testament schreibt Jakobus, wir sollen Gott um Weisheit bitten, wenn sie uns fehlt (Jakobus 1,5). Er sagt nicht, wir sollen fragen, welche Tür wir nehmen sollen, sondern wir sollen um die notwendigen Mittel bitten, um eine weise Entscheidung treffen zu können.

Gott geht es in unserem Leben nicht in erster Linie um unsere Leistungen, sondern darum, was für ein Mensch wir werden. Gott geht es nicht in erster Linie darum, welchen Beruf wir ergreifen sollen; Gottes Wille ist nicht in erster Linie auf unsere Situation oder Umstände bezogen. Es geht nicht in erster Linie darum, an welchem Ort wir leben, ob wir heiraten oder in welchem Haus wir wohnen. Gott wünscht sich für unser Leben vor allem, dass wir ein wunderbarer Mensch nach seinem Bild werden – ein Mensch mit dem Charakter von Jesus. Das ist Gottes Wille für unser Leben. Keine Umstände können das verhindern.

Wir alle verstehen das, und Eltern besonders. Hätten Sie als Vater oder Mutter gern Kinder, denen man ihr Leben lang sagen muss: „Zieh diese Kleider an. Studiere dies oder jenes. Geh an diese Universität. Bewirb dich auf diese Stelle. Heirate diese Person. Kaufe dieses Haus"? Würden Sie wollen, dass sie immer genau das tun, was Sie ihnen sagen? (Übrigens lautet die korrekte Antwort auf diese Frage: „Nein!")

Warum? Weil wir Eltern für unsere Kinder nicht wollen, dass sie kleine Roboter sind, die unsere Anweisungen ausführen, sondern dass sie Menschen mit einem guten Charakter und Urteilsvermögen werden. Das ist nur möglich, wenn sie viele Entscheidungen treffen. Natürlich heißt das auch, dass sie viele falsche Entscheidungen treffen. Sie werden vor allem aus ihren Fehlern lernen.

Sehr oft sagt Gott zu uns: „Ich möchte, dass du dich entscheidest", denn Entscheidungen zu treffen ist ein unerlässlicher Teil der Charakterbildung. Gott beschäftigt sich vor allem damit, unseren Charakter zu formen, weniger mit der Umgestaltung von Lebensumständen.

Und Gott ist ein Gott der offenen Türen. Das mag eine neue Sichtweise auf Gott sein. Bei offenen Türen hört Gott lieber ein Ja als ein Nein. Er liebt Abenteuer und Chancen.

Dies mag auch eine neue Sicht aufs Leben sein. Ich muss mich nicht davor fürchten zu versagen. Ich muss mich nicht vor den Umständen fürchten. Jeder Augenblick ist eine Gelegenheit, nach einer Tür Ausschau zu halten, die sich zu Gott und seiner Gegenwart hin öffnet.

Es mag auch eine neue Sichtweise auf mich selbst sein. Ich bin nicht mehr von meiner Kleinheit und Schwäche begrenzt. Der Gott, der mir die Tür öffnet, ist auch der Gott, der weiß, wie klein und schwach ich bin.

Es bedeutet auch eine neue Art und Weise, Entscheidungen zu treffen. Ich lebe nicht mehr unter der Tyrannei der perfekten Entscheidung. Gott kann selbst das benutzen, was nach der „falschen Tür" aussieht, wenn ich mit der richtigen Herzenseinstellung hindurchgehe.

Unser Leben ist voller Türen.

Vielleicht stehen Sie kurz vor dem Studienabschluss. Einer neueren Studie zufolge wünschen sich junge Erwachsene mehr als alles andere, einer Arbeit nachzugehen, die sie inspiriert und ihnen Unabhängigkeit bietet.[7] Sie möchten tun, was Sie glücklich macht, aber vielleicht haben Sie es noch nicht gefunden.

> *Gott kann selbst das benutzen, was nach der „falschen Tür" aussieht, wenn ich mit der richtigen Herzenseinstellung hindurchgehe.*

Vielleicht befinden Sie sich gerade in einer Übergangsphase. Häufiger als je zuvor wechseln Menschen ihren Arbeitsplatz, ihre Firma, ihren Beruf. Wie können Sie eine kluge Entscheidung treffen?

Vielleicht stecken Sie gerade in einer Sackgasse fest. Ihr Leben ist sicher, erfüllt sie aber nicht. Sie haben den Wunsch, mehr zu tun oder zu sein.

Vielleicht stehen Sie vor einem „leeren Nest". Plötzlich haben Sie Freiheit, Zeit und Möglichkeiten, die Sie seit Jahrzehnten nicht mehr hatten. Wie setzen Sie das alles am besten ein?

Vielleicht gehen Sie demnächst in den Ruhestand. Aber das Wort *Ruhestand* gibt es in der Bibel nicht, und Sie sind noch nicht bereit für den Tod oder Kaffeefahrten. Was hält Gott als Nächstes für Sie bereit?

Vielleicht sehen Sie sich mit schnellen Veränderungen konfrontiert. Der Karrierespezialist Andy Chan sagt, dass junge Erwachsene in den USA auf ihr gesamtes Berufsleben gesehen durchschnittlich neunundzwanzig verschiedene Arbeitsstellen vor sich haben. Forscher der Universität Oxford sagen voraus, dass über die nächsten zwei Jahrzehnte etwa die Hälfte der heute existierenden Arbeitsstellen durch Technologie ersetzt werden.[8] Wie können Sie sich auf ein solches wechselndes Arbeitsumfeld einstellen?

Vielleicht haben Sie eine Leidenschaft. Sie haben eine Reise ins Ausland gemacht und dort eine große Not gesehen, oder Sie haben ein Problem studiert und wollen etwas verändern. Wie sieht der nächste Schritt aus?

Vielleicht stehen Sie als angehender Student vor der Entscheidung für eine Universität oder ein Hauptfach. Was, wenn das Hauptfach am Ende gar nichts mit Ihrem Beruf zu tun hat? (Übrigens haben viele Leute etwas studiert, das am Ende gar nichts mit ihrem Beruf zu tun hatte. Sagen Sie Ihren Eltern, sie sollen sich keine Sorgen machen.)

Vielleicht stehen Sie kurz vor einer aufregenden Beziehung oder denken ans Heiraten. Woher wissen Sie, ob die andere Person der oder die „Eine" ist? Was, wenn Sie sich falsch entscheiden?

Oder vielleicht sind Sie frustriert wegen einer verpassten Gelegenheit in der Vergangenheit. Wird Gott Ihnen eine neue Chance schenken?

Viele Menschen verwechseln Entscheidungsfindung damit, den Willen Gottes für ihr Leben zu erkennen. Wie wir sehen werden, ist es eine erlernbare Fähigkeit, offene Türen wahrzunehmen und hindurchzugehen. Meistens lernen wir am besten, wenn wir mit kleinen Türen anfangen – einem freundlichen Wort oder einem kleinen Dienst oder einer riskierten Auseinandersetzung oder einem vertrauensvollen Gebet.

Jeden Morgen gibt es eine offene Tür; jeden Moment kann sich eine Tür auftun. Manche von uns sehen diese Türen und gehen hindurch, und so wird ihr Leben zu einem göttlichen Abenteuer. Andere weichen vor ihnen zurück oder erkennen sie einfach nicht. Ein Raum ohne Tür ist ein Gefängnis. Wer offene Türen nicht nutzt, wird nicht die Aufgaben entdecken, die Gott für ihn vorbereitet hat. Wenn wir Gottes Geist mehr in unserem Leben erfahren wollen, müssen wir uns antrainieren, nach Momenten göttlicher Chancen Ausschau zu halten und darauf einzugehen.

Jede Tür, durch die wir hindurchgehen, bedeutet, etwas zu verlassen und irgendwo anzukommen. Wie wird sich unser Leben dadurch verändern? Was wird es uns kosten? Auf jedem Weg – auch auf Ihrem – gibt es Unsicherheiten und Geheimnisse und Abenteuer und Frust und Überraschungen.

Von Anfang an stießen Gottes offene Türen auf verschlossene Herzen bei Menschen. Abram sagte:

Wohin willst du mich schicken? Wohin soll ich gehen?
Woher weiß ich Bescheid? Wann komme ich an?
Brauche ich viel Wissen? Brauche ich einen Plan?
Brauche ich andere Dinge, die ich noch nicht sehe?

Wo ist dein Plan für mein Leben, wie sieht er aus?
Ich muss noch viel mehr wissen, und mit meiner Frau
reden muss ich auch.
Ich bin alt und nicht mutig, und du sagst mir manches
nicht.
Ich will Einzelheiten! Details fallen für mich ins Gewicht!

Und siehe – der Herr sagte es ihm nicht. Gott lässt uns bekanntermaßen oft über solche Einzelheiten im Unklaren. Wenn wir zu viele Details wüssten, wo bliebe dann die Aufregung an dem Abenteuer? Gott wollte Abram als Freund haben, und Freunde vertrauen einander. Und ohne ein wenig Risiko und Unsicherheit und Verletzlichkeit kann man nicht lernen, jemandem zu vertrauen.

Gott sagte zu Abram: „Geh an den Ort, den ich dir zeigen werde."

Ach, wohin wir überall gehen werden!
Die offene Tür führt an einen Ort, an den Gott uns führt.
Gott öffnete eine Tür. Abram ging. Der Rest ist Geschichte.
Wo werden Ihre Türen hinführen?

2

Offene-*Tür*-Menschen und Geschlossene-*Tür*-Menschen

*I*n meiner Universität gab es Pflichtgottesdienste. Eigens dazu abgestellte Studenten – die wir liebevoll als „Kirchenspitzel" bezeichneten – saßen auf besonderen Plätzen und führten Anwesenheitslisten, also musste die Uni jedes Semester eine systematische Sitzordnung für die Gottesdienste entwerfen. Meist wurden wir alphabetisch platziert oder nach Hauptfach oder nach dem Bundesstaat, aus dem wir kamen. In einem Semester platzierten uns die Kirchenspitzel nach Durchschnittsnoten. Etwa in der dritten Woche des Semesters kam uns etwas von diesem System zu Ohren. Uns wurde bewusst, dass man anhand unseres Sitzplatzes schnell herausfinden konnte, wie klug wir waren – die Studenten mit einem besseren Schnitt saßen vorn, die mit einem schlechteren Schnitt weiter hinten. Als dies bekannt wurde, gab es einen kleinen Aufstand. Die Organisatoren mussten die gesamte Studentenschaft umsetzen und die Anwesenheitslisten des ersten Monats vernichten. Wen interessiert es schon, ob andere Leute wissen, wie klug wir sind?

Laut der Forscherin Carol Dweck gibt es zwei Arten von Menschen: Die einen interessiert es sehr und die anderen kaum. Und das wiederum hängt damit zusammen, ob diese Menschen durch offene Türen hindurchgehen oder eher nicht.

Carol Dweck erforscht die Denkweise von Menschen und ihre Fähigkeit, Widrigkeiten zu bewältigen. Sie interessiert sich besonders dafür, wie Menschen mit Begrenzungen, Hindernissen, Versagen und Veränderungen umgehen. In einer Studie gab sie einer Gruppe von Zehnjährigen Mathematikaufgaben mit steigendem Schwierigkeitsgrad zu lösen, um zu sehen, wie sie mit Versagen zurechtkommen. Die meisten Schüler waren nach einer Weile entmutigt und niedergeschlagen, doch einige wenige reagierten ganz anders. Ein Kind rieb sich angesichts seines Misserfolgs die Hände, schnalzte mit der Zunge und sagte: „Ich mag Herausforderungen!" Ein anderes Kind, das bei einer Matheaufgabe nach der anderen aufgeben musste, sagte: „Wissen Sie, ich hatte mir gewünscht, dass das hier eine lehrreiche Sache ist."

Die Forscherin fragte sich, was an diesen Kindern anders war. „Ich dachte immer, entweder kommt man mit Versagen zurecht oder eben nicht. Ich hätte nie gedacht, dass jemand Misserfolge *mögen* könnte. Waren das außerirdische Kinder, oder waren sie etwas Wichtigem auf der Spur?"[9]

Carol Dweck erkannte, dass diese Kinder sich nicht nur *nicht* von ihrem Versagen entmutigen ließen, sondern dass sie es vielmehr gar nicht als Versagen betrachteten. Sie gingen davon aus, dass sie etwas *lernten*. Die Forscherin zog daraus die Schlussfolgerung, dass Menschen aus zwei ganz verschiedenen, fast gegensätzlichen Richtungen ans Leben herangehen. Eine dieser grundsätzlichen Einstellungen möchte ich als „geschlossene Denkweise" bezeichnen. Menschen mit einer geschlossenen Denkweise gehen davon aus, dass das Leben eine festgelegte Menge an Gaben und Talenten enthält und ihr Wert als Mensch davon abhängt, wie talentiert sie sind. Darum halten sie es für ihre Aufgabe, andere davon zu überzeugen, dass sie „es" haben, was auch immer dieses „es" ist.

Wenn ich so über mein Leben denke, dann sind offene Türen natürlich etwas, dem ich größtenteils aus dem Weg gehe, denn bei jeder Herausforderung steht mein Wert als Mensch auf dem Spiel: Vielleicht habe ich nicht genug von diesem „es". Ich versuche, mein Leben so zu gestalten, dass ich immer Erfolg habe und niemals versage. Ich will nie einen Fehler machen, denn wenn ich einen Fehler mache, könnten die anderen ja denken, ich habe „es" nicht.

Das zeigt sich schon früh im Leben. Wenn Kinder in der Schule eine große Klassenarbeit schreiben, sagen

Wer sich um Weiterentwicklung bemüht, lässt sich auf Herausforderungen ein.

manche zu ihren Mitschülern: „Ich habe nicht mal für die Arbeit gelernt." Warum sagen sie so etwas? Nun, wenn sie eine schlechte Note bekommen und andere davon erfahren, werden die anderen sie nicht für dumm halten. Sie sind trotzdem klug; sie haben „es" trotzdem. Und wenn sie eine gute Note bekommen und die anderen Kinder denken, sie hätten nicht gelernt, haben sie sogar noch mehr von ihrem „es".

Aus diesem Grund waren alle Studenten an meiner Universität so aufgebracht, dass sie nach ihren Durchschnittsnoten platziert wurden – außer denen, die in der ersten Reihe saßen. (Ich saß übrigens auf der Empore. Aber nur, weil ich vor der letzten Prüfung nachts nicht geschlafen hatte. Und ich hatte mich auch nicht besonders angestrengt. Außerdem bin ich einen anderen Prüfungsstil gewohnt. Nicht, dass es mich interessieren würde, was Sie denken.)

Carol Dweck ist der Überzeugung, dass es auch noch einen anderen Weg gibt, durchs Leben zu gehen, und zwar mit einer „offenen Denkweise". Menschen mit einer offenen Denkweise gehen davon aus, dass die reine Fähigkeit nicht so wichtig ist wie Weiterentwicklung. Wachstum ist immer möglich. Wer sich um Weiterentwicklung bemüht, lässt sich auf Herausforderungen ein. Das Ziel ist also nicht, klüger oder kompetenter zu scheinen als andere Menschen, sondern über das hinauszuwachsen, wo man heute steht. Daher sind Misserfolge unverzichtbar, weil man aus ihnen lernen kann.

Letzten Endes bildet der Glaube das beste Fundament für eine offene Denkweise. Ich muss meinen Wert als Mensch nicht unter Beweis stellen, weil ich von Gott bedingungslos geliebt bin. Ich kann offen für das Morgen sein, weil Gott bereits dort ist.

Wenn wir durch die offene Tür gehen wollen, müssen wir aufhören, Gott, unser Leben und uns selbst mit einer „geschlossenen Denkweise" zu betrachten. Diese tarnt sich womöglich als Besonnenheit oder gesunder Menschenverstand, doch im Grunde steckt hinter ihr die ängstliche Weigerung, Gott zu vertrauen. Davids Brüder sahen nur die verschlossene Tür, als sie ihm sagten, Goliat sei unbesiegbar. Die Israeliten sahen nur die verschlossene Tür, als sie Josua und Kaleb erklärten, ihre Feinde seien wie Riesen und sie selbst im Gegensatz dazu nur Grashüpfer und deshalb sollten sie nach Ägypten und in die Sklaverei zurückkehren. Auch der junge reiche Mann sah nur die verschlossene Tür, als er beschloss, Jesus nachzufolgen sei ganz nett, käme ihm aber zu teuer zu stehen.

Und ich sehe nur die verschlossene Tür immer dann, wenn ich horte, statt großzügig zu sein, wenn ich schweige, statt in Liebe die harte Wahrheit zu sagen. Ich sehe nur die verschlossene Tür, wenn ich behaupte, an Gott zu glauben, aber mich nicht vom Fleck bewege, wenn er sagt: „Geh!" Eine geschlossene Denkweise mag sicher aussehen, doch in Wirklichkeit ist sie unglaublich gefährlich, weil sie Gott auf der anderen Seite der Tür stehen lässt.

Ein „Offene-Tür-Mensch" zu sein heißt, im Denken offen zu sein. Natürlich gibt es auch einige Dinge, die wir tun und die uns helfen können, uns regelmäßig auf offene Türen einzulassen und hindurchzugehen. Schauen wir uns einmal einige Eigenschaften von „Offene-Tür-Menschen" an, die sie dazu befähigen, durch Gottes offene Türen zu gehen.

Offene-Tür-Menschen sind bereit – auch wenn sie nicht bereit sind

Offene Türen wirken immer beängstigender als geschlossene. Wir wissen nie genau, was passiert, wenn wir hindurchgehen.

Wenn wir große Entscheidungen zu treffen haben – eine Arbeitsstelle annehmen, umziehen, eine Beziehung eingehen, ein Kind bekommen –, wollen wir alle schon vorher genau wissen, worauf wir uns da einlassen.

Aber wir wissen es nie.

Das ist sehr gut so, denn oft würden wir uns gar nicht darauf einlassen, wenn wir wüssten, was uns erwartet. Frederick Buechner schreibt: „Gott kommt immer unvorhergesehen, und der Grund dafür ist, vermute ich, dass wir uns in den

meisten Fällen schon längst rargemacht hätten, bevor er ein-
trifft, wenn er uns vorwarnen würde."[10]

Die Wahrheit übers Bereitsein ist, dass wir nie bereit sind.
Als unser erstes Kind geboren wurde, bekam Nancy eine Nie-
renentzündung. Sie hatte also nicht nur gerade ein Kind zur
Welt gebracht, sondern war auch noch krank. Irgendwann bekam sie Panik: „Was, wenn das Baby krank wird? Was, wenn
einer von uns es aus Versehen fallen lässt? Was, wenn wir unsere Tochter zu oft bestrafen? Oder zu selten? Was, wenn wir
einen zu ungesunden Lebensstil haben? Was, wenn wir ihr einen Schaden fürs Leben zufügen?"

Ich erklärte ihr geduldig: „Nancy, wir können jederzeit andere Kinder bekommen."

Fast alle Eltern, die ich kenne, denken: *Ich bin noch nicht
so weit!*, wenn sie mit ihrem ersten Kind nach Hause kommen. Dann wächst dieses Kind he-

*Die Wahrheit übers
Bereitsein ist, dass
wir nie bereit sind.*

ran, und es wird Zeit, dass es von
daheim auszieht und sich der Welt
stellt, aber die Welt ist furchterregend und teuer, und das Kind sagt:
„Ich bin noch nicht so weit!" Und
seine Eltern sagen: „Augen zu und durch!"

Diese Angst hat sogar einem ganzen Krankheitsbild einen
Namen gegeben: „Nesthockersyndrom". Menschen haben oft
Angst, durch offene Türen der wirtschaftlichen Unabhängig-
keit, beruflichen Zielstrebigkeit und Beziehungsfähigkeit zu
gehen, weil sie sich nicht bereit fühlen. Doch die Welt sagt:
„Bereit oder nicht – ich komme!"

Das Leben, Chancen, Herausforderungen, Beziehungen,
irgendwann das Altern und am Ende das Sterben – all diese

Dinge sagen irgendwie zu uns: „Bereit oder nicht – ich komme!"

Die Unumgänglichkeiten des Lebens bedeuten nicht, dass Vorbereitung unwichtig ist. Mir ist ein Gehirnchirurg, der vor der Operation ein paar Kurse belegt hat, lieber als ein blutiger Anfänger. Aber „sich bereit fühlen" ist nicht das ausschlaggebende Kriterium, um zu entscheiden, wohin wir gehen.

Gott sagt: „Ich habe vor dir eine Tür geöffnet", nicht: „Ich habe dir ein fertiges Drehbuch in die Hand gedrückt." Eine offene Tür ist ein Anfang, eine Gelegenheit, aber sie hat keinen garantierten Ausgang. Sie ist kein „Vorspulen auf das Ende des Films". Wenn man durch sie hindurchgeht, dann nur im Glauben.

„Sich bereit fühlen" wird überbewertet. Gott wünscht sich Gehorsam. Als Gott das Volk Israel ins verheißene Land brachte, ließ er sie *erst* in den Jordan gehen, *dann* teilte er den Fluss. Wenn sie auf Beweise gewartet hätten, würden sie heute noch am Ufer stehen. Glauben wächst, wenn Gott zu jemandem sagt: „Geh!", und der Betreffende sagt Ja.

Die vielleicht größte offene Tür in der Bibel steht am Ende des Matthäus-Evangeliums. Jesus schickt seine Jünger los, um die Welt zu verändern, aber es gibt zwei offensichtliche Probleme. Eines davon ist, dass es nur noch elf Jünger sind. Im ganzen Evangelium erinnert die Zahl Zwölf den Leser daran, dass die Jünger als Symbol der erlösten, neu gegründeten zwölf Stämme Israels ausgewählt wurden. Zwölf ist eine Zahl der Ganzheit, der Vollständigkeit, des Bereitseins. Jetzt hat die Mannschaft nicht genug Spieler.

Aber die falsche Anzahl ist nicht das einzige Problem. „Als sie ihn sahen, beteten sie ihn an – aber einige zweifelten immer noch" (Matthäus 28,17). Sie hatten ein *Quantitäts-* und ein *Qualitäts*problem. Sie haben nicht genug Jünger, und diejenigen, die sie haben, glauben nicht genug.

Der Neutestamentler Dale Bruner schreibt: „Die Zahl Elf hinkt, sie ist nicht vollkommen wie die Zwölf. (…) Die Gemeinde, die Jesus in die Welt schickt, ist ‚elferisch‘, unvollkommen, fehlbar."[11]

Diese Gruppe wählt Jesus aus, um die Welt zu verändern. Er sagt nicht: „Zuerst brauchen wir genug Leute", oder: „Zuerst brauchen wir genug Glauben." Er sagt einfach: „Geht los. Wir arbeiten an der Sache mit dem Glauben und den Zahlen, während ihr an der Sache mit dem Gehorsam arbeitet. Ich sende euch aus. Bereit oder nicht …"

In der Bibel sehen wir, dass niemand mit „Ich bin bereit" antwortet, wenn Gott ihn zu etwas auffordert:

- ↠ Mose: „O Herr, ich bin kein guter Redner; ich bin es nie gewesen" (2. Mose 4,10).
- ↠ Gideon: „Womit kann ich Israel retten? Meine Sippe ist die schwächste im ganzen Stamm Manasse, und ich bin der Jüngste in meiner Familie!" (Richter 6,15).
- ↠ Abraham: „Wie kann ich mit 100 Jahren noch Vater werden?" (1. Mose 17,17).
- ↠ Jeremia: „Ich kann nicht gut reden, ich bin noch viel zu jung!" (Jeremia 1,6).
- ↠ Jesaja: „Mir wird es furchtbar ergehen, denn ich bin ein Mann mit unreinen Lippen" (Jesaja 6,5).
- ↠ Ester: „Jeder, der ohne Einladung vor dem König erscheint, ist nach dem Gesetz dem Tode geweiht" (Ester 4,11).

- → Der reiche junge Mann: „Als der junge Mann das hörte, ging er traurig fort, denn er war sehr reich" (Matthäus 19,22).
- → Rut: „Es war eine Hungersnot ausgebrochen" (Rut 1,1).
- → Saul (Samuel sollte Saul zum König salben, aber er war unauffindbar, und das Volk fragte Gott, wo Saul ist. Daraufhin antwortete Gott): „Er versteckt sich beim Gepäck des Lagers" (1. Samuel 10,22).

Zu ungeschickt im Reden, zu schwach, zu alt, zu jung, zu sündig, zu gefährlich, zu reich, zu arm, zu viel Gepäck – *niemand* sagt: „Okay, Herr – ich fühle mich *bereit*." Und Gott sagt zu uns das, was er schon immer gesagt hat und was auch Jesus zu seinen Jüngern sagte: „Bereit oder nicht …"

Fakt ist: Wir wissen nicht, was wir können, bis wir es tatsächlich tun. „Bereit" wird man schneller, wenn man bereits unterwegs ist. Wer wartet, bis er ganz bereit ist, bevor er etwas tut, wird warten, bis er stirbt. Jesus sagt nicht: „Geh, du bist so weit." Er sagt: „Geh, ich gehe mit dir."

Vor Jahren nahm mich ein Freund mit in die Berge, weil er eine Überraschung für mich hatte. Er hatte mich zu einer Paragliding-Stunde angemeldet. Man hatte mir gesagt, dass man dabei auf dem Felsrand steht, in den Abgrund schaut und springt. Wenn der Schirm die Luft nicht hielt – tja, dann würde meine Frau sich bald auf die Suche nach einem neuen Mann machen müssen.

Da stand ich nun am oberen Rand der Felswand und schaute hinunter. Die Betreuer fragten mich: „Sind Sie bereit?"

Ich wusste, dass ich nicht bereit war. Aber ich war mit jemandem verbunden. Man springt immer im Tandem, und die

Person, mit der ich verbunden war, war bereit. Die Betreuer riefen: „Bereit oder nicht …!" Und als mein Partner sprang, sprang ich mit.

Was ich nicht wusste: Bis wir landeten, war es auch für meinen Sprungpartner das erste Mal gewesen. Mein Sprungpartner wusste nicht einmal genug, um Angst zu haben. Und ich dachte: *Das ist das letzte Mal, dass ich mit einem zehnjährigen Mädchen von einer Klippe springe!*

Jesus nimmt seine Jünger mit auf einen Berg. Es sind nicht genug Jünger, und sie haben nicht genug Glauben. Das spielt keine Rolle. Es spielt auch keine Rolle, ob sie bereit sind. Es zählt einzig und allein, dass *Jesus* bereit ist. Und Sie und ich wissen nie, wann er bereit ist. Das ist seine Sache.

Offene-Tür-Menschen lassen sich nicht durch Unsicherheit lähmen

Eines der großen Probleme an offenen Türen ist, dass sie nicht immer gut gekennzeichnet sind. Wenn Gott ruft, ist dieser Ruf nicht immer eindeutig. Im Großen und Ganzen gibt Gott uns nur so viele Informationen, wie wir unbedingt brauchen, und Gott entscheidet, wer was wann wissen muss.

Ein klassisches Beispiel dafür finden wir in der Apostelgeschichte. Die Gemeinde musste entscheiden, ob Gott sie tatsächlich dazu aufruft, in einem radikalen, noch nie da gewesenen Schritt die nicht jüdischen Gläubigen einzubeziehen. Nach viel Gebet versandten sie einen Brief: „Es hat dem Heiligen Geist und uns gut geschienen …" (Apostelgeschichte 15,28; ELB).

Soll das ihr Ernst sein? „Es hat uns gut *geschienen*?" Die Zukunft der gesamten Menschheit steht auf dem Spiel, und „es hat *geschienen*" ist das Beste, was ihr zustande bekommt? Und doch fühlten sich die Gemeindeleiter nicht unwohl dabei, den Brief so zu versenden. Gott hätte auch eine Kleinanzeige aufgeben können: „Jetzt auch nicht jüdische Bewerber willkommen". Doch offenbar war sein Wille für sein Volk, seinem Volk nicht genau zu sagen, was sein Wille war. Offenbar wusste er, dass sie mehr wachsen würden, wenn sie nachdenken und debattieren und diskutieren müssten, als wenn er ihnen einfach ein Memo schickte. Und offenbar verlangten sie gar keine Sicherheit. Sie waren bereit, sich mit ehrlichem Gehorsam zufriedenzugeben.

Von Anfang an gab Gott im Umgang mit der Menschheit Informationen nur so weit preis, wie es unbedingt notwendig war. Mehrdeutigkeit und Unsicherheit sind von Anfang an in die Geschichte eingewoben.

Die ersten elf Kapitel von 1. Mose behandeln große Themen: Schöpfung, Sündenfall, Gericht – doch all das führt auf einen Augenblick in 1. Mose 12 zu, in dem sich die Geschichte auf einen kleinen Punkt konzentriert. Gott kommt jetzt zu einem gewöhnlichen Menschen. Kein König auf einer riesigen Bühne – nur ein einziger normaler Mensch. Das könnten Sie oder ich sein. Wir kennen nie von vornherein die volle Bedeutung der Türen, vor denen wir stehen.

Wir erfahren, dass in der Stadt Ur in Chaldäa ein Mann namens Terach lebte. Er war dort geboren worden. Eines Tages zog er um. Er nahm seine Familie – darunter sein kinderloser Sohn Abram und Abrams Frau Sarai – „und verließ Ur in Chaldäa, um ins Land Kanaan zu ziehen. Als sie jedoch nach

Haran kamen, ließen sie sich dort nieder. Terach lebte 205 Jahre und starb in Haran" (1. Mose 11,31-32).

Die Geschichte geht folgendermaßen weiter:

Dann befahl der Herr Abram: „Verlass deine Heimat, deine Verwandten und die Familie deines Vaters und geh in das Land, das ich dir zeigen werde! Von dir wird ein großes Volk abstammen. Ich will dich segnen und du sollst in der ganzen Welt bekannt sein. Ich will dich zum Segen für andere machen. Wer dich segnet, den werde ich auch segnen. Wer dich verflucht, den werde ich auch verfluchen. Alle Völker der Erde werden durch dich gesegnet werden."

Abram machte sich auf den Weg, wie der Herr es ihm befohlen hatte. Und Lot ging mit ihm. Abram war 75 Jahre alt, als er Haran verließ. Auf den Weg nach Kanaan nahm er seine Frau Sarai, seinen Neffen Lot und alles, was sie besaßen, mitsamt ihrem Vieh und ihren Sklaven und Sklavinnen, die sie in Haran erworben hatten. So erreichten sie schließlich Kanaan. (1. Mose 12,1-5)

In diesem Bericht sagt Gott: „Geh", und dieses „Geh" besteht aus zwei Teilen. So ist es immer, wenn Gott „Geh" sagt: Man geht von etwas weg und zu etwas hin. Gott sagt: „Geh aus deinem Land weg – aus dem Land, das dir vertraut ist – und von deinem Volk, von der Kultur, die dich geprägt hat, und aus deinem Vaterhaus. Zieh von zu Hause aus."

Die ersten Leser dieser Geschichte verstanden, dass zu der Zeit, als Gott zu Abrams Familie kam, Ur die vielleicht größte Stadt der Welt war. Ungefähr 2000 v.Chr. war es *die* Stadt.

Alle Reichtümer des Mittelmeerraums, die auf dem Handelsweg ins alte Mesopotamien gebracht wurden, mussten durch Ur hindurch. Es war ein Ort mit großem Wohlstand, großem Handel, großer Gelehrsamkeit, großer Technologie. Das erste schriftliche Gesetzbuch, das zur Grundlage vieler Zivilisationen wurde, befand sich hier in Ur. Es war schwer, einen Ort wie Ur zu verlassen.

Gott sagte zu Abram: „Geh weg aus Ur. Geh in das Land, das ich dir zeigen werde." Das ist … irgendwie vage.

Offene-Tür-Menschen fühlen sich wohl mit Mehrdeutigkeit und Risiko. Oder, wenn sie sich schon nicht wohl damit fühlen, sie lassen sich davon zumindest nicht lähmen.

„Das Land, das ich dir zeigen werde" war Kanaan – und Kanaan war alles das, was Ur nicht war. Es war kulturlos, unzivilisiert, unerschlossen, unkultiviert – eine raue, schwierige Gegend. Niemand, der es sich leisten konnte, in Ur zu leben, würde sich auf den Weg nach Kanaan machen. Das ist so, als würde man von Manhattan nach Minot in North Dakota ziehen.

Niemand, der Ausschau nach einer guten Gelegenheit hielt, würde Ur in Chaldäa verlassen und nach Kanaan gehen. Doch Gottes offene Türen sind nicht immer offensichtlich. Sie sind nicht hauptsächlich dazu da, uns Wohlstand oder Status zu eröffnen. Durch eine offene Tür zu gehen bedeutet, dass ich Gott im Blick auf meine Zukunft vertrauen können muss, wenn der Weg, den ich einschlagen soll, mir unlogisch erscheint.

Die große Frage für Abram ist: „Warum? Warum willst du, dass ich hier weggehe?" Das erfahren wir im Text nicht, aber es gibt einige aufschlussreiche Anhaltspunkte, und Sie werden sich, ebenso wie ich, sicher damit identifizieren können. An späterer Stelle in der Bibel sagt Gott zu Israel: „Eure Vorfahren, auch Terach, der Vater von Abraham und Nahor, lebten seit langer Zeit jenseits des Euphrat, und sie beteten andere Götter an. Doch ich brachte euren Stammvater Abraham aus dem Land jenseits des Euphrat und führte ihn ins Land Kanaan. Ich gab ihm viele Nachkommen" (Josua 24,2-3).

Abrams kulturelles Erbe beinhaltete auch Götzendienst. Das Problem an falschen Göttern ist aus biblischer Perspektive nicht einfach, dass sie Gott den falschen *Namen* geben, sondern dass sie Gottes *Charakter* falsch verstehen. Aus der Perspektive der Bibel betrachtet, bieten falsche Götter Macht an, verlangen aber nicht, was Gott fordert: „… dass ihr euch an das Recht haltet, liebevoll und barmherzig miteinander umgeht und demütig vor Gott euer Leben führt" (Micha 6,8). Götzendienst bringt ein System an Glaubensüberzeugungen, Denkweisen und Gewohnheiten mit sich, die Abram komplett ablegen muss. Bei uns ist das nicht anders.

Als Nancy und ich nach Chicago zogen, begann für sie eine unerwartete geistliche Reise. Sie liebte Kalifornien so sehr, dass es ihr schwerfiel, Gott in Chicago zu finden. „Es sieht aus, als hätte Gott mit einer Brechstange draufgehauen!", sagte sie über die Stadt. Nach und nach begriff sie aber, dass sie einem Götzendienst erlegen war, vor dem man sie nie gewarnt hatte: einem vergötterten Ort. Der Schritt durch die offene Tür trug dazu bei, eine Bindung zu lösen, die sie daran hinderte, Gott überall zu finden.

Gleichzeitig fiel es mir schwer, Nancy sich in unserer neuen Umgebung einfach durchbeißen zu lassen. Ich wollte sie entweder „in Ordnung bringen" („Hör auf zu jammern! Sei glücklich!") oder sie manipulieren („Ich schätze, ich habe die falsche Entscheidung getroffen ..." – nicht, dass ich wirklich davon überzeugt war oder meinte, sie würde so denken, aber ich dachte, ich könnte sie mit Schuldgefühlen dazu bringen, weniger zu jammern). Der Schritt durch die offene Tür half mir, Geduld zu lernen und Nancy den Freiraum zu geben, dass es ihr „nicht gut gehen" durfte.

Der Schritt durch offene Türen bedeutet, dass ich bereit sein muss, meine falschen Götter zurückzulassen.

Gott muss Abram ein ganz neues Verständnis der Welt und des Glaubens und seiner eigenen Identität beibringen. Darum gibt er ihm auch einen neuen Namen: „Du sollst nicht mehr Abram heißen, sondern Abraham, denn ich werde dich zum Vater vieler Völker machen. Alle Völker der Erde werden durch dich gesegnet werden" (siehe 1. Mose 17,5; 12,3). Gott hat vor Abram eine Tür geöffnet: eine neue Identität, einen neuen Glauben, einen neuen Lebenszweck.

Der Schritt durch offene Türen bedeutet, dass ich bereit sein muss, meine falschen Götter zurückzulassen. Wenn Abram geblieben wäre, wo er war, wäre das unmöglich gewesen. Alle seine alten Beziehungen, seine alten Verhaltensmuster und sein alter Lebensstil hätten ihn wieder in den Götzendienst gezogen. Abram musste alles zurücklassen, das ihn von seinem neuen Leben abhalten könnte. Er musste auf eine Reise mit Gott gehen.

Was gibt Gott ihm? Ein Versprechen. Nur ein Versprechen: „Und ich will dich zu einer großen Nation machen, und ich will dich segnen, und ich will deinen Namen groß machen" (1. Mose 12,2; ELB).

Das ist eine Anspielung auf den Turmbau zu Babel, als die Menschen sagten: „So wollen wir uns einen Namen machen" (1. Mose 11,4; ELB). „Wir werden eine beeindruckende Leistung vollbringen, damit wir als bedeutend angesehen werden." Der Gott der offenen Tür lädt seine Freunde ein, sich nicht mehr selbst einen Namen machen zu wollen, denn einen Wert kann man bloß geschenkt bekommen, niemals verdienen.

Wenn wir sagen: „Ich will mir einen Namen machen", verschwenden wir unser ganzes Leben. Dagegen sagt Gott: „Ich tue etwas Wunderbares in der Welt, und ich werde dir geben, was du dir selbst nicht erarbeiten kannst."

Der Schritt durch die offene Tür bedeutet, dass ich Gott meinen Namen anvertrauen muss.

Offene-Tür-Menschen sind *gesegnet, um zu segnen*

Gott sagt zu Abram: „Du sollst in der ganzen Welt bekannt sein. Ich will dich zum Segen für andere machen. Wer dich segnet, den werde ich auch segnen. Wer dich verflucht, den werde ich auch verfluchen" – damit verspricht Gott, Abram zu beschützen –, und: „Alle Völker der Erde werden durch dich gesegnet werden" (1. Mose 12,2-3).

Doch das kleine Wort *Segen* muss vor den Klischees der sozialen Medien gerettet werden. Die Sprachwissenschaftlerin Deborah Tannen schreibt: „‚Gesegnet' wird heute dort verwendet, wo man früher vielleicht gesagt hätte ‚Glück gehabt'." Erin Jackson, eine Komikerin aus Virginia, sagt: „Auf meiner Facebook-Seite hat eine junge Frau ein Bild von ihrem Allerwertesten gepostet, mit dem Kommentar ‚Gesegnet'. Moment mal – ist das wirklich ein Segen?" Und die Autorin Jessica Bennett bemerkt: „Mit frommen Worten mit seinem Leben zu prahlen, ist etwas ganz Eigenes. Aber ‚gesegnet' ist inzwischen ein Lieblingswort derjenigen, die mit einer Leistung angeben und trotzdem bescheiden wirken wollen."[12]

Segen war für Abram keine Gelegenheit, sich in den sozialen Medien mit falscher Bescheidenheit zu brüsten („Kann kaum glauben, wie viel Viehherden und Nachkommen und Frauen ich habe. Ich bin gesegnet. #HappyPatriarch"). Vielmehr war Segen eine Gelegenheit, Gott kennenzulernen und zu erleben, und dazu gehörte auch, sich von Gott gebrauchen zu lassen, um das Leben anderer zu bereichern. Abram wird dazu berufen, sein Leben auf diesem Angebot aufzubauen: Er kann von Gott beschenkt werden, aber nur, wenn er mit seinem Leben auch andere beschenkt.

Das Vertrauen auf diese Zusage Gottes führt zu einer entscheidenden Dynamik, die eine Voraussetzung für das „Offene-Tür-Denken" ist. Abram handelt aus einer inneren Einstellung des Überflusses, nicht des Mangels. Damit erhält er auch den Blick für die offene Tür des Segens für andere und kann durch sie hindurchgehen.

Als Abram und sein Neffe Lot sich trennen, lässt Abram Lot aussuchen, welches Stück Land er haben möchte. Lot wählt das, was für ihn nach dem fruchtbarsten Land aussieht („Gut bewässert, wie der Garten des Herrn" – 1. Mose 13,10). Abram bekommt den Rest. Doch sofort antwortet Gott mit dem Versprechen, Abram mehr zu segnen, als er zählen kann.

Später, als Abram einem mysteriösen Priesterkönig namens

Melchisedek begegnet, gab er ihm „ein Zehntel von allem" (1. Mose 14,20). Abram erfand den „Zehnten". Obwohl Lot das Land gewählt hatte, das „wie der Garten des Herrn" war, lebte Abram in der Verheißung von Gottes Reichtum und wurde dadurch zum Segen für andere. Der Schritt durch eine offene Tür erfordert immer eine innere Großzügigkeit. Und Großzügigkeit entsteht aus dem Wissen, dass man reich ist – nicht aus der Angst, zu wenig zu haben.

Abram kann von Gott beschenkt werden, aber nur, wenn er mit seinem Leben auch andere beschenkt.

Die Verbindung zwischen Überfluss und Segen liegt in Gott, der beide miteinander verknüpft. Im Schöpfungsbericht lesen wir: „Und so schuf Gott alle Meerestiere, große und kleine (...). Dann segnete Gott sie und sprach: ‚Die Fische sollen sich vermehren und die Meere füllen'" (1. Mose 1,21-22). Gott sagt zu den Fischen: „Ich will viele von euch haben. Wenn ich aufs Wasser schaue, will ich überall Fische sehen." Mir gefällt das Bild, dass Gott die Fische segnet. Wie viele Fische erschuf Gott? Viele, viele Fische. Darum gibt es so viele Dinge: Gott will segnen.

Das ist die *missio Dei*, Gottes Mission. Im Englischen gibt es den Ausdruck „mission statement", was so viel heißt wie „Leitbild" oder auch „Firmenphilosophie". Aber „mission statements" sind viel älter als Firmen oder andere menschliche Organisationen. Die Mission begann mit Gott. Gott hat eine Mission. Darum hat er sich ein Volk berufen, aber seine Mission gab es schon vor diesem Volk. Seine Mission gab es schon vor der Bibel. Er gab seiner Mission eine Bibel und ein Volk. Gottes Mission, Gottes „Projekt", ist es, zu segnen.

Offene Türen sind eine Einladung, sich an der *missio Dei* zu beteiligen.

Wir mögen „mission statements", weil wir nach dem Bild eines missionarischen Gottes erschaffen sind. Seine Mission ist es, aus seinem großen Reichtum heraus zu segnen. Das Gleiche gilt für uns. Wir sollen segnen. Wo sollen wir segnen? Überall, wo wir hinkommen. Wann sollen wir segnen? Mit den Worten von Dr. Seuss: „Gratuliere! Heute ist dein Tag!"[13]

Im 1. Buch Mose erschafft Gott die Welt, um etwas zu haben, dem er seinen Segen schenken kann. Immer wieder segnet Gott, doch dann kommen die Sünde und der Fluch. Das Wort *fluchen* kommt in 1. Mose 3–11 fünfmal als Antwort auf Sünde vor; jedes Mal bedeutet es einen Verlust von Freiheit und Leben. Jetzt, in Kapitel 12, beginnt Gott mit diesem Mann Abraham ganz neu, und Gott gebraucht das Wort *segnen* allein in diesem Abschnitt fünfmal. Er gebraucht einen Menschen, um den Fluch umzukehren.

In der antiken Welt war Segen die höchste Form des Wohlbefindens, das Menschen erreichen konnten. Die alten Griechen bezeichneten die selige Existenz ihrer Götter als „gesegnet". Für Israel gehörten zum Segen nicht nur Geschenke von Gott, sondern insbesondere ein Leben mit Gott. Der Segen sollte alle Bereiche von Abrams Leben umfassen: seine Familie, seine Finanzen, seine Arbeit und sein Herz. Das hieß, er sollte nicht nur Segen *empfangen*, sondern auch ein Segen *sein*. Genau genommen ist es unmöglich, im höchsten Sinn gesegnet zu sein, ohne auch zum Segen zu werden. Es ist ein tiefes Bedürfnis der menschlichen Seele, dass andere durch unser Leben gesegnet werden. Wer den Unterschied zwischen reich sein und gesegnet sein sehen will, sollte sich in Charles Dickens' *Eine Weihnachtsgeschichte* Ebenezer Scrooge am Anfang und am Ende anschauen. Die ganze Welt soll gesegnet werden, wenn Abram durch diese offene Tür tritt – und die Welt soll gesegnet werden, wenn Sie und ich das Gleiche tun.

Offene-Tür-Menschen widerstehen und bleiben beharrlich

Offene-Tür-Menschen widerstehen der Entmutigung angesichts von Hindernissen und bleiben trotz langer Wartezeiten beharrlich treu.

Gott gibt Abram ein Versprechen: „Es wird ein ‚Mit-Gott-Volk' geben. Das wird durch dich geschehen, durch ein Kind, das dir und Sarai geschenkt wird." Abram hat sofort gute Gründe, skeptisch zu sein. Wir haben gerade gelesen: „Sarai konnte keine Kinder bekommen" (1. Mose 11,30).

Wenn es um kleine Kinder geht, ist in der menschlichen Seele immer ein Potenzial für Schmerz vorhanden. In der Welt des Altertums hatte dies aber noch eine ganz andere Tragweite als heutzutage. Kinder bedeuteten finanzielle Sicherheit. Es gab kein soziales Netz. Es gab keine Renten oder betriebliche Altersvorsorge. Kinder waren die Fortsetzung des eigenen Namens. Und Frauen, so meinte man in der Welt des Altertums, waren nur auf dem Planeten, um Kinder zu gebären. Die Unfähigkeit, ein Kind zu bekommen, war nicht nur eine Enttäuschung; sie war ein Stigma und bedeutete Schmach und Schande.

An diesem Punkt des biblischen Berichts ist Abram fünfundsiebzig Jahre alt und seine Frau Sarai fünfundsechzig. Sie
waren schon lange, lange Zeit vom Leben enttäuscht. Sie hatten jedem Gott, den sie kannten, Opfer gebracht. Sie hatten
gebetet. Nichts. Und nun sagt dieser fremde Gott: „Ich werde
zustande bringen, worauf ihr gewartet habt, aber ich möchte,
dass ihr etwas tut. Ihr müsst weggehen." Wie sollen sie das
tun? Durch Glauben.

Der Verfasser des Hebräerbriefes sagt: „Durch den Glauben
gehorchte Abraham, als Gott ihn aufforderte, seine Heimat zu
verlassen und in ein anderes Land zu ziehen, das Gott ihm als
Erbe geben würde. Er ging, ohne zu wissen, wohin ihn sein
Weg führen würde." Man weiß nie, wohin man geht, wenn
man im Glauben geht. „Und selbst als er das Land erreichte,
das Gott ihm versprochen hatte, lebte er dort aus der Kraft des
Glaubens – denn er war in dem Land wie ein Fremder, der in
einem Zelt wohnte" (Hebräer 11,8-9). Wer im Glauben lebt,
wird immer ein Fremder in dieser Welt sein, denn sein Zuhause ist bei Gott.

„Durch den Glauben konnte Sara mit Abraham ein Kind
bekommen, obwohl beide zu alt waren und obwohl Sara un-
fruchtbar war. Abraham glaubte, dass Gott sein Versprechen
halten würde. Und so stammt ein ganzes Volk von diesem einen Mann, Abraham, der schon zu alt war, um noch Kinder zu
zeugen. Und dieses Volk ist so groß wie die Zahl der Sterne
am Himmel und wie die Sandkörner am Meer, die man unmöglich zählen kann" (Hebräer 11,11-12).

Es wird immer einen Hinderungsgrund oder eine Ausrede
geben. Abrams Ausrede war: „Ich bin zu alt." Das spielt keine
Rolle. Wenn man ein göttliches „Geh!" hört, widersteht man

der Entmutigung und bleibt beharrlich. Man geht im Glauben.

Vor Kurzem hörte ich von einem Pastor namens Craig Groeschel den herrlichen Satz: „Wenn du noch nicht tot bist, bist du auch noch nicht fertig."

Abram ist fünfundsiebzig Jahre alt. Er muss noch weitere *vierundzwanzig Jahre* warten. Als Gott vierundzwanzig Jahre später wieder zu ihm kommt und sein Versprechen wiederholt, hat Abram immer noch kein Kind mit Sarai – und seine Reaktion ist: „Abraham warf sich vor Gott auf sein Gesicht, doch insgeheim lachte er. ‚Wie kann ich mit 100 Jahren noch Vater werden?‘, fragte er sich. ‚Und Sara ist 90 Jahre alt. Wie kann sie da noch ein Kind bekommen?‘" (1. Mose 17,17).

> *Wenn man ein göttliches „Geh!" hört, widersteht man der Entmutigung und bleibt beharrlich.*

„Sara, deine Frau, wird einen Sohn bekommen", antwortet Gott (1. Mose 17,19). „Mir ist egal, wie alt sie ist." Wenn man noch nicht tot ist, ist man auch noch nicht fertig. „Weißt du was, Abraham", sagt Gott dann, „ich werde dir jetzt ein Zeichen meines Versprechens, meines Bundes, geben, weil ich möchte, dass du deinen Glauben nicht auf deine eigene Weisheit setzt, nicht auf deine Fähigkeit, zu wissen, was vor sich geht, oder die Zukunft vorherzusagen oder Umstände vorauszusehen oder Ergebnisse zu fabrizieren. Ich möchte, dass du dein gesamtes Vertrauen auf mich und das Leben mit mir setzt."

Wer noch nicht tot ist, ist auch noch nicht fertig. In der Bibel ist das Alter nie ein Grund, Nein zu sagen, wenn Gott „Geh!" sagt. Mose ist achtzig Jahre alt, als Gott ihn beruft, zum Pharao zu gehen und das Volk Israel aus Ägypten zu führen. Der Exodus *beginnt*, als er achtzig Jahre alt ist.

Florence Detlor, eine Frau in der Gemeinde, in der ich arbeite, dachte sich vor einigen Jahren, dass sie einmal eine neue Herausforderung brauchte, also meldete sie sich bei Facebook an. Da war sie 101 Jahre alt.

Es stellte sich heraus, dass von der etwa eine Milliarde Menschen auf Facebook Florence Detlor die Älteste war. Als Mark Zuckerberg das herausfand, lud er Florence Detlor aus unserer Gemeinde ein, zu einer persönlichen Führung in die Facebook-Firmenzentrale zu kommen. Dort ließ sie sich mit ihm und Sheryl Sandberg ablichten.

Als das erste Fernsehinterview mit ihr ausgestrahlt wurde, bekam Florence an einem Tag 7000 Freundschaftsanfragen. 7000 Menschen überall auf der Welt fragten: „Florence, möchtest du meine Freundin sein?" Sie sagt, sie hat eine Sehnenscheidenentzündung von den vielen Antworten auf die Freundschaftsanfragen – im Alter von 101 Jahren! Wenn man noch nicht tot ist, ist man auch noch nicht fertig.

Abraham versuchte Nein zu sagen, weil er zu alt war. Timotheus versuchte Nein zu sagen, weil er zu jung war. Ester versuchte Nein zu sagen, weil sie das falsche Geschlecht hatte. Mose versuchte Nein zu sagen, weil er die falschen Begabungen hatte. Gideon versuchte Nein zu sagen, weil er aus dem falschen Stamm kam. Elia versuchte Nein zu sagen, weil er den falschen Feind hatte. Jona versuchte Nein zu sagen, weil er in die falsche Stadt geschickt wurde. Paulus versuchte Nein zu sagen, weil er die falsche Herkunft hatte. Aber Gott sagte immer wieder: „Geh. Geh. Geh *du*!" Manchmal dauert es eine Weile, bis Gottes Verheißungen sich erfüllen. Doch wenn Sie noch nicht tot sind, ist das der Hinweis darauf, dass Sie noch nicht fertig sind.

Offene-Tür-Menschen bedauern weniger

Einige besonders traurige Geschichten handeln von Berufungen, die nicht angenommen wurden; Risiken, die nicht eingegangen wurden; Gehorsam, der nicht geleistet wurde; fröhliche Großzügigkeit, die nicht gespendet wurde; Abenteuer, die nicht stattfanden; Leben, das nicht gelebt wurde. Ich hoffe, das ist nicht Ihre Geschichte.

In den Sozialwissenschaften gibt es ein ganzes Forschungsgebiet zur Psychologie des Bedauerns. Eine beachtenswerte Erkenntnis dieser Forschungen ist, wie sich das Bedauern im Lauf des Lebens verändert. Kurzfristiges Bedauern dreht sich am häufigsten um Dinge, die wir lieber nicht getan hätten: Hätte ich lieber nicht die Sahnetorte gegessen. Hätte ich dieses Mädchen lieber nicht um eine Verabredung gebeten und mir einen Korb geholt.

Die Welt der sozialen Medien hat sogar ein Akronym für solche Situationen: YOLO – „You only live once" („Man lebt nur einmal"). Verbunden damit ist die Jagd nach waghalsigem Spaß im Leben, bei der alle Gedanken an Konsequenzen, Vernunft und Verantwortung über Bord geworfen werden. Am häufigsten wird es gebraucht, wenn man eine unglückliche Entscheidung trifft: „Wer hätte gedacht, dass die Autobahnpolizei so pingelig ist, wenn ich bei 140 km/h eine SMS schreibe? – YOLO."

Doch mit der Zeit verschiebt sich unsere Perspektive. Je älter wir werden, umso mehr bedauern wir die Dinge, die wir *nicht getan haben*. Das liebevolle Wort, das wir nicht ausgesprochen haben. Die Gelegenheit zum Dienst, die wir nicht ergriffen haben. Das aufopferungsvolle Geschenk, das wir nicht gemacht haben.

Am Anfang des Lebens bereuen wir die falschen Dinge, die wir getan haben, am Ende des Lebens hingegen die offenen Türen, durch die wir nicht hindurchgegangen sind. Was müssen wir also heute tun, damit wir später nicht voller Bedauern leben? Durch offene Türen zu gehen, bewahrt uns vor zukünftigem Bedauern. Wir bedauern vielleicht kurzfristig etwas, wenn wir die falsche Entscheidung treffen, aber der Schritt durch offene Türen bewahrt uns vor der Frage, was hätte sein können.

Das göttliche „Geh!" kommt in jedes Leben, aber wir müssen bereit sein, etwas hinter uns zu lassen, bevor wir bereit sind loszugehen.

Als ich Abrams Geschichte las, fragte ich mich: *Was, wenn diese Geschichte sich heutzutage ereignet hätte? Welches Land der Welt ist für sein besonders hohes Maß an Wohlstand, Technologie, Mobilität, Bildung und Wissen bekannt?*

Und dann dämmerte es mir: Ich lebe in Ur in Chaldäa. Ich lebe an einem Ort, der sehr stolz auf seinen Wohlstand, seine Technologie und seine Bildung ist. Es ist möglich, dass ich meine Identität und meinen Selbstwert darauf aufbaue – Sie vielleicht auch.

Was sagen wir, wenn wir das göttliche „Geh!" hören?

Wenn ich gehe, mache ich vielleicht einen Fehler; aber wenn ich nicht gehe, wenn ich nichts riskiere, nichts versuche, nicht Ja sage, werde ich nie etwas Wunderbares für

Gott tun. Wenn ich Ja sage, versage ich vielleicht – aber wenn ich es nicht tue, werde ich nie in das verheißene Land kommen, in dem mein Leben mit Gott ein Segen für diese Welt ist.

Im Text finden wir ein kleines, sehr interessantes Detail über Abrams Vater: „Terach nahm seinen Sohn Abram, seine Schwiegertochter Sarai und seinen Enkel Lot, das Kind seines Sohnes Haran, und verließ Ur in Chaldäa, um ins Land Kanaan zu ziehen. Als sie jedoch nach Haran kamen, ließen sie sich dort nieder" (1. Mose 11,31). Terach begleitete Abram auf einem Stück der Reise nach Kanaan, doch dann machte er halt.

Wenn ich gehe, mache ich vielleicht einen Fehler; aber wenn ich nicht gehe werde ich nie etwas Wunderbares für Gott tun.

Wir kennen den Grund nicht genau – der Bibeltext liefert uns nicht viele Einzelheiten –, aber vielleicht war die Sache so: Die Geschichte von Terach und seiner Familie beginnt in Ur, dem großen Zentrum von Wohlstand und Bildung und dem Land der Götzen. Dann machen sie sich auf den Weg, der durch die Stadt Haran und dann weiter nach Kanaan führt. Doch wir lesen, dass für Terach, Abrams Vater, der Weg in Haran endet. Aus anderen Bibelstellen wissen wir, dass Haran eine Stadt ganz ähnlich wie Ur war. Es gab viel Wohlstand dort – und Götzen.

Was ist passiert? Wir wissen es nicht genau, doch wir wissen aus dem Text, dass Terach ursprünglich nach Kanaan wollte – aber als er an einen Ort kommt, der wie Ur ist, lässt er sich dort nieder. Er reist nicht mehr weiter.

Vielleicht hatte Gott zu Terach gesagt: „Schau nur, wo du

überall hingehen kannst!", doch Terach sagte: „Nein, danke. Ich glaube, ich bleibe hier."

Vielleicht dachte Terach sich: *Wenn ich noch weiter gehe, könnte ich alles verlieren, was ich habe. Auf jeden Fall müsste ich meine Götzen aufgeben.* Also wählt er die bequeme Variante. Doch Abram beschließt, Ja zu seiner Berufung zu sagen.

Das göttliche „Geh!" kommt in jedes Leben, aber wir leben in Ur in Chaldäa und müssen uns zwischen Bequemlichkeit und Berufung entscheiden. Terach ist ein Bild für den Weg, der nicht eingeschlagen wurde.

Ich frage mich, ob Terach es bereute, im sicheren und bequemen Haran geblieben zu sein. Stellen Sie sich einmal vor, Sie wären Terach. Stellen Sie sich vor, Sie werden sehr alt und finden heraus, dass Gottes Geschichte mit unglaublichen Wendungen weitergegangen ist und dass Ihr Enkelkind Isaak, das Kind mit dem Namen „Lachen", die Erfüllung von Gottes Versprechen war. Würde es Ihnen leidtun, die Bequemlichkeit der Berufung vorgezogen zu haben? Anders als bei Terach berichtet die Bibel über viele Fehler, die Abram machte. Doch anders als Abram wird Terach nirgendwo „Freund Gottes" genannt. Vielleicht machen Offene-Tür-Menschen mehr Fehler, haben aber weniger zu bedauern.

Wir waren erst wenige Monate verheiratet, und ich arbeitete noch an meinem Studienabschluss, da bekam ich einen Anruf. Mir wurde ein einjähriges Forschungsstipendium in Übersee angeboten. Ich erzählte Nancy davon, und dann stellte ich den Anrufern eine Menge Fragen. Würden die Kurse mir auf meine Abschlussnote angerechnet? (Nein.) Würde ich länger für den Abschluss brauchen, wenn wir gingen? (Ja.) Gäbe es genug Geld, um uns die Reisekosten zu erstatten? (Nein.) Würde jemand an der anderen Universität auf uns warten? (Nein.) Würde Nancy arbeiten müssen? (Ja. Als Haushaltshilfe.)

Ich legte auf und dachte, Nancy und ich hätten jetzt viel Für und Wider für diese Entscheidung abzuwägen. Aber als ich zu ihr ging, um mit ihr über die Einzelheiten zu reden, stellte ich fest, dass sie bereits gepackt hatte.

Da wurde mir bewusst, dass ich eine Frau der offenen Tür geheiratet hatte. Sie sagt tendenziell immer Ja.

Gott tut etwas Herrliches in dieser Welt. Wenn sich eine Tür öffnet, dann überschlagen Sie die Kosten, wägen Sie das Für und Wider ab, holen Sie sich einen weisen Rat ein, schauen Sie so weit voraus, wie Sie können. Doch seien Sie in der Tiefe Ihres Herzens, in dessen geheimster Ecke, immer etwas mehr dem *Ja* zugeneigt. Arbeiten Sie an der *Bereitschaft*, durch offene Türen zu treten, selbst wenn es nicht diese konkrete Tür ist.

Gott kam zu Abram und sagte: „Ich werde dich segnen. Ich werde deinen Namen groß machen. Ich werde dich zu einem großen Volk machen. Ich werde dich beschützen. Alle Völker der Erde sollen durch dich gesegnet werden."

Pause.

Was tat Abram?

Abram ging.

Terach ließ sich nieder; Abram ging.

Gott sagte: „Geh!"; Abram sagte: Ja.

Und das reichte Gott aus, obwohl er wusste, dass Abram nicht immer alles vollkommen richtig machen würde.

Offene-Tür-Menschen lernen sich selbst besser kennen

Wenn ich durch offene Türen gehen will, muss ich darauf vertrauen, dass Gott mich trotz meiner Unzulänglichkeiten gebrauchen kann. Ich werde mich selbst mit allen schönen und hässlichen Seiten so kennenlernen, wie ich es anders nicht gekonnt hätte.

Wenn ich durch offene Türen gehe, werde ich oft entdecken, dass mein Glaube in Wirklichkeit schwacher ist, als ich vor meinem Schritt durch die Tür meinte. Wenn ich durch offene Türen gehen will, muss ich demütig genug sein, Versagen zu akzeptieren.

Ein klassisches Beispiel dafür finden wir bei Israels Flucht aus Ägypten. Nachdem Gott Mose im brennenden Busch begegnet ist, versammeln Mose und Aaron die israelitischen Sklaven, um ihnen zu berichten, was Gott gesagt hat, und ihnen Wunderzeichen vorzuführen – „und das Volk glaubte ihnen. Als sie merkten, dass der Herr ihre Unterdrückung gesehen hatte und sich um sie kümmerte, knieten sie nieder und beteten den Herrn an" (2. Mose 4,31).

Sie hören. Sie glauben.

Kurz danach, gerade als sie Ägypten verlassen, sehen sie, wie der Pharao hinter ihnen her ist. Sie sagen zu Mose: „Hast du uns etwa hierhergebracht, damit wir in der Wüste sterben? Gab es denn nicht genug Gräber für uns in Ägypten? Warum hast du uns das angetan und uns aus Ägypten geführt? Haben wir dir nicht schon in Ägypten gesagt: ‚Lass uns in Ruhe, wir möchten den Ägyptern dienen'?" (2. Mose 14,11-12).

Hatten sie das in Ägypten wirklich gesagt? Nein! In Ägypten sagten sie: „Wir glauben."

Als sie das sagten, meinten sie es ernst. Doch dieser Glaube stellte sich als sehr unbeständig heraus. Als die Umstände sich änderten, stellte sich heraus, dass sie eigentlich gar nicht glaubten.

Das ist bei uns Menschen ständig so. Ein Beispiel: Wenn Sie mich fragen, sage ich Ihnen, dass ich von der Gleichberechtigung in der Ehe und gerechter Arbeitsteilung zwischen Mann und Frau überzeugt bin. In Wirklichkeit (raten Sie mal, worauf ich hinauswill …) stelle ich fest, dass ich oft *viel* mehr als nur meinen Teil der Arbeit im Haus erledige und so meiner Ehefrau die Möglichkeit nehme, ihren Teil zu erledigen.

Außerdem lüge ich ziemlich viel.

Oder ein anderes Beispiel – mein Verhältnis zu Geld. Jesus sagte: „Geben ist seliger als Nehmen. Macht euch keine Sorgen um Besitz oder Geld; vertraut eurem Vater im Himmel." Ich denke, *genau das glaube ich. Ich setze mein Vertrauen nicht aufs Geld.* Doch wenn ich mich auf Großzügigkeit oder aufopferungsvolles Geben einlasse, und es gibt plötzlich eine Wirtschaftskrise, oder ich habe weniger Geld, dann bin ich mit einem Mal unruhig, gestresst und besorgt.

Ich glaube zwar, dass ich mein Vertrauen nicht aufs Geld gesetzt habe – aber nur, solange ich Geld *habe.* Doch wenn ich Geld verliere – und obwohl ich weiß, dass ich trotzdem nicht verhungern werde und immer noch besser dran bin als die meisten Menschen der Welt –, wird plötzlich deutlich, was ich *wirklich* glaube. Offenbar vertraue ich doch aufs Geld, und nicht zu wenig.

Wenn ich durch eine offene Tür gehe, erkenne ich oft Wahrheiten über mich selbst, die ich nie erkannt hätte, wenn ich auf der anderen Seite geblieben wäre.

Offene-Tür-Menschen lassen sich nicht von ihrer Unvollkommenheit lähmen

Wir neigen dazu, die Menschen, die durch Gottes offene Türen gehen, als geistliche Riesen zu betrachten, die einen Glauben besitzen, an den wir nie im Leben herankommen können. Doch wenn wir die bemerkenswerte Beschreibung Abrahams lesen, die Paulus uns liefert, lassen sich bemerkenswerte Einsichten gewinnen:

> Als Gott Abraham versprach, dass er zum Vater vieler Völker werden würde, glaubte Abraham ihm (…) Abrahams Glaube blieb unerschüttert, obwohl er wusste, dass er mit fast hundert Jahren viel zu alt war, um noch Vater zu werden, und seine Frau Sara keine Kinder mehr bekommen konnte. Abraham zweifelte nicht und vertraute auf die Zusage Gottes. Ja, sein Glaube wuchs sogar noch, und damit ehrte er Gott. Er war vollkommen überzeugt davon, dass Gott das, was er versprochen hat, auch tun kann. (Römer 4,18-21)

Paulus stellt Abraham hier als Menschen dar, der Gott glaubte, „und wegen dieses Glaubens erklärte Gott ihn für gerecht" (Römer 4,22). Man könnte auch sagen: Gott entschied sich, mit Abraham zu arbeiten, weil Abraham bereit war, ihm zu vertrauen – nicht weil Abraham immer richtig gehandelt hatte. Und wenn man Abrahams Geschichte liest, kann man sehen, dass sein Glaube an Gott manchmal ziemlich zu wünschen übrig ließ.

Sobald Abram mit seiner Familie loszieht, um Gottes Ruf zu folgen, reisen sie nach Ägypten, und Abram sagt zu seiner Frau: „Du bist eine schöne Frau. Ich fürchte, wenn die Ägypter dich sehen, werden sie mich umbringen, damit sie dich zur Frau nehmen können. Also lügen wir am besten und sagen ihnen, dass du meine Schwester bist" (siehe 1. Mose 12,11-13).

Vielleicht hält Gott uns die Tür der Gelegenheit in dem Maß auf, wie wir die Tür unseres Herzens für ihn offen halten.

Offenbar hat er nicht besonders viel Vertrauen, dass Gott ihn beschützen wird. (Außerdem war Sarai damals fünfundsechzig Jahre alt.) Er wirft seine Frau den Wölfen zum Fraß vor.

Der Pharao holt Sarai tatsächlich in seinen Palast und will sie in seinen Harem aufnehmen; dafür gibt er ihrem „Bruder" Abram eine Menge Schafe, Rinder, Esel, Diener und Kamele. Doch statt sich schuldig zu fühlen und alles zu gestehen, sagt Abram einfach: „Vielen Dank!"

Dann findet der Pharao heraus, dass Sarai eigentlich Abrams Frau ist und Abrams Gott dieses Arrangement nicht besonders gut findet. Interessanterweise stellt der Pharao Abram die gleiche Frage, die Gott Eva nach dem Sündenfall stellte. „Was hast du (mir da an)getan?" (1. Mose 12,18; siehe 1. Mose 3,13). Mit anderen Worten: Dieser heidnische Pharao machte sich mehr Sorgen um das, was vor Gott richtig ist, als Gottes Mann Abram.

Und nicht nur das. Als Abram und Sarai später in den Ne-
gev kommen (siehe 1. Mose 20), zieht Abram die „Sie ist
meine Schwester"-Nummer *ein zweites Mal* ab!

Warum gibt Gott ihn nicht einfach auf?

Weil, wie wir sehen werden, Abram *eine* Sache richtig
macht: Er gibt Gott nicht auf. Vielleicht hält Gott uns die Tür
der Gelegenheit in dem Maß auf, wie wir die Tür unseres
Herzens für ihn offen halten.

Als Gott nach elf Jahren Warten immer noch nicht das ver-
sprochene Kind geschenkt hat, sagt Sarai zu Abram: „Wie
wäre es, wenn du ein Kind mit meiner Dienerin Hagar be-
kommst?"

Sagt Abram daraufhin: „Auf keinen Fall! Vertrauen wir lieber Gott"?

Nein. Er sagt: „Wie du willst, Schatz." Es ist eine Katastrophe.

Und als Gott drei Jahre später kommt und Abraham und
Sara sagt, dass sie ein Baby bekommen werden, wie reagiert
Abraham da? „Abraham warf sich vor Gott auf sein Gesicht,
doch insgeheim lachte er. ‚Wie kann ich mit 100 Jahren noch
Vater werden?', fragte er sich" (1. Mose 17,17).

Und nicht nur das. Sara lacht, als sie die Neuigkeiten
erfährt. Also fragt Gott Abraham: „Warum hat Sara ge-
lacht (…)? Sollte dem Herrn etwas unmöglich sein?" (1.
Mose 18,13-14).

Ist Abraham da ein Mann und sagt: „Also, Gott, ehrlich gesagt, ich musste selbst ein bisschen schmunzeln"?

Nein. Er sagt nichts.

Er hat so wenig Glauben, dass er so tut, als sei Sara nicht
seine Frau (zwei Mal!); so wenig Glauben, dass er heimlich

über Gottes Versprechen lacht. Und *das* ist der Mann, über den Paulus sagt (siehe Römer 4,18-21): „Er hielt an der Hoffnung fest, obwohl es hoffnungslos schien", „Sein Glaube blieb unerschüttert", „Sein Glaube wuchs sogar noch" und „Er war vollkommen überzeugt davon, dass Gott das, was er versprochen hat, auch tun kann"?

Und Paulus war Rabbi. Er kannte die Geschichte. Warum also dieses überschwängliche Lob für Abraham?

Versuchen wir noch einmal, uns in Abrahams Welt hineinzuversetzen. Als Abraham Ja zu Gott sagte, fing er ganz bei null an. Es gab noch kein Altes Testament. Wie viele von den Zehn Geboten kannte Abraham? Keines. Es gab noch kein Gesetz, keinen Tempel, keine Priester, keine Psalmen, keinen David, keinen Mose. Abraham hatte genau null Informationen über Jahwe. Er war das Produkt einer brutalen, abergläubischen Kultur.

Der Schlüsselsatz ist: „Abram machte sich auf den Weg, wie der Herr es ihm befohlen hatte" (1. Mose 12,4).

Die Bibel stellt Abraham bewusst nicht als brillantes geistliches Genie dar, der das Prinzip des ethischen Monotheismus erfand. Er war unwissend, unsicher, machte Fehler und war feige.

Warum wurde dann sein Glaube als stark angesehen? Weil er sich dafür entschied, auf einen Sohn zu warten, den nur Gott bringen konnte.

Abraham leugnete nicht die Fakten. „Er wusste, dass er mit fast hundert Jahren viel zu alt war, um noch Vater zu werden" (Römer 4,19). Er war ein alter Mann mit einer alten Frau und einem alten Körper und ohne Pharmaunternehmen, die ihm helfen konnten.

Abraham ließ sein Leben nicht von seinen menschlichen Möglichkeiten bestimmen. Er ging, als Gott sagte: „Geh!" Er machte sich auf eine Reise, die nur erfolgreich sein konnte, wenn Gott sein Wort hielt. In dieser Hinsicht – und vielleicht *nur* in dieser Hinsicht – verließ Abraham sich wahrhaftig auf Gott.

Die Geschichte ist *nicht* von Abrahams innerer Gewissheit abhängig. Er sagte nicht: „Sara, wir müssen einfach *Gott glauben*, dass er uns dieses Baby schenken wird. Wir müssen einfach die Verheißung *für uns in Anspruch nehmen*."

Der Held dieser Geschichte ist nicht Abraham, sondern Gott.

Terach hatte vielleicht viel größeren Glauben als sein Sohn Abraham – doch er setzte ihn auf die falschen Dinge. Und obwohl Abraham unterwegs viele Fehler machte, machte er die Hauptsache richtig: Er ging nicht zurück nach Ur. Er ging dort hin, wo Gott ihn hinschickte.

Es ist besser, wenig Glauben an einen großen Gott zu haben, als viel Glauben an einen kleinen Gott. Darum sagte Jesus, wir brauchen nur Glauben wie ein Senfkorn.

Ich hörte einmal eine Predigt von Tim Keller über die Flucht der Israeliten aus Ägypten. Als der Pharao sie verfolgte, teilte Gott das Rote Meer, und die Israeliten gingen trockenen Fußes hindurch. Wahrscheinlich waren einige von ihnen ziemlich schadenfroh: „Ha! Schau genau hin, Pharao! Wir sind dann mal weg!"

Doch gleichzeitig sagten andere wahrscheinlich: „Wir werden alle sterben! Wir werden alle sterben!"

Tim Keller sagte, es ist nicht die *Qualität* unseres Glaubens, die uns rettet, sondern das *Objekt* unseres Glaubens.

Aus diesem Grund fügt Paulus im Römerbrief folgende Beschreibung des Gottes ein, an den Abraham glaubte: „Abraham ist der Vater aller, die glauben. So heißt es in der Schrift: ‚Ich habe dich zum Vater vieler Völker gemacht.' Dies geschah, weil Abraham an den Gott glaubte, der die Toten zum Leben erweckt und ins Dasein ruft, was vorher nicht war" (Römer 4,16-17). Der Charakter von Abrahams Glauben ist bestimmt vom Charakter des Gottes, an den er glaubte.[14]

Gott brauchte für sein Erlösungsprojekt nichts weiter als Abrahams Vertrauen. Nicht Perfektion oder übermenschliche Anstrengungen. Einfaches Vertrauen. Damit kann Gott arbeiten.

Das schlimmste Jahr meines Lebens war vielleicht das beste Jahr im Leben meiner Frau. Seit Monaten litt ich unter einer schweren Depression und einem innerlichen Schmerz, der einfach nicht schwinden wollte. Für mich war klar, dass mein Lebenswerk auf dem absteigenden Ast war. Gleichzeitig hatte Nancy eine neue Vollzeitstelle angetreten und strotzte nur so vor Energie und Freude – so hatte ich sie noch nie erlebt.

Ich erinnere mich noch, wie ich abends im Bett lag und zuhörte, wie sich meine Frau mit dem Team, dem sie vorstand, in unserem Haus traf. Ich hörte, wie sie lachten und begeistert waren und planten (und das alles in ihrer Freizeit!) – und fühlte mich hundeelend dabei. Nancys energiestrotzender Erfolg ließ mir meine eigene schmerzhafte Unzulänglichkeit nur noch düsterer erscheinen. Ich war ziemlich neidisch auf sie.

Eines Abends, als ich wieder einmal mit diesem Problem kämpfte, kam mir eine Frage in den Sinn: *Will ich so ein Mann sein, dessen Frau keinen Erfolg haben darf, nur damit er sich besser fühlt?*

Ich lag mehrere Minuten lang still und hoffte auf eine einfachere Frage … aber ich kannte die Antwort. Viele Dinge waren mir unklar, aber ich wollte kein Mensch sein, der seinen Ehepartner kleinmachen muss, nur um sich größer zu fühlen.

Seltsamerweise war der Blick auf diese Schwäche und Armseligkeit in mir der erste Schritt zur Heilung. Ernest Kurtz schreibt in *Die Spiritualität der Unvollkommenheit*, dass ironischerweise Perfektionismus ein großer Feind von geistlichem Wachstum ist. Ein alter Weiser namens Makarios betonte häufiger, wenn wir alle immer nur Fortschritte machen würden, würden wir hochmütig, und Hochmut ist der absolute Untergang eines Christen.

Vielleicht lässt uns Gott die Unzulänglichkeiten der biblischen Personen deshalb so deutlich sehen, damit wir unsere eigenen besser erkennen.

Vielleicht lässt uns Gott die Unzulänglichkeiten der biblischen Personen deshalb so deutlich sehen, damit wir unsere eigenen besser erkennen.

In einer chassidischen Geschichte kommt einmal ein sehr reicher Mann zu einem Rabbi und gesteht ihm, dass er insgeheim trotz seines Reichtums todunglücklich ist. Der Rabbi fragt ihn, was er sieht, wenn er aus dem Fenster schaut, und der Mann antwortet: „Menschen. Ich sehe Menschen vorbeigehen."

Dann fragt der Rabbi ihn, was er im Spiegel sieht, und der Mann sagt: „Ich sehe mich selbst."

„Vielleicht ist das das Problem", erwidert der Rabbi. „Im Fenster ist Glas und im Spiegel ist Glas. Aber steck ein bisschen Silber dahinter, und du siehst nicht mehr die anderen, sondern nur noch dich.“[15]

Gott beginnt sein Erlösungsprojekt mit der Berufung des unvollkommenen Abram. Und dann kommen Isaak und Jakob und irgendwann Fischer und Steuereintreiber und Aussätzige und Prostituierte.

Manchmal reagierten Menschen auf Gottes Berufung und gingen durch die offene Tür. Wenn sie das taten, spielten sie in seiner Geschichte mit. Manchmal sagten Menschen auch Nein, wie im Fall des reichen jungen Mannes. Als Jesus sagte: „Geh, verkaufe alles, was du hast, und dann komm und folge mir nach“, ging der Mann traurig weg, denn er lebte in Ur in Chaldäa, und sein Götze war das Geld. Er konnte sich nicht überwinden, durch die göttliche Tür zu gehen.

Alles begann mit der Möglichkeit, die Abram vorgelegt wurde: „Geh, und alle Völker der Erde werden Segen empfangen.“ Und es ging weiter bis zu Jesus: „Geht und macht alle Völker der Erde zu meinen Nachfolgern, ganz egal, ob sie Buxbaum oder Bixby oder Bray oder Mordechai Ali Van Allen O’Shea heißen. Endlich, so viele Jahre nach Abraham, werden alle Völker gesegnet werden.“

Die Idee, Berge zu versetzen, stammt übrigens original von Jesus: „Wenn euer Glaube auch nur so groß wäre wie ein Senfkorn, könntet ihr zu diesem Berg sagen: ‚Rücke dich von hier nach da‘, und er würde sich bewegen“ (Matthäus 17,20). Es geht nicht um die Qualität, sondern um das Objekt unseres Glaubens.

Am Ende seines Wirkens auf dieser Erde, kurz bevor er in den Himmel zurückkehrte, sagte Jesus zu seinen Schülern, zu seinem „Abschlussjahrgang“ … (ja, ich weiß – das steht so nicht in der Bibel; Matthäus hat vergessen, es aufzuschreiben. Aber ich bin mir ziemlich sicher, dass Jesus ungefähr Folgendes sagte): „Wo ihr überall hinkommen werdet! Ihr werdet die Welt bereisen. Ihr werdet vor Königen stehen. Ihr werdet keinen Pfennig in der Tasche haben und unverschämt glücklich sein. Man wird euch ins Gefängnis sperren, und ihr werdet Lieder singen. Ihr werdet für euren Glauben ausgepeitscht werden und euch geehrt fühlen, weil ihr um meines Namens Willen gelitten habt. Ihr werdet nichts haben – keine betriebliche oder private Altersvorsorge und keine Krankenversicherung – und ihr werdet mir vom tiefsten Inneren eures Herzens her vertrauen."

Dann fordert Jesus sie zum Gehen auf, so wie er uns auch heute immer noch zum Gehen auffordert, weil dies seine Mission ist.

Denn eines Tages vor dem Beginn aller Zeit forderte der Vater den Sohn zum Gehen auf: „Mein Sohn, du wirst den Himmel verlassen. Du wirst in einer Futterkrippe liegen und in einer kleinen Zimmermannswerkstatt aufwachsen, und du wirst nach Ägypten fliehen müssen. Du wirst an Festessen teilnehmen, an denen kein anderer Rabbi teilnehmen würde, zusammen mit Steuereintreibern und Prostituierten. Du wirst dich in Häusern aufhalten, in deren Dächer die Leute Löcher reißen, um zu dir zu gelangen, weil sie sich so freuen, dass du gekommen bist. Du wirst dorthin gehen, wo die Aussätzigen sind. Du wirst zu den Gelähmten und Blinden und Armen gehen. Du wirst zu den größten Sündern und zu den Hoffnungslosen gehen.

Und dann, eines Tages, mein Sohn, wirst du ans Kreuz gehen und bluten und sterben, um die Sünden der Welt zu vergeben. Dann wirst du in einem Grab liegen, aber *dann*, mein Sohn, wird der Tod feststellen, dass er dich weder halten noch aufhalten kann.

Und am dritten Tag wird der Stein vom Grab weggerollt, und du wirst der ganzen Welt Freude bringen – so weit der Fluch der Sünde sich auch ausgebreitet haben mag."

Gott ruft immer noch. Er sendet immer noch.

Und wenn wir Ja sagen …

… können wir uns kaum vorstellen, wo wir überall hingehen werden!

3

Schluss mit der
Verpassophobie!

*M*ehrere Studien haben gezeigt, dass Facebook Menschen deprimiert.[16] Mit unserem Facebook-Profil wollen wir häufig unser Image verbessern; wir posten Bilder, die uns attraktiver erscheinen lassen, als wir wirklich sind; wir listen Leistungen auf und verschweigen Misserfolge, um unser Selbstwertgefühl zu stärken. (Ironischerweise führt Verletzlichkeit und nicht Unbesiegbarkeit zu den menschlichen Beziehungen, nach denen wir uns zutiefst sehnen. Vielleicht wäre es besser, wenn es „Fall-auf-die-Nase-Book" gäbe.) Wir werden zu unseren eigenen Imageberatern, aber am Ende führt Facebook oft eher dazu, dass wir andere beneiden und unser Selbstwertgefühl leidet.

Das brachte mich ins Nachdenken. Was, wenn Gott auf Facebook wäre? Wie würde seine Seite aussehen? Und was, wenn Gott mit seinem Profil das Gleiche machen würde wie die meisten von uns?

Die Gottheit

Beziehungsstatus: dreieinig und absolut selig

Anzahl der Freunde: das weiß nur Gott

Freundschaften beendet: Liste für dich nicht sichtbar

Fotos: keine (siehe 2. Gebot)

Chronik: Sonnabend, 22. Oktober 4004 v.Chr. – habe die Welt erschaffen ... oder?

Was beschäftigt dich gerade? Was beschäftigt mich gerade nicht?

Neueste Posts:

→ Ich bin hier der Boss!

→ Ich überlege, ob ich noch ein Buch schreiben soll – das erste ist immer noch der größte Bestseller aller Zeiten und jedes Jahr Nr. 1 der Bestsellerliste.

→ Habe jetzt über eine Milliarde Anhänger. Wer war noch mal Zeus?

→ Heute nehme ich mir frei. Mir sei Dank ist Freitag!

Wir sollten Gott danken, dass er, als er sich sichtbar machte, in der Gestalt von Jesus kam, der sich erniedrigte und anderen diente. Danken wir Gott, dass wir dazu berufen sind, sein Angesicht zu suchen und nicht seine Facebook-Seite.

Diese von den sozialen Medien angeheizte Epidemie, unser Leben mit dem Leben anderer vergleichen zu müssen, hat zu einer neuen, elektronisch übertragbaren Krankheit geführt. Sherry Turkle, Dozentin am *Massachusetts Institute of Technology*, nennt es auf Englisch FOMO, „fear of missing out" – die Angst, etwas zu verpassen. Auf gut Deutsch: Verpassophobie.

Wir haben Angst, dass andere Menschen interessantere Dinge tun als wir oder mehr Freunde haben oder bessere Methoden haben, sich in Form zu bringen oder Geld zu sparen oder mit ihren Gefühlen umzugehen. Wir haben Angst, dass irgendwo etwas Tolles passiert und wir es verpassen. Haben wir den falschen Beruf ergriffen, oder kennen wir die falschen Leute, oder sind wir die falsche Verpflichtung eingegangen, oder haben wir uns für die falsche Veranstaltung entschieden?

Wir haben Angst zu verpassen, wie unsere Kinder aufwachsen. Wir haben Angst, eine tolle Karriere zu verpassen. Wir haben Angst, finanzielle Chancen zu verpassen, die andere Leute ergriffen haben; oder einen tollen Urlaub, den andere machen; oder tolle Fähigkeiten, die andere Leute sich aneignen.

Immer wieder lesen wir im Internet von den tollen Erlebnissen unserer Freunde und anderer Menschen, manchmal sogar in Echtzeit, und bekommen immer mehr Angst, dass unser Leben im Vergleich langweilig und unbedeutend abschneidet. Wir versuchen, diese Angst zu bewältigen, indem wir unter anderem Bilder und Erlebnisse online stellen, die unser Leben spektakulärer aussehen lassen, als es wirklich ist – und daraufhin werden sich andere fragen, ob *sie* etwas verpassen.

Diese Verpassophobie ist heute schlimmer als früher, weil wir viel mehr Möglichkeiten haben. Wenn man unter dreißig ist, stehen die Chancen gut, dass man eines Tages einen Beruf ausübt, der heute noch gar nicht erfunden ist. Außerdem haben wir mehr Möglichkeiten, uns mit anderen zu vergleichen, und Verpassophobie wird vom Vergleichen oft nur noch schlimmer. Aber ich habe einen guten Rat für Sie: „Vergleichen Sie nie Ihr ‚Hinter den Kulissen‘ mit dem Bühnenbild von anderen."[17]

In gewisser Hinsicht war Verpassophobie der Grund für den Sündenfall. Die Schlange fragt Eva: „Hat Gott wirklich gesagt (…), dass ihr keine Früchte von den Bäumen des Gartens essen dürft? (…) Gott weiß, dass eure Augen geöffnet werden, wenn ihr davon esst. Ihr werdet sein wie Gott" (1. Mose 3,1.5). Kain und Abel, Jakob und Esau, Rahel und Lea, David und Batseba – dies alles sind Geschichten über Sünde, die aus Verpassophobie entstand.

Doch so gefährlich diese Angst auch ist, sie sagt uns etwas Fundamentales über uns selbst. Wir haben einen unstillbaren Hunger nach mehr. Wir sehnen uns nach einem Leben, das über das hinausgeht, was wir jetzt haben. Wenn wir richtig mit ihr umgehen, kann uns unsere Verpassophobie zu Gottes offenen Türen führen.

Der Apostel Paulus saß angekettet im Gefängnis und schrieb von einem Gott, der über unser Vorstellungsvermögen hinausgeht:

Durch die mächtige Kraft, die in uns wirkt, kann Gott unendlich viel mehr tun, als wir je bitten oder auch nur hoffen würden. Ihm gehört alle Ehre in der Gemeinde und durch Christus Jesus für alle Zeit und Ewigkeit. Amen. (Epheser 3,20-21)

Gott kann tun, worum wir ihn bitten.

Gott kann tun, worum wir ihn bitten *und was wir hoffen*.

Gott kann *alles* tun, worum wir ihn bitten und was wir hoffen.

Gott kann *mehr tun* als alles, worum wir ihn bitten und was wir hoffen.

Gott kann *unendlich* viel mehr tun als alles, worum wir ihn bitten und was wir hoffen.

Das ist Gott.

Die Angst, etwas zu verpassen, steckt hinter dem Appell des größten kreativen Genies der amerikanischen Geschichte. Nein, ich meine nicht Walt Disney, Steve Jobs oder Thomas Edison, sondern Ron Popeil, den Erfinder von zahlreichen kleinen und großen Küchenhelfern und anderen Dingen (unter anderem Haar aus der Sprühdose). Doch seine größte Erfindung ist nichts davon, sondern ein in den USA unsterblicher Werbespruch: „Moment! Es geht noch weiter!" Ganz egal, wie herrlich das neueste Gerät oder das letzte Angebot ist – die menschliche Fantasie lässt sich immer mit diesem einen Versprechen anheizen:

Moment! Es geht noch weiter!

Cheryl Forbes sagte einmal, Menschen mit einem einfallsreichen Leben sind *Was-wäre-wenn*-Menschen. Sie begegnen Ideen und Ereignissen mit einer *Was-wäre-wenn*-Einstellung und verhalten sich dementsprechend. *Was wäre wenn?* ist eine große Idee, so groß wie Gott, denn Gott handelt genau so. Unser Gott denkt sich: *Was, wenn ich ein Universum erschaffe? Was, wenn ich Menschen nach meinem Bild erschaffe? Was, wenn sie sündigen, und ich gebe sie nicht auf?*

Jesus kommt und lädt uns ein, *Was-wäre-wenn*-Menschen zu sein. Er sagte zu seinen ersten Nachfolgern: „Stellt euch ein Königreich vor – das *echte* Königreich wie aus dem Märchen. Stellt euch ein Königreich vor, in dem die Letzten die Ersten sind, in dem die Kleinsten die Größten, die Diener die Helden, die Schwachen stark und die Ausgegrenzten geliebt und wertgeschätzt sind. Stellt euch eine Welt vor, in der die

Außenseiter zu Insidern werden, in der Menschen ihr Leben verlieren und es dadurch finden, in der Menschen sich selbst und ihrer Schuld und Sünde und Selbstsucht sterben und dadurch zu neuem Leben erweckt werden. Stellt euch vor, dass eure kleine, kaputte Lebensgeschichte Teil einer großen Geschichte wird, die gut ausgeht."

Dann, im undenkbarsten Augenblick der Menschheitsgeschichte, sagte sich Jesus: *Was, wenn ich an einem Kreuz sterbe und all die Sünde und all das Leid und all den Schmerz und all die Schuld und all den Tod, die die Menschheit belasten, auf mich nehme?*

Und genau das tat er. Man legte seinen Leichnam in ein Grab, und drei Tage später sagte Gott zu Jesus: „Wie wär's, wenn du jetzt aufstehst?" Jesus stand auf, und der Tod war auf ewig verändert. Das *Leben* war auf ewig verändert.

Nachdem Jesus aus dem Grab auferstanden war, nahm er elf seiner ungebildeten Nachfolger, die weder Verbindungen noch Ressourcen hatten, und sagte: „Moment! Es geht noch weiter! Es gibt mehr als das Leben und mehr als den Tod. Was, wenn ich euch sage, dass ich euch nicht nur meine unvergleichliche Lehre und die Vergebung der Sünden hinterlasse, sondern auch noch eine neue Gemeinschaft von Brüdern und Schwestern, die wie eine Familie für euch sein werden?

Stellt euch vor, dass ihr den Heiligen Geist bekommt, der euch alle zusammen führt und leitet. Ihr werdet ausgesandt und über die ganze Welt verstreut. Am Ende wird man euch umbringen. Aber natürlich kann der Tod euer Leben bei Gott nicht beenden, und er kann diesen Traum nicht aufhalten. Diese Bewegung, diese Gemeinschaft, wird sich immer weiter ausbreiten, bis sie Menschen in mehr Orten erreicht, mehr

Kulturen erfasst und mehr Leben verändert als jede andere Bewegung der Menschheitsgeschichte."

Dann tat er genau das. Es geschah tatsächlich so, und ... da sind wir. Glaube ist unter anderem ein Akt der Vorstellungskraft. Die Bibel sagt: „Er ist das Vertrauen darauf, dass das, was wir hoffen, sich erfüllen wird, und die Überzeugung, dass das, was man nicht sieht, existiert" (Hebräer 11,1). Das heißt, Gott sucht immer noch nach *Was-wäre-wenn*-Menschen, denn ... es geht noch weiter!

Der echte, tiefe Grund für die Angst, etwas zu verpassen, besteht darin, dass wir *tatsächlich* für mehr erschaffen wurden und tatsächlich etwas verpassen. Nur liegt das „Mehr" nicht in mehr Geld oder mehr Erfolg oder mehr beeindruckenden Erlebnissen, über die ich auf Facebook berichten kann. Meine Sehnsucht nach mehr wird sich als unstillbar herausstellen, wenn ich versuche, sie zu stillen, indem ich mehr für *mich* will.

> *Der echte, tiefe Grund für die Angst, etwas zu verpassen, besteht darin, dass wir tatsächlich für mehr erschaffen wurden und tatsächlich etwas verpassen.*

Das bringt uns zu einem der wichtigsten Merkmale von offenen Türen in der Bibel. Biblisch gesprochen sind offene Türen göttliche Einladungen, unserem Leben Sinn zu verleihen – mit Gottes Hilfe und um anderer Menschen willen. Wenn ich das „um anderer Menschen willen" vergesse, wird aus meiner Suche nach offenen Türen nur ein zum Scheitern verurteilter Versuch, einen beeindruckenden Facebook-Eintrag zu verfassen. Frederick Buechner schreibt: „Wenn wir uns auf den Weg machen, nur um unser eigenes Leben zu retten, werden wir in jeder entscheidenden Hinsicht nach und nach aufhören zu leben. Denn nur, wenn wir uns um der Welt willen auf den Weg machen – selbst wenn die Welt uns halb zu Tode langweilt und krank macht und beängstigt –, werden wir nach und nach anfangen zu leben."[18]

„Mehr" – wenn es nur für *mich* ist, wird sich als weniger herausstellen. Narziss war auf der Suche nach einem Spiegel, nicht nach einer offenen Tür. Das Geheimnis der offenen Tür ist, dass sie am häufigsten vor uns auftaucht, wenn wir unsere Jagd nach unserem eigenen Fortkommen aufgeben und stattdessen nach Möglichkeiten zu lieben suchen.

Das bringt uns zu einer Frau namens Rut.

Die Liebe findet Türen, die der Ehrgeiz niemals erkennt

„Zu der Zeit, als die Richter in Israel regierten, verließ ein Mann aus Bethlehem in Juda das Land, weil eine Hungersnot ausgebrochen war" (Rut 1,1).

Mitten in der Hungersnot gibt es diese kleine Familie – Elimelech und Noomi und ihre zwei Söhne, Machlon und Kiljon –, und sie alle werden verhungern. Also verlassen sie ihre Heimat und gehen in ein Land namens Moab.

Die Moabiter waren große Feinde Israels. Sie waren Heiden. Sie beteten Götzen an. Die Moabiter durften nicht einmal nach Israel in den Tempel kommen und dort anbeten. Ein Israelit, der diese Geschichte las, wusste, dass es eine unvollkommene Geschichte sein würde. Es war eine schlimme Situation. Niemand mochte die Moabiter.

In den zehn Jahren Exil in diesem schlimmen Land sterben der Vater und die beiden Söhne der Familie. Noomi bleibt als Witwe im Exil zurück, ohne Mann, ohne Söhne und ohne Enkelkinder, die im Alter für sie sorgen werden. Der Name ihres Ehemannes – *Elimelech* – bedeutet „Gott ist König". Wenn Gott König ist, hat er einen seltsamen Regierungsstil.

Dann gibt es in der Geschichte eine kleine Wende: „Eines Tages hörte Noomi im Land Moab, dass der Herr sich seinem Volk wieder gnädig zugewandt und ihm Nahrung geschenkt hatte. Darum beschlossen Noomi und ihre Schwiegertöchter, von Moab wegzugehen und in Noomis Heimat zurückzukehren" (Rut 1,6).

Das ist die Andeutung einer winzigen offenen Tür.

Noomis Schwiegertöchter Orpa und Rut gehen mit ihr. Sie verlassen die kleine moabitische Stadt, in der sie leben, und machen sich auf den Weg. Doch als sie aus der Stadt kommen, bleibt Noomi stehen und sagt zu den jungen Frauen: „Geht lieber zurück nach Hause zu euren Müttern. Der Herr vergelte euch eure Liebe, die ihr euren verstorbenen Männern und auch mir entgegengebracht habt. Er schenke jeder von euch ein neues ruhiges Zuhause in einer zweiten Ehe" (Rut 1,8-9). Nach dieser kleinen Rede gibt sie ihren Schwiegertöchtern einen Kuss, und alle miteinander weinen.

Es ist eine herzzerreißende Szene. Noomi hat nichts mehr, was sie ihren Schwiegertöchtern geben könnte. Sie hat kein Geld und keine Kontakte. Sie kann ihnen nicht helfen. Sie kann ihnen nichts weiter schenken als die Befreiung von der Bürde, für sie sorgen zu müssen – und das tut sie. Sie sagt: „Ihr habt bessere Chancen, einen Ehemann zu finden, wenn ihr hierbleibt." In dieser Kultur ging es beim Heiraten nicht nur um Romantik. Es ging ums Überleben. Es ging um das wirtschaftliche Wohlergehen.

Erstaunlicherweise weigern sich die Schwiegertöchter, Noomi zu gehorchen. Sie sagen: „Nein. Wir bleiben bei dir", auch wenn Noomi ihnen nicht helfen kann. Die Schwiegermutter wird nur eine Last für sie sein.

Also versucht Noomi es noch einmal. „Kehrt lieber um, meine Töchter, (…) denn ich bin zu alt, um noch einmal zu heiraten. Und selbst wenn ich sagen würde: ‚Ich habe noch Hoffnung', ja, selbst wenn ich mich noch diese Nacht mit einem Mann verbinden und Söhne bekommen würde, was würde das nützen? Würdet ihr warten, bis sie erwachsen sind?" (Rut 1,11-13). In der damaligen Welt war es üblich, dass beim Tod des Ehemanns die Familie, aus der er stammte, einen weiteren Ehemann für die Witwe stellte – wenn möglich. Doch Noomi erklärt den jungen Frauen ihre Situation: „Selbst wenn ich euch helfen könnte, würde es zu lange dauern."

Noomi fährt fort: „‚Nein, geht nicht mit mir, meine Töchter! Mein bitteres Leid ist noch schwerer für mich als für euch, denn der Herr selbst hat es über mich gebracht.' Da brachen sie noch einmal in lautes Weinen aus, und Orpa küsste ihre Schwiegermutter zum Abschied. Rut jedoch bestand darauf, bei Noomi zu bleiben" (Rut 1,13-14).

Man beachte, dass es zwei Schwiegertöchter in dieser Situation gibt. Zwei Türen: Auf einer steht „bleiben" und auf der anderen „gehen". Zwei junge Frauen: eine namens Rut und eine namens Orpa. Eine von ihnen, Orpa, hört auf Noomi. Orpa geht zurück nach Hause. Sie bleibt in Moab.

Doch Rut will nicht zurück nach Moab. Naomi versucht es noch einmal. „‚Sieh doch', sagte Noomi zu ihr, ‚deine

Schwägerin ist zu ihrem Volk und zu ihrem Gott zurückge-
gangen, und du solltest ebenfalls umkehren und ihr folgen'"
(Rut 1,15). Vier Mal in diesem kurzen Abschnitt sagt Noomi
zu Rut „Kehr um", und Rut muss sich entscheiden. Ihr ganzes
Schicksal wird sich hier entscheiden. Und von dieser jungen
Frau – dieser bettelarmen, mittellosen, heidnischen, verwit-
weten Moabiterin – kommt nun eine der größten Liebeser-
klärungen der ganzen Bibel, wenn nicht sogar der gesamten
Menschheitsliteratur:

> Verlang nicht von mir, dass ich dich verlasse und umkehre.
> Wo du hingehst, dort will ich auch hingehen, und wo du
> lebst, da möchte ich auch leben. Dein Volk ist mein Volk
> und dein Gott ist mein Gott. Wo du stirbst, da will ich auch
> sterben und begraben werden. Der Herr soll mich strafen,
> wenn ich zulasse, dass irgendetwas anderes als der Tod uns
> trennt! (Rut 1,16-17)

Unglaubliche, fast beispiellose Hingabe.

Zwei Charaktere, zwei Schwiegertöchter, Orpa und Rut.
Orpa tut das, was erwartet wird, was klug, zielführend und
vernünftig ist. Die Bibel kritisiert sie nicht dafür, ganz und
gar nicht. Sie tut das, was jeder vernünftige Mensch tun würde. Sie trifft eine vernünftige Entscheidung. Sie führt ein
vernünftiges Leben. Rut tut das, was nur ein unvernünftiger
Mensch tun würde. Sie entscheidet sich für ein unvernünftiges Leben.

Gott hatte es nicht von ihr verlangt; sie hat sich einfach dafür entschieden, und nun wird sie in Partnerschaft mit Gott in
seinem Königreich leben. Nun werden erstaunliche Dinge in

ihrem Leben passieren – doch das weiß sie nicht, als sie ihre Entscheidung trifft. Sie setzt einfach alles, was sie hat, auf die Liebe.

Wofür entscheiden Sie sich wohl? Ich weiß, wir leben in einer Gesellschaft, die uns vermittelt: „Sei vernünftig. Sei besonnen. Bau dir eine erfolgreiche Karriere auf. Sichere dich ab. Nutze deine gesamte Zeit und Energie und Ressourcen aus." Das kann man tun, wenn man will – guter Lebenslauf, guter Profit –, oder man kann alles auf die Liebe setzen.

> *Wir sind zu „mehr" erschaffen – nicht um aus Selbstliebe mehr zu haben, sondern um aus Liebe zu Gott mehr zu tun.*

Der Jesuitenorden wählte sich in seinen Anfängen ein einziges Wort als Motto aus, das ihr Gründer, Ignatius von Loyola, als Ansporn zu heroischen Taten eingesetzt hatte: *magis*, das lateinische Wort für „mehr". Dieses einfache Motto beschrieb „einen weitsichtigeren Geist, einen unermüdlichen Trieb zu überlegen, ob es nicht noch eine größere Tat zu tun gibt oder einen besseren Weg, das vorliegende Problem anzugehen". Ignatius von Loyola selbst beschrieb den idealen Jesuiten als jemanden, der „mit einem Fuß in der Luft" lebt – immer bereit, durch die offene Tür zu gehen. Man schätzt, dass Anfang des 19. Jahrhunderts ein Fünftel Europas seine Bildung an Jesuitenschulen erhielt.[19] Wir sind zu „mehr" erschaffen – nicht um aus Selbstliebe mehr zu haben, sondern um aus Liebe zu Gott mehr zu tun.

Moment! Es geht noch weiter.

Die Sache muss gar nicht groß aussehen.

Ich sehe, wie Hank, ein fantastischer Geschäftsmann, sein

Leben völlig umstellt, als bei seiner Frau Parkinson festgestellt wird. Stunden, die er früher mit dem Erteilen von Anordnungen und dem Generieren riesiger Umsätze verbrachte, verbringt er jetzt damit, seine Frau im Rollstuhl an Orte zu bringen, die ihr Freude machen. Ich sehe, wie Sarah ihren Studienabschluss an einer Eliteuniversität macht und sich dann dafür entscheidet, in einer Freiwilligenorganisation Schülern zu helfen, während sie selbst dafür sorgen muss, die notwendigen Spenden für ihr Gehalt zusammenzubringen. Jeden Tag opfern sich stille Helden unter uns auf, um für ihre alten Eltern zu sorgen oder ein Kind mit Downsyndrom oder elternlose Bandenmitglieder. Nach außen sieht es oft so aus, als hätten sie damit alle potenziellen Abenteuer ihres Lebens geopfert. Aber was wäre, wenn …?

„Als Noomi sah, dass Rut fest entschlossen war, mit ihr zu gehen, bedrängte sie sie nicht weiter" (Rut 1,18). Sie gingen einfach zusammen weiter. Bemerkenswert. Für die Literatur des Altertums ist dies eine ungewöhnliche, vielleicht beispiellose Geschichte. Es ist eine Reisegeschichte über eine Freundschaft, nur sind es hier zwei Frauen und nicht zwei Männer. Sie nehmen es mit der Welt auf. Hier haben wir „Thelma und Louise", die zusammen von Moab nach Israel ziehen. Auf Gedeih und Verderb werden die beiden bis zum bitteren Ende zusammenhalten.

Rut ahnt es noch nicht, aber die Entscheidung, die sie getroffen hat, wird eine Tür vor ihr öffnen, die es ihr ermöglicht, in einer Geschichte mitzuspielen, die viel größer als ihre Träume ist. An ihren Namen wird man sich noch in Jahrtausenden erinnern. Sie wird zum Vorbild und zum Segensspruch: „Mögest du sein wie Rut und Ester." Doch hinter ihrer Entscheidung, mit Noomi zu gehen, stand keiner dieser Beweggründe. Sie entschied sich einfach für die Gelegenheit zu lieben.

Menschen wahrzunehmen führt zu Türen hin

Im zweiten Kapitel der Geschichte sind Rut und Noomi bereits in Israel angekommen. „Eines Tages sagte die Moabiterin Rut zu Noomi: ‚Ich möchte hinaus auf die Felder gehen. Dort will ich hinter denen, die es mir erlauben, das liegen gebliebene Getreide aufsammeln'" (Rut 2,2). Im ersten Kapitel, noch in Moab, ist sie einfach „Rut". Doch jetzt ist sie eine Ausländerin, anders, fremd – „Rut, *die Moabiterin*".

Sie geht auf das Feld von Boas, der zufällig auch noch ein entfernter Verwandter von Noomi ist. Vielleicht ist ihm Noomis Situation dann nicht egal? So ist es. Jetzt beginnt die Tür von Gottes Wohlwollen sich für Rut zu öffnen. Boas kommt zu Ohren, was Rut hier tut, und ihr Charakter bewegt ihn. Also nimmt er Rut beiseite und sagt: „Wenn du jeden Tag aufs Feld gehst, dann sammle nur auf meinem Feld die Ähren ein. Ich habe meine Männer angewiesen, dich nicht anzutasten. Ich weiß, dass eine arme, schwache Witwe leicht angreifbar ist, also habe ich den Kerlen gesagt, sie sollen nett zu dir sein."

Er sagt: „Wenn du Durst hast, weil es heiß ist und die Arbeit schwer, dann sollen die Männer dir Wasser zu trinken geben." Das ist rührende Rücksichtnahme von Boas' Seite. In der damaligen Welt und in vielen Teilen der Zweidrittelwelt von heute ist Wasserholen schwere Arbeit – und Frauenarbeit.

Frauen müssen Wasser meist nicht nur für sich holen, sondern für die Männer, die auf dem Feld oder sonst irgendwo arbeiten. Boas sagt: „Ich habe meinen Männern gesagt, dass *du* kein Wasser *für sie* holen musst, sondern dass *sie* Wasser für *dich* holen sollen – für dich, die ausländische Witwe."

Weil Rut freundlich mit Noomi umgegangen war, hat sie ungeahnt eine Kette von Ereignissen in Gang gesetzt, im Zuge derer auch Boas freundlich mit ihr umgeht. In der ganzen Geschichte bieten sich immer wieder Möglichkeiten, freundlich mit jemandem umzugehen, der „fremd" ist – über die Grenzen dessen hinweg, was die betreffenden Personen normalerweise voneinander trennen würde. Dabei beginnen sie, einander in einem neuen Licht zu sehen. Türen öffnen sich, wenn ich tatsächlich Menschen wahrnehme, die ich vielleicht andernfalls übersehen würde, und mich um sie kümmere.

Ich las von einer Frau, die in einer schlechten Nachbarschaft aus Versehen ihre Schlüssel im Auto eingeschlossen hatte. Sie versuchte, mit einem Kleiderbügel in ihr eigenes Auto einzubrechen, doch das funktionierte nicht. Schließlich betete sie: „Gott, schick mir jemanden, der mir hilft." Fünf Minuten später hielt ein rostiges altes Auto neben ihr an. Ein tätowierter, bärtiger Mann mit einem Totenkopf-Tuch um den Kopf kam auf sie zu. Sie dachte: *Gott, ist das dein Ernst? Er?* Aber sie war verzweifelt.

Als der Mann sie fragte, ob er ihr helfen könnte, bat sie ihn: „Können Sie in mein Auto einbrechen?" Er sagte: „Kein Problem." Er nahm den Kleiderbügel und öffnete das Auto binnen weniger Sekunden. Sie sagte zu ihm: „Sie sind ein sehr netter Mensch!", und umarmte ihn herzlich. Er erwiderte: „Ich bin kein netter Mensch. Ich bin gerade heute aus dem

Gefängnis gekommen. Da habe ich zwei Jahre wegen Autodiebstahls eingesessen und bin erst seit ein paar Stunden wieder draußen." Sie umarmte ihn noch einmal und rief: „Danke, Gott, dass du mir einen Profi geschickt hast!"

Wenn ich nach Gottes offenen Türen Ausschau halte, beginne ich, auch die alltäglichsten Umstände meines Lebens als Gelegenheit zu betrachten, anderen zu dienen.

Vor einiger Zeit stand im *San Francisco Chronicle* eine Titelgeschichte über eine Busfahrerin namens Linda Wilson-Allen.[20] Sie liebt die Menschen, die in ihrem Bus fahren. Sie kennt diejenigen, die regelmäßig mitfahren. Sie bringt ihre Namen in Erfahrung. Sie wartet auf sie, falls sie sich verspäten, und holt die Zeit dann später auf der Route wieder herein.

Wenn ich nach Gottes offenen Türen Ausschau halte, beginne ich, auch die alltäglichsten Umstände meines Lebens als Gelegenheit zu betrachten, anderen zu dienen.

Eines Tages sah Linda, wie eine über achtzigjährige Frau namens Ivy mit ihren schweren Einkaufstaschen kämpfte. Also stieg Linda aus dem Bus, um Ivys Einkaufstaschen hineinzutragen. Jetzt lässt Ivy andere Busse an ihrer Haltestelle vorbeifahren, damit sie mit Lindas Bus fahren kann.

Ein andermal bemerkte Linda eine andere Frau, Tanya, an einem Bushäuschen. Sie merkte gleich, dass Tanya neu in der Gegend war und sich nicht auskannte. Es war kurz vor Thanksgiving, also sagte Linda zu Tanya: „Sie sind ganz allein hier und kennen niemanden. Kommen Sie doch mich und meine Familie zu Thanksgiving besuchen!" Heute sind die beiden Freundinnen.

Der Reporter, der den Artikel schrieb, fährt jeden Tag mit Lindas Bus. Er sagt, Linda hat sich in ihrem Bus solch eine kleine Segensgemeinschaft aufgebaut, dass Fahrgäste ihr inzwischen sogar ihre Ferienhäuser für den Urlaub anbieten. Sie bringen ihr Topfpflanzen und Blumensträuße mit. Als die Leute herausfanden, dass Linda gern Tücher zu ihrer Uniform trägt, fingen sie an, ihr Tücher zu schenken. Ein Fahrgast schenkte ihr sogar einmal einen Kragen aus Kaninchenfell! In dem Zeitungsartikel heißt es, Linda sei vielleicht die beliebteste Busfahrerin seit Ralph Kramden aus der alten amerikanischen Fernsehserie *The Honeymooners*. (Erinnert sich überhaupt noch irgendjemand an den guten, alten Ralph Kramden?)

Überlegen Sie einmal, was für ein undankbarer Job Busfahrer in unserer Welt ist: mürrische Fahrgäste, Motorschäden, Staus und Kaugummi auf den Sitzen. Man fragt sich, woher Linda ihre positive Einstellung nimmt. „Ihre Stimmung entscheidet sich morgens halb drei, wenn sie auf die Knie geht und eine halbe Stunde betet", heißt es im *Chronicle*. „„Es gibt immer eine Menge mit Gott zu besprechen', sagt Linda Wilson-Allen, Mitglied in der *Glad Tidings Church* in Hayward."

An der letzten Haltestelle ihrer Tour sagt sie immer: „Das war's. Ich hab euch lieb. Passt gut auf euch auf!" Hat Ihnen schon mal ein Busfahrer gesagt: „Ich hab dich lieb"? Manche Menschen fragen sich, wo Gottes Reich zu finden ist. Ich kann Ihnen sagen, wo: auf der Buslinie 45 in San Francisco. Manche Menschen fragen sich, wo sie die Gemeinde Christi finden können. Ich kann Ihnen sagen, wo: hinter dem Lenkrad eines Linienbusses.

Wir luden Linda zu einem Vortrag in unsere Gemeinde ein.

Menschen mit allen möglichen Träumen vom großen Geld in der Computerbranche von Silicon Valley gaben einer Frau, die einen Linienbus fährt, Standing Ovations. Anschließend standen sie Schlange, um mit ihr persönlich zu sprechen – denn die Tür im Bus der Linie 45 ermöglicht einen Blick in Gottes Reich.

Offene Türen finden sich überall, jeden Tag. Und wenn wir Gottes Führung folgen, dürfen wir seinen Segen erleben, indem wir die Welt und unseren Platz darin so sehen lernen, wie er sie sieht.

Offene Türen führen zu vertrauten Beziehungen

Als Noomi von Boas' gütigem Verhalten erfährt, ist sie beeindruckt und hat eine Idee. Sie denkt: *Vielleicht gibt es in Boas' Herz noch mehr als einfach nur Mitgefühl und Großzügigkeit.* Also sagt sie zu Rut: „Geh noch einmal zu Boas, und zwar dieses Mal in der Nacht." Außerdem rät sie ihr: „Nun nimm ein Bad, parfümiere dich und zieh dein schönstes Kleid an" (Rut 3,3).

Noomi gibt Rut Tipps für ein Rendezvous! Wir dürfen nicht vergessen, dass es zur Zeit der Richter in Israel noch keine Zeitschriften mit Artikeln zu diesem Thema gab – also mussten entsprechende Ratschläge mündlich weitergegeben werden. Rut beherzigt Noomis Vorschläge und lädt dann Boas entsprechend der Symbolik ihrer Zeit nachts ein, damit er sie mit seinem Mantel zudecken kann. Es ist eine sehr zärtliche und durchaus elektrisierende Szene.

Im Prinzip macht Rut Boas einen Heiratsantrag. Weil Boas ein Verwandter von Noomi ist, wird er, wenn er so gut für Rut sorgt, auch für Noomi sorgen. Boas versteht das, und er ist zutiefst bewegt. Er sagt zu Rut: „Jetzt zeigst du noch größere Liebe als bisher, weil du nicht jüngeren Männern nachläufst, egal, ob reich oder arm" (Rut 3,10). Das soll nicht heißen, dass Boas ein hässlicher alter Kerl ist. Im Nahen Osten des Altertums wurde extreme Bescheidenheit als höflich betrachtet, also war es durchaus üblich, dass der Mann etwas sagte wie: „Du hättest viel attraktivere Männer haben können als mich." Dann erwartete man von der Frau, dass sie antwortete: „Aber nein, ich hätte nie gedacht, einen so gut aussehenden Mann wie dich zu finden!" So ähnlich sollte man diese Szene verstehen.

Es ist eine wunderschöne Geschichte, unter anderem deshalb, weil Rut und Boas sich vom Charakter des jeweils anderen angezogen fühlen. Körperliche Attraktivität ist ein Geschenk, aber wenn man einen Ehepartner sucht, sollte man auch ganz realistisch prüfen, welchen Charakter der oder die Betreffende hat. Man kann sehr unglücklich mit einem Menschen werden, obwohl er äußerlich unglaublich schön ist. Aber innere Schönheit … Darum geht es in dieser Geschichte.

Boas ist tief gerührt. Er möchte Rut sagen, dass er gern den nächsten Schritt mit ihr gehen würde, doch zuerst muss er noch mit einem anderen Verwandten klären, ob der eventuell bestehende Ansprüche haben könnte. Also geht Rut nach Hause, und dann spielt sich folgende wunderbar liebevolle Szene ab: „Als Rut wieder zu ihrer Schwiegermutter kam, fragte Noomi: ‚Was hast du erreicht, meine Tochter?' Rut erzählte Noomi alles, was Boas für sie getan hatte" (Rut 3,16). Wenn ich hier das Wort „alles" lese, frage ich mich, wie das

Gespräch ablief. Manchmal, wenn ich mich mit einem Freund treffe – auch wenn es ein guter Freund ist – und meine Frau mich hinterher fragt: „Wie geht's Rick und Sheri und den Kindern?", merke ich, dass ich auf keine dieser Fragen antworten kann. Dann fragt sich Nancy natürlich, worüber wir die ganze Zeit geredet haben. (Offenbar nicht viel.) Doch in dieser Geschichte mangelt es nicht an Details: „Ich will alles hören! Wie warst du angezogen? Wie war er angezogen? Was hast du gesagt? Was hat er gesagt? Hat er dich geküsst? Küsst er gut? Warst du aufgeregt? War er aufgeregt?" Es ist ein schöner Moment in einer schönen Geschichte. Ruts Liebe zu ihrer Schwiegermutter zeigt sich erneut in dem kleinen Detail, dass Noomi über alles im Bild sein sollte. Mit jeder Einzelheit schenkte Rut ihr auch ein Stück von ihrem Herzen. Sie „erzählte ihr alles".

Wenn ein Mensch uns die Tür seines Herzens öffnet, ist dies eines der größten Geschenke im Leben. Eine gute Reaktion darauf erfordert Zeit, Energie, Verletzlichkeit und Weisheit.

Dann sagt Noomi zu Rut: „„Warte in Ruhe ab, meine Tochter, bis du erfährst, wie die Sache ausgeht. Der Mann wird nicht ruhen, bis er die Sache noch heute entschieden hat'" (Rut 3,18). Und tatsächlich: Die Sache *wird* entschieden. Boas und Rut heiraten und bekommen einen Sohn. Noomi wird für den Jungen wie eine zweite Mutter, und alle leben glücklich bis an ihr Ende.

Manchmal sind Menschen so sehr auf berufliche offene Türen fixiert, dass sie für die offenen Türen von Beziehungen blind sind. Ich unterhielt mich einmal mit einem viel beschäftigten, beruflich erfolgreichen Mann mittleren Alters, der mir erzählte, er würde sehr gern heiraten. „Irgendwelche Möglichkeiten in Aussicht?", fragte ich. „Tja, da war mal eine Frau, die Interesse signalisiert hatte", antwortete er. Er bat sie, sich von seiner Sekretärin einen Termin für ein Rendezvous geben zu lassen. Ups.

Jedes Herz hat eine Tür. Wenn ein Mensch uns die Tür seines Herzens öffnet, ist dies eines der größten Geschenke im Leben. Eine gute Reaktion darauf erfordert Zeit, Energie, Verletzlichkeit und Weisheit.

Herzen mit offenen Türen findet man am besten, wenn man einfach Liebe praktiziert. In der Gemeinde, in der ich arbeite, engagiert sich eine Gruppe von Senioren an einer Highschool, an der viele Schüler aus Familien mit niedrigem Einkommen und aus sozial schwierigen Wohngegenden San Franciscos stammen. Die Senioren haben ein Gebetsteam, ein Lehrer-Unterstützungsteam, ein Lehrmaterial-Team, Küchenhilfen und ein Nachhilfeteam, das – wie sie selbst ganz stolz sagen – aus alten, grauhaarigen Männern besteht. (Das überrascht mich nicht. Einige der tiefgläubigsten Menschen in meinem Bekanntenkreis sind alte, grauhaarige Männer.)

Einer von ihnen ist der 82-jährige Grant Smith. Jede Woche geht er in die örtliche Highschool, um Nachhilfe zu geben. Einmal kam er nicht zum vereinbarten Termin, und einer seiner Schüler fragte: „Hey, wo ist denn heute mein Oberchecker?" Eine offene Tür kann für jemanden aus einem 82-jährigen Vorortrentner, der früher Pilot war, seinen „Oberchecker" machen.

Liebe öffnet Türen. Eines der schönsten Beispiele, das ich dafür kenne, ist das von Louie Zamperini. Er nahm als Läufer an den Olympischen Spielen 1936 teil und verbrachte dann im Zweiten Weltkrieg mehrere Wochen auf einem Floß im

Pazifik und mehrere Jahre in einem Kriegsgefangenenlager. Nachdem er all das überlebt hatte, zerbrach er fast an seinem Zorn und Schmerz und an seiner Alkoholsucht – bis er seine unvollkommene Geschichte Gott überließ, der sie in seine große Geschichte einbaute. Vor einigen Jahren las unsere gesamte Gemeinde seine Geschichte in Laura Hillenbrands Buch *Unbroken,* und wir luden Louie an einem Wochenende zu einem Interview ein. Es war verblüffend, wie er sich für jede einzelne Person interessierte und sich bemühte, mit jedem in Kontakt zu kommen.

Er sprach davon, wie wichtig es ist, für Menschen zu beten. Als er aus dem Krieg zurückkehrte, war er eines Tages in einem Golfclub in Hollywood, als jemand ihm sagte, Oliver Hardy (ja, der von Laurel & Hardy!) wolle ihn im Umkleideraum sprechen. Als Louie die Umkleide betrat, kam Ollie aus der Dusche gerannt, umarmte ihn, tropfnass, wie er war, brach in Tränen aus und sagte: „Ich habe jeden Tag für Sie gebetet, als Sie in Kriegsgefangenschaft waren!"

Wenn Menschen auf Louie zukamen, betete er oft an Ort und Stelle für sie. „Jeder kann für jemanden beten", sagte er. Sein Leben hatte einen neuen Antrieb bekommen, weil er es nicht mehr als *sein* Leben betrachtete. Jeder Augenblick war eine Gelegenheit, mit einem Menschen in Kontakt zu kommen, von jemandem zu lernen, jemanden zum Lächeln zu bringen. An dem Wochenende, als er in unserer Gemeinde zu Besuch war, hatte er sich gerade in der Woche zuvor das Bein gebrochen, und sein Arzt hatte ihm verboten zu fliegen. Also ließ er sich mit seinem gebrochenen Bein von seinem Sohn sieben Stunden im Auto durch die Gegend fahren.

Damals war er 95 Jahre alt.

Hilfe für zerbrochene Menschen

Moment! Es geht noch weiter!

Ein letztes kleines Detail, eine letzte Pointe. Ein Nachwort, das jeden Israeliten überraschen wird, der es liest.

Rut und Boas bekommen einen Sohn, und Noomi ist wie eine zweite Mutter für ihn. Sie geben ihm den Namen Obed, und Obed bekommt später einen Sohn namens Isai. Die letzten Worte im Buch Rut lauten: „Isai war der Vater von David" (Rut 4,22). *König* David. Der *Held* David. Rut – eine Nichtjüdin, eine Moabiterin, eine *Heidin* – ist die Urgroßmutter von David. Bemerkenswert. David, der größte König Israels, ist kein reinblütiger Israelit – er ist zum Teil Moabiter!

Erinnern Sie sich noch, wie das Buch begann? „Zur der Zeit, als die Richter in Israel regierten …" – zu dieser Zeit voller Gewalt, Unterdrückung und Götzendienst. Keiner wusste es, doch diese Tage waren gezählt. Keiner wusste es, doch ein König war auf dem Weg. Keiner hätte es sich träumen lassen, doch es geschah, weil eine heidnische moabitische (nicht jüdische) Witwe ihren Nächsten liebte wie sich selbst. Sie tat etwas Unvernünftiges mit ihrem Leben. Sie ging durch eine offene Tür.

Das heißt, sie begab sich in den Segensbereich von Gottes Königreich. Sie wurde eine solche Heldin, dass ihre Nachbarn kaum wussten, wie sie sie beschreiben sollten: „deine(r) Schwiegertochter, die dich so sehr liebt und die dir mehr bedeutet als sieben Söhne" (Rut 4,15). In jener patriarchalischen Kultur war es bemerkenswert, dass eine Tochter (noch dazu Schwiegertochter!) besser war als nur ein Sohn, doch besser zu sein als *sieben* Söhne – weil Sieben die Zahl der Vollkommenheit ist –, war wohl ein Weltrekord.

Aber Moment mal! Es geht noch weiter! Rut wurde nicht nur in ihrer eigenen Zeit zur Heldin, sondern man würde sich für immer an sie erinnern und über sie schreiben. Nicht nur im Alten Testament. Ihre Geschichte endete nicht mit der Geburt ihres Urenkels David. Wer wird im Neuen Testament Sohn Davids genannt?

Richtig – Jesus.

Herrlich. Jesus selbst ist kein reinblütiger Israelit. Jesus hatte ein winziges Stück Moabiter in sich. Ruts Geschichte wird zur Geschichte von Jesus.

Immer, wenn wir durch eine offene Tür gehen, vermischt sich unsere Geschichte mit der Geschichte von Jesus, und wir werden in das eingebunden, was Gott in dieser Welt tut. Eine kaputte Lebensgeschichte lässt sich nur in Ordnung bringen, wenn man sie in eine größere Geschichte einbettet, die gut anfängt und endet. Wie schon gesagt …

Moment! Es geht noch weiter!

4

Märchen über offene Türen

Vor einigen Jahren wurde der Trainer der *Chicago Bears,*
einer Football-Mannschaft, entlassen, und sein Kommentar
dazu auf der Pressekonferenz war: „Wie schon in der Bibel
steht: Auch das geht vorüber." Ich habe selbst in Chicago gelebt, und „der Trainer" ist eine beliebte Persönlichkeit, aber
nicht unbedingt als großer Bibelkenner bekannt. In der Bibel
gibt es nämlich nirgendwo eine Stelle, an der es heißt: „Auch
das geht vorüber." Es klingt biblisch, steht aber nicht in der
Bibel. – Das gibt es öfter.

Als ich noch am Theologischen Seminar studierte, geriet
ich einmal in ein Streitgespräch mit der Tante meiner Frau.
Wir waren im Urlaub, und sie sagte, einer ihrer Lieblingsbi-
belverse sei: „Hilf dir selbst, dann hilft dir Gott." Ich sagte:
„Das steht nicht in der Bibel. Genau genommen ist es das
ganze Gegenteil von dem, was die Bibel aussagt – denn der
rote Faden der Bibel ist: Gott hilft uns; wir *können* uns gar
nicht selbst helfen." Die Tante erwiderte: „Erstens steht der
Vers *sehr wohl* in der Bibel, und zweitens ist es mein Lieb-
lingsvers!"

Daraufhin sagte ich: „Ich studiere Theologie. Ich wette
mit dir um zwanzig Dollar, dass er nicht in der Bibel steht."
Sie blieb die ganze Nacht auf und suchte nach diesem Vers.

Natürlich fand sie ihn nicht, denn er stammt von Benjamin Franklin – nicht aus der Bibel. (Genau genommen wird der Spruch Benjamin Franklin zugeschrieben, aber ich weiß nicht, ob er tatsächlich von ihm stammt. Ich weiß auch nicht genau, ob es richtig ist, darauf zu wetten, ob etwas in der Bibel steht oder nicht – aber das war das einzige Mal, dass ich finanziell etwas von meinem Theologiestudium hatte, also freute ich mich natürlich.)

Es gibt eine überraschend große Anzahl von Sprüchen, von denen man gemeinhin meint, sie stünden in der Bibel, obwohl dem gar nicht so ist. Zum Beispiel: „Gott erlegt uns nie mehr auf, als wir tragen können." Haben Sie diesen Spruch schon einmal gehört? Er steht nicht in der Bibel. In der Bibel heißt es, Gott lässt nicht zu, dass Menschen über ihre Grenzen hinaus *versucht* werden, aber nirgendwo heißt es, Gott würde nicht zulassen, dass wir mehr Lasten auferlegt bekommen, als wir bewältigen können. Menschen bekommen ständig mehr auferlegt, als sie tragen können. Es macht mich wahnsinnig, wenn Leute meinen, dieser Spruch stammt aus der Bibel!

Oder: „Wer mit der Rute spart, verzieht das Kind." Nicht aus der Bibel. Oder: „Gottes Wege sind unergründlich." Nicht aus der Bibel. Steven Bouma-Prediger, Dozent für Religion am Hope College, erzählt, dass er in seinem Seminar manchmal einen Bibelvers aus 2. Pharisäer 4,3 zitiert, und manche Studenten wissen nicht einmal, dass es in der Bibel weder dieses Buch noch diesen Vers gibt. Das sind Theologiestudenten an einem niederländisch-reformierten Seminar in einem Bibelkurs!

Ein anderer Professor, Rabbi Rami Shapiro an der Middle Tennessee State University, erzählte, er musste einmal einen Studenten davon überzeugen, dass das Sprichwort „Eine halbe Wahrheit ist schlimmer als eine ganze Lüge" nicht aus den Sprüchen stammt. Sie wissen schon: „Wahrlich, ich sage euch, eine halbe Wahrheit ist schlimmer als eine ganze Lüge." Es klingt zwar nach etwas, das in der Bibel stehen könnte – aber es steht nicht drin![21]

Ich erwähne das, weil es noch einen weiteren Spruch gibt, von dem viele Leute fälschlicherweise meinen, dass er aus der Bibel stammt: „Wenn Gott eine Tür schließt, öffnet er ein Fenster."

Das steht nirgendwo in der Bibel, sondern stammt von der Mutter Oberin aus dem Film *The Sound of Music* (deutsch: Meine Lieder, meine Träume). (Übrigens gibt es Hunderte Variationen dieses Spruchs. Mein persönlicher Favorit: „Wenn Gott eine Tür schließt, öffnet Julie Andrews ein Fenster.")

Was er öffnet, kann niemand schließen, und was er schließt, kann niemand öffnen.

Was die Bibel *tatsächlich* sagt, ist: „Was er öffnet, kann niemand schließen, und was er schließt, kann niemand öffnen" (Offenbarung 3,7).

Ich möchte die Mutter Oberin gar nicht kritisieren. Aber vielleicht gefällt uns die Version, in der es heißt: „… dann öffnet er ein Fenster", deswegen so gut, weil sie uns die Möglichkeit offenlässt, auf einem Umweg heimlich doch dahin zu kommen, wo wir sowieso hinwollten. Die biblische Version beschneidet unsere Möglichkeiten beträchtlich. Die erste verschlossene Tür der Bibel kam nach dem Sündenfall, als Gott Adam und Eva aus dem Garten Eden verbannte – und „ließ östlich vom Garten Eden die Cherubim sich lagern und die

Flamme des zuckenden Schwertes, den Weg zum Baum des Lebens zu bewachen" (1. Mose 3,24; ELB). Im Bibeltext steht nichts davon, dass Gott auch ein Fenster öffnete, damit Adam und Eva sich an den Cherubim vorbeischleichen konnten. Wenn Gott eine Tür schließt, soll das heißen: „Geh dort nicht hin." Es hat seine Gründe, warum wir immer noch beten: „Vergib uns unsere Übertretungen." In einem der folgenden Kapitel werden wir noch sehen, dass verschlossene Türen ein genauso großes Geschenk sein können wie offene.

Doch die Frustration, die eine verschlossene Tür bedeutet, kam erst mit der Sünde und dem Sündenfall in die Welt; sie wird bei der Erlösung aller Dinge enden. Gott öffnet gern Türen für seine Geschöpfe. In Basketballmannschaften gibt es oft Aufbauspieler, die hilfreiche Spielzüge machen, damit andere den umjubelten Korb werfen können. Genauso ist ein Center-Spieler (auch „Big Man" genannt) notwendig, der die Würfe der Gegner abwehrt. Die Türen, die Gott öffnet, sind „unbegrenzte Möglichkeiten, etwas Lohnenswertes zu tun; große Durchbrüche zu neuen, unbekannten Abenteuern eines bedeutsamen Lebens; bisher ungeahnte Chancen, Gutes zu tun und unser Leben mit Ewigkeitswert zu leben".[22]

Doch gerade eben weil es bei diesen Türen um die Zukunft und um Chancen geht und weil sie sich mit unseren Wünschen überschneiden und weil Gott dabei manchmal unergründliche Wege mit der Welt geht, stecken unsere Vorstellungen von göttlichen Türen oft voller Missverständnisse und Aberglauben. Manchmal versuchen wir nur, unsere eigenen Wünsche zu erfüllen, und geben dem Ganzen einen dünnen frommen Anstrich: „Wenn Gott will, dass ich an die Universität gehe, an die ich sowieso gehen will, dann wird er als

Zeichen dafür morgen die Sonne im Osten aufgehen lassen." Manchmal schieben wir Gott vor, während wir uns eigentlich der Realität verweigern: „Du kannst nicht mit mir Schluss machen; Gott hat mir gesagt, dass du der/die Richtige bist!" Manchmal führen wir offene Türen als Rechtfertigung für unsere Maßlosigkeit an: „Gott hat uns diese riesige, teure Villa zur Verfügung gestellt, damit wir einen schönen Ort haben, an dem wir Gemeindefeste abhalten und reisende Missionare unterbringen können."

In der Bibel besteht ein himmelweiter Unterschied zwischen dem Glauben an einen übernatürlichen Gott einerseits und Magie oder Aberglaube andererseits. Das Problem am Aberglauben ist nicht nur, dass er dumm ist. Er ist ein Versuch, eine Macht oder Kraft zu benutzen, ohne sich gehorsam einem Wesen unterzuordnen, dem Liebe und Gerechtigkeit am Herzen liegen.

Wenn ich versuche, Gott zu benutzen wie manche Menschen ein Horoskop oder Tarot-Karten, dann verletze ich das Wesen der Beziehung zwischen Gott und Mensch. Ich mache mich zum Herrn und Gott zu meinem Flaschengeist. Ich mache das richtige Ergebnis zu meinem Götzen. Und ich entferne mich von dem geistlichen Wachstum, das Gott sich so sehr für mich wünscht. Gottes Wille für mich hat damit zu tun, was für ein Mensch ich werde – nicht die Umstände, in denen ich lebe.

In der Kindersendung *Sesamstraße* gab es früher ein Segment, das hieß: „Eins von diesen Dingen ist falsch hier". Stellen Sie sich vor, in diesem Segment wären drei Dinge zur Auswahl: Glaube, Magie und Wissenschaft. Die meisten Menschen unserer Zeit würden sagen, dass Glaube und Magie sich ähneln, weil beide – im Gegensatz zur Wissenschaft – mit dem Übernatürlichen rechnen.

Doch in einem tieferen Sinn gehören Magie und Wissenschaft zusammen. Menschen, die glauben, dass Magie oder Wissenschaft die tiefsten Wahrheiten enthält, sind davon überzeugt, dass unsere größten Probleme „da draußen" sind. Sowohl Wissenschaft als auch Magie bieten eine Kraft an, die wir nutzen können, um unsere äußere Welt zu unserer Zufriedenheit zu gestalten. Der Glaube sagt uns, dass nicht die äußere Welt den größten Bedarf an Veränderung hat, sondern unser inneres Wesen. Beim Glauben geht es nicht darum, dass ich in meiner äußeren Welt bekomme, was ich mir wünsche; es geht darum, dass Gott bekommt, was er in meiner inneren Welt erreichen will.

Wie schaffe ich es, dass Türen zu einem Teil meiner Glaubensreise werden und nicht eine Übung in Aberglauben sind? Dazu schauen wir uns zunächst einmal ein paar weitverbreitete Märchen über Gott und Türen an und die Wahrheit, die hinter ihnen steht.

„Gott kümmert sich nicht um mein kleines Leben"

Ein besonders zerstörerisches Märchen über Gott ist, dass er sich wie der Geschäftsführer einer großen Firma verhält: so beschäftigt mit dem großen Ganzen, dass die Aktivitäten eines Menschen, der so klein und unbedeutend ist wie ich, ganz sicher seiner Aufmerksamkeit entgehen. Wenn ich dieses Märchen glaube, bin ich davon überzeugt, dass es da draußen geistliche „Macher" gibt, die vielleicht große Abenteuer mit göttlichen Türen erleben, doch das sollte ich für mich nicht erwarten. Ich bin weder geistlich noch bedeutend genug.

Im Alten Testament versuchte ein Beamter namens Serubbabel, nach vielen Jahren des Exils und der Vernachlässigung den Tempel wiederaufzubauen. Es gelang ihm nur ein kümmerlicher Anfang, der bald von äußerem Widerstand und innerer Depression erstickt wurde. Serubbabel war entmutigt und kam sich wie ein Versager vor. Doch durch den Propheten Sacharja erreichten ihn Worte, die das Märchen Lügen straften: „Wer hat die kleinen Anfänge verachtet? Sie alle sollen sich freuen, wenn sie den Schlussstein in Serubbabels Hand sehen" (Sacharja 4,10).

Ein Junge geht zu dem Vortrag eines berühmten Lehrers. Menschlich gesehen, ist dieser Junge nichts Besonderes. Er hat ein ganz normales Mittagessen dabei: fünf ganz normale Brote und zwei ganz normale Fische, die ihm seine ganz normale Mutter eingepackt hatte. Niemand in der ganzen Menschenmenge wirkt unbedeutender als er. Doch als die Jünger sich umhören, wer Essen dabei hat, das er mit anderen teilen könnte, schießt dem Jungen ein Gedanke durch den Kopf. Er kann teilen, was er mitgebracht hat. Er kann geben, was er hat. Seine kleine Gabe wird in den Händen des Retters über seine kühnsten Träume hinaus vermehrt. Seit zweitausend Jahren schon staunt man über diese Geschichte.

Eine Witwe kommt am Opferkasten im Tempel vorbei. Sie steckt zwei kleine Münzen hinein; es ist alles, was sie hat. Sie weiß, dass es die kleinste aller Spenden ist und menschlich gesehen nichts bewirken kann. Aus ihrer Perspektive betrachtet ist es fast töricht. Doch sie kann nicht wissen, dass ein

Mann sie beobachtet und dass er sagen wird, sie hätte mehr als alle anderen gegeben. Sie kann nicht wissen, dass ihre Geschichte Millionen von Menschen dazu inspirieren wird, aufopferungsvoll über die Jahrhunderte hinweg Milliarden zu spenden.

Wir sollten den Tag der kleinen Anfänge nicht verachten, denn wir wissen nicht, was in Gottes Augen klein ist. Geistliche Größe wird nicht mit dem gleichen Maß gemessen wie körperliche Größe. Mit welcher Einheit sollen wir Liebe messen? Und doch ist Liebe real, realer als alles andere. Als Jesus sagte, die Witwe habe *mehr* gegeben, war das nicht nur ein netter Spruch, sondern ein geistlich akkurates Maß. Wir haben nur noch nicht den gleichen Maßstab.

Kein Projekt ist so groß, dass es Gott nicht braucht. Kein Projekt ist so klein, dass es Gott nicht interessiert.

Kein Projekt ist so klein, dass es Gott nicht interessiert.

Eine der beeindruckendsten Führungspersönlichkeiten und Menschen, die ich kenne, ist ein Mann namens Steve Hayner. Er ist genial und kompetent, hat einen Doktortitel und eine Kombination aus emotionaler Intelligenz und organisatorischem Durchblick, die phänomenal ist. Seine Ausbildung begann unter anderem unter einer bemerkenswerten Frau, Mrs Goddard, die keine „Qualifikationen" hatte, aber einen genialen Sinn dafür, die kleinen Dinge nicht zu verachten. Einmal bekam Steve den Auftrag, Dankesbriefe an die Personen zu schicken, die ehrenamtlich in ihrer Gemeinde mitgearbeitet hatten. Mrs Goddard sagte zu ihm: „So können Sie die Dankesbriefe nicht rausschicken; die Briefmarken sind zu hässlich. Sie müssen Briefmarken besorgen, die den

Briefumschlag verschönern und dem Empfänger Freude machen." Natürlich hätte Steve sich darüber ärgern können, eine so anspruchslose Aufgabe erledigen zu müssen. Doch stattdessen erkannte er eine offene Tür, eine Einladung, durch ein wenig Mehraufwand den Menschen ein kleines, besonderes Dankeschön zukommen zu lassen.

Also ging Dr. Steve Hayner zur Post, um schönere Briefmarken zu kaufen. Und er hat diese Geschichte nie vergessen und mit ihr Tausende andere dazu motiviert, auch die winzigsten Tätigkeiten sorgfältig auszuführen. Später wurde er Geschäftsführer einer multinationalen Organisation namens *InterVarsity Christian Fellowship* und dann Direktor dieser großen akademischen Institution.

Vor einigen Monaten stellte man bei ihm eine besonders schwere Form von Krebs fest. Seine Welt, die so groß war, schrumpfte plötzlich auf ein Minimum: genug Energie für die Behandlung aufbringen, beten können, danken. An seinem Geburtstag schrieb er beeindruckende Worte darüber, dass er den Tag nicht mehr ausnutzen, ihn aber immer noch freudig begrüßen kann.

Wenn wir geboren werden, ist unsere Welt sehr klein. Wenn wir älter werden, kann es sein, dass sie sehr groß wird. Wenn wir lange genug leben und alt genug werden, wird sie wieder klein. Wenn wir nicht lernen, Gott in unserer kleinen Welt zu finden, werden wir ihn gar nicht finden.

Verachten wir nicht den Tag der kleinen Dinge. Ein anderer Vers, den man nicht in der Bibel findet, lautet: „‚Ich liebe Grandiosität‘, spricht der Herr." Mutter Teresa sagte öfter: „Versucht nicht, große Dinge für Gott zu tun. Tut lieber kleine Dinge mit großer Liebe."

Verachten wir nicht den Tag der kleinen Anfänge, denn aus ihnen besteht Gottes Reich. Ein kleiner Anfang ist wie ein Senfkorn, das in Gottes Reich sehr groß sein wird, doch für menschliche Augen klein und unbedeutend aussieht. Ein kleiner Anfang ist wie Hefe, die irgendwann alles durchdringt und verändert, doch auf uns wirkt sie wie die kleinste Zutat. Babys und Futterkrippen erscheinen klein und unbedeutend – doch so kommt Gott zu uns.

Jesus tat hauptsächlich kleine Dinge. Er sprach mit unbekannten Personen – einer samaritischen Frau am Brunnen, einer verrufenen Prostituierten, einem Steuereintreiber. Er gab sich mit Kindern ab, die so unwichtig waren, dass die Jünger sie wegscheuchen wollten. Sein letztes Wunder vor seinem Prozess und seiner Kreuzigung war, ein abgeschnittenes Ohr zu heilen.

Wir haben keine Ahnung, was in Gottes Augen groß oder klein ist. Doch ganz sicher werde ich nie durch eine „große" Tür gehen, wenn ich nicht demütig genug bin, auch die kleinen zu erkennen und durch sie hindurchzugehen.

Verachten wir nicht den Tag der kleinen Anfänge, denn auch das ist ein Tag, den Gott gemacht hat. Dort werden wir ihn finden.

„Wenn ich nicht sehen kann, für welche Tür ich mich entscheiden soll, macht entweder Gott etwas falsch oder ich"

Das musste ich auf die harte Tour lernen. Entscheidungen mit „großen Türen" waren selten einfach für mich. Als ich versuchte, mich für einen Beruf zu entscheiden, betete ich stundenlang und war manchmal so frustriert, dass mir die Tränen kamen. „Gott, sag mir einfach, was ich tun soll, und ich werde es tun. Es ist mir ganz egal, was es ist. Ich will es nur wissen."

Schweigen im Walde.

Es dauerte Jahre, bis ich begriff, dass ich gar nicht unbedingt auf der Suche nach „Gottes Willen für mein Leben" war. Ich wollte einfach die Unruhe loswerden, die mit der Verantwortung für eine schwierige Entscheidung einhergeht.

Gott ist ein Türöffner, aber unserer Entscheidungsschwäche sollen wir uns selbst stellen. Das müssen wir begreifen, wenn wir die Sache mit den offenen Türen richtig verstehen wollen. Gott geht es in erster Linie darum, was für ein Mensch wir werden.

Der Apostel Paulus sagt: „Schon vor Erschaffung der Welt hat Gott uns aus Liebe dazu bestimmt, vor ihm heilig zu sein und befreit von Schuld" (Epheser 1,4). Mit anderen Worten: Gottes Wille für unser Leben ist nicht hauptsächlich, was wir machen oder wo wir leben oder ob wir heiraten oder wie viel wir verdienen, sondern was für ein Mensch aus uns wird. Gottes Wille für unser Leben ist in erster Linie, dass aus uns ein Mensch mit einem hervorragenden Charakter, mit gesunder

Lebendigkeit und göttlicher Liebe wird. Das ist mit Wörtern wie *gottesfürchtig* und *heilig* gemeint (auch wenn sie leider allzu oft religiöse Klischees sind).

Wie in Kapitel 1 erwähnt, sind Entscheidungssituationen ein unentbehrliches Mittel, um Persönlichkeiten zu formen. Alle Eltern wissen das. Stellen Sie sich einen Vater oder eine Mutter vor, die immer das Leben und die Entscheidungen ihres Kindes bestimmen. (Vielleicht denken Sie jetzt: *Das klingt nach meinen Eltern*. Dann sollten Sie sich einen Seelsorger suchen. Wenn Sie jetzt denken: *Das klingt nach einem super Arrangement!*, müssen Ihre Kinder sich einen Seelsorger suchen.)

Wenn Eltern sich wünschen, dass ihr Kind ein wirklich guter Mensch wird, *bestehen* sie immer wieder darauf, dass das Kind seine eigenen Entscheidungen trifft. Anders entstehen keine Menschen mit ausgeprägtem Willen, gesundem Urteilsvermögen und festem Charakter.

Das bedeutet, Gottes Wille für unser Leben besteht häufig in einem „Deine Entscheidung!". Manchmal bitten wir Gott um eine Richtungsangabe, und er sagt: „Ist mir gleich." Das bedeutet nicht, dass *wir* Gott egal sind. Es bedeutet nur, dass Gott unsere Persönlichkeit und unser Charakter mehr am Herzen liegen als alles andere. Genau das ist von einem wahrhaft liebenden Gott zu erwarten.

Manchmal hat Gott eine konkrete Aufgabe für jemanden – wie bei Mose, der es mit dem Pharao aufnehmen sollte. In diesem Fall ist Gott vollkommen in der Lage, dies ganz deutlich zu sagen. Und seine Weisheit wird uns bei Entscheidungen helfen, die richtige zu treffen, wie wir im nächsten Kapitel sehen werden.

Doch für mich war es ein großer Schritt nach vorn in meinem Verständnis von Glauben und Gebet, als ich erkannte: Ein Mangel an göttlichen Hinweisen, welche Tür ich wählen soll, bedeutet nicht, dass Gott oder ich versagt haben. Sehr oft war genau das Gegenteil der Fall: Gott wusste, dass ich mehr wachsen würde, wenn ich eine Entscheidung treffen musste, als wenn er mir einen Zettel vom Himmel herunterreichte, der mich am Wachsen hindern würde.

„Wenn es wirklich eine offene Tür ist, werden die Umstände unkompliziert sein"

Die Quintessenz dieses Märchens ist: Wenn ich mich für die richtige Tür entscheide, merke ich es daran, dass mein Leben leichter wird. Wenn ich mich für den richtigen Ehepartner entscheide, müsste meine Ehe doch mühelos verlaufen. Wir sollten jeden Morgen mit frischem Atem und einer positiven Einstellung aufwachen. Nichts an unserem Partner sollte uns jemals richtig stören – nicht *wirklich*. Meine Frau sollte mir immer ein positives Selbstbild vermitteln, und wenn sie nicht bei mir ist, sollte sie sich darauf freuen, mir zu dienen.

Wenn wir Kinder haben, sollten sie Gott lieben, gute Noten bekommen, überdurchschnittlich gut aussehen und intelligent sein, besonders große soziale Kompetenz besitzen und überaus sportlich sein. Sie sollten die Pubertät ohne Akne und emotionale Turbulenzen überstehen, an eine Universität gehen, auf die wir stolz sein können, und jemanden heiraten, der den Status unserer Familie verbessert. Sie sollten vollkommen unabhängig und stark sein, während sie gleichzeitig das Gleiche glauben wie wir und tun, was wir gutheißen.

Wenn ich den richtigen Beruf gewählt habe, sollte meine Arbeit mich jeden Tag begeistern und erfüllen. Auf meinen Leistungsbeurteilungen sollte nie etwas anderes als „Zu unserer vollsten Zufriedenheit" stehen; ich sollte der Lieblingsangestellte meines Chefs sein, während die Mitarbeiter, die mir unterstellt sind, mir regelmäßig schreiben und fragen, wie sie mich noch erfolgreicher machen können. Kollegen, mit denen schwer auszukommen ist, sollten sich gefälligst schnell von allein melden und sich Arbeit in einer anderen Firma suchen … vorzugsweise in Alaska.

Wenn ich mich für die richtigen Türen entscheide, sollte mein finanzielles Leben ebenfalls stressfrei verlaufen. Jemand sollte dafür sorgen, dass meine Rentenfonds in Automobil-Aktien investiert werden, die nie Probleme machen und sich alle drei oder vier Jahre im Wert verdoppeln. Ich sollte mir alles kaufen können, was ich will, und dennoch den wohlverdienten Ruf haben, außerordentlich großzügig zu sein.

> *Eine offene Tür verspricht uns kein leichtes Leben.*

Wenn „leicht" mein Kriterium für die Beurteilung von Türen ist, dann werde ich bei jedem Problem an Gott, mir selbst und meiner Entscheidung zweifeln. Doch eine offene Tür verspricht uns kein leichtes Leben.

Genau genommen wird das Leben meist viel schwerer, wenn Gott Menschen aufruft, durch offene Türen zu gehen. Abraham verlässt seine Heimat und begibt sich in eine ungewisse und gefährliche Situation. Mose muss dem Pharao entgegentreten und endloses Gejammer von seinem eigenen Volk ertragen. Elia flieht vor einer machtbesessenen Königin. Ester muss ihr Leben riskieren, um einen Völkermord zu verhindern. Das gesamte Buch Nehemia dreht sich um den äußeren und inneren Widerstand gegen Nehemias Arbeit.

Paulus schrieb an die Gemeinde in Korinth: „Eine große und wirksame Tür ist mir geöffnet worden, und der Widersacher sind viele" (1. Korinther 16,9; ELB). Nicht einfach eine Tür – eine *große* Tür. Man könnte mit einem Lastwagen hindurchfahren. Doch Paulus nahm den Widerstand und die Opposition als Bestätigung dafür, dass Gott ihm diese Tür geöffnet hatte.

Konfliktvermeidung ist verführerisch, aber formt nicht den Charakter. Geistliche Reife bedeutet, Problemen begegnen zu können, ohne sich beunruhigen zu lassen. Am Ende unseres Lebens werden die Probleme, die wir um einer größeren Sache willen erlebt haben, die größte Bedeutung haben.

David Garrow schreibt davon, was Martin Luther King jr. während des Busboykotts von Montgomery zu leiden hatte. Ein Tiefpunkt war erreicht, als er hasserfüllte rassistische Drohungen erhielt, dass man nicht nur ihn umbringen, sondern in seinem Haus eine Bombe legen und seine Familie vernichten würde. Einmal war er mitten in der Nacht so verängstigt und allein, dass er Gott verzweifelt zurief, er fühle sich zu schwach, um weiterzumachen. „Und es kam mir so vor, als sagte in jenem Moment eine innere Stimme zu mir: ‚Martin Luther, tritt für die Gerechtigkeit ein. Tritt für das Recht ein. Tritt für die Wahrheit ein. Und siehe, ich bin bei dir bis an der Welt Ende.'"

Garrow fügt hinzu: „Das war die wichtigste Nacht seines Lebens, die Nacht, an die er in den folgenden Jahren immer zurückdenken sollte, wenn der Druck wieder einmal zu groß wurde."²³

Jesus sagte nicht: „Mein Auftrag an euch ist leicht." Vielmehr sagte er: „Ihr werdet verhaftet, verfolgt und umgebracht werden. Auf der ganzen Welt wird man euch hassen, weil ihr euch zu meinem Namen bekennt" (Matthäus 24,9).

Er sagte auch nicht: „Die Welt wird euch keine Probleme machen", sondern: „Hier auf der Erde werdet ihr viel Schweres erleben" (Johannes 16,33).

Jesus gebrauchte das Wort „leicht" nur einmal, doch nicht in Bezug auf unsere Umstände. Der gleiche Jesus, der sagte: „Ich bin die Tür" (Johannes 10,7; ELB), sagte auch: „Mein Joch ist sanft, und meine Last ist leicht" (Matthäus 11,30; ELB).

Er sagte nicht: „Ich gebe euch ein leichtes Leben", sondern: „Ich gebe euch eine leichte Last und ein sanftes Joch." Das Joch eines Rabbis auf sich zu nehmen war ein Bild dafür, seinen Lebensstil zu übernehmen. Jesus sagte, sein Joch auf sich zu nehmen – unser Leben so einzurichten, dass wir immer Kraft und verändernde Gnade vom Vater im Himmel erhalten –, würde zu einem neuen inneren Frieden und Wohlergehen mit Gott führen. Mit anderen Worten: „Leicht" kommt nicht von außen, sondern von innen. „Leicht" beschreibt nicht meine Probleme. Es beschreibt die Kraft, die von außerhalb meiner selbst kommt und mit der ich meine Probleme tragen kann.

Jesus bietet uns eine innere Leichtigkeit des Geistes an, Frieden und Freude inmitten von schwierigen Umständen. Wenn ich innerlich leicht bleibe, kann ich äußerlich auch Schweres durchhalten. Wenn ich äußerlich ein leichtes Leben will, werde ich es weder innerlich noch äußerlich leicht haben.

„Offene Türen bedeuten: spektakuläre geistliche Erfolge für geistliche Giganten"

Oft verwechseln wir offene Türen mit vergeistlichten Geschichten darüber, dass wir bekommen, wovon wir meinen, es mache uns am glücklichsten. Allerdings sind offene Türen meist kleine, stille Einladungen, in einem überraschenden Augenblick etwas Kleines für und mit Gott zu tun.

Offene Türen zum Dienen.

Offene Türen zum Geben.

Offene Türen zum Umkehren.

Offene Türen zur Ehrlichkeit.

Wenn Sie meinen, Ihr Leben sei zu klein oder Ihre Arbeit zu unspektakulär, als dass Gott Ihnen dafür extra Türen öffnen würde, dann lesen Sie doch einmal die Geschichte von den Rechabitern. Das war ein unbekannter Stamm, der vielleicht nicht einmal in der Bibel hätte erwähnt werden sollen. Man geht davon aus, dass die Rechabiter ursprünglich nicht zum Volk Israel gehörten, nicht mit am Sinai gewesen waren und die Thora nicht kannten. Doch Jonadab, der Sohn Rechabs, sagte ihnen, dass Gott ihnen eine Tür geöffnet hatte: Sie sollten eine besondere Rolle in seinem Plan spielen. Allerdings war das eine Rolle, für die sich niemand freiwillig gemeldet hatte: Sie sollten keinen Wein trinken, keinen Wein anpflanzen, nichts säen, keine Häuser bauen und sich nirgendwo ansiedeln. *Na toll*, dachten sie wahrscheinlich. *Wir sind Meister im Nichtstun.*

Viele Generationen lang waren sie diesen Anweisungen treu. Es war eine unspektakuläre Berufung: Sie lebten als Nomaden, als wäre die Landwirtschaft nie erfunden worden.

Niemand betrachtete sie als wichtige Anführer. Sie waren das nahöstliche Äquivalent zu technologiefreien Hinterwäldlern.

Doch Jahrhunderte später, als Israel schon mit einem Bein im Exil stand, gebrauchte Gott die Rechabiter als Vorbild für überragenden Gehorsam. In einer Art prophetischem Anschauungsunterricht lud Jeremia die Rechabiter ins Haus des Herrn ein. Als sie eintrafen, teilte er ihnen mit, dass sie gerade rechtzeitig zum Sektempfang gekommen waren. Doch sie erklärten ihm, dass sie aufgrund eines uralten Gebotes immer noch als Abstinenzler lebten. Gott beauftragte Jeremia, ganz Israel zu verkünden, sie sollten sich ein Beispiel an diesen einfachen Nomaden nehmen und lernen, dass Treue auch in den einfachsten Aufgaben in Gottes Augen wertvoll ist. Die Rechabiter – Außenseiter, hinterwäldlerische, primitive heidnische Ziegenhirten – erteilten dem Volk Gottes in einem verzweifelten Augenblick eine Lektion in Treue. Gott lobte die Rechabiter und sagte, es würde immer einen Nachkommen aus ihrer Familie geben, der ihm diente. In jener Zeit, in der Stammeszusammenhalt alles war, war dies eine riesige Aufwertung des gesamten Familienverbandes.[24]

Nicht die Arbeit, die wir tun, macht uns in Gottes Augen groß, sondern die Einstellung, mit der wir sie tun.

Nicht die Arbeit, die wir tun, macht uns in Gottes Augen groß, sondern die Einstellung, mit der wir sie tun. Gott öffnet Türen für Menschen, die ein demütiges Herz haben, nicht ein aufgeblasenes Ego oder überdimensionale Talente.

Oft ist eine offene Tür nichts weiter, als in einer Situation einfach noch mal nachzudenken, bevor man handelt: das

Richtige tun, ganz gleich, wie klein die Sache ist. Das tun, was jeder anständige Mensch in dieser Situation tun würde. Ein Versprechen halten, auch wenn es einfacher wäre, es nicht zu tun. Manchmal bedeutet „durch eine offene Tür gehen" einfach, kein A... zu sein. Wenn auf der Tür nicht „spektakulär" steht, dann geben Sie sich mit „gehorsam" zufrieden.

„Für jede Entscheidung gibt es eine richtige Tür"

Das stimmt nicht. Wenn Sie das wirklich glauben, ist der Tag für Sie nach dem Frühstück zu Ende.

Menschen mit geistlichen Scheuklappen können nicht alle Möglichkeiten sehen, die sich ihnen bieten. Bischof J. Brian Bransfield erzählt, dass Menschen oft mit einem Dilemma zu ihm kommen, ganz unruhig sagen: „Ich weiß einfach nicht, was Gott in dieser Situation von mir will", und von ihm erwarten, dass er als Gottes „Sprecher" auftritt. Meist ermutigt er sie dann dazu, ihre Perspektive zu erweitern:

Genau genommen haben Sie achtzehn Entscheidungsmöglichkeiten, die Gott alle sehr glücklich machen würden. Niemand zwingt Sie, Priester zu werden (oder auch nicht). Niemand zwingt Sie, diese Frau zu heiraten (oder auch nicht). Es gibt über sieben Milliarden Menschen auf der Welt, und Sie wollen mir erzählen, dass Gott Sie angeschaut und gesagt hat: „Du darfst nur eine Sache mit deinem Leben anfangen. Ich weiß, was das ist, und du musst es erraten, sonst setzt es was!" Könnte es sein, dass *Sie* Gott einengen?[25]

Wir sind dazu berufen, perfekt zu sein, nicht Perfektionisten. *Perfekt* bedeutet makellos und ausgezeichnet. *Perfektionismus* ist eine moralische Zwangsstörung. Die Bibel sagt, dass Gott perfekt ist, kein Perfektionist.

Wenn es nur *eine* richtige Methode gibt, einen Käfer zu machen, warum hat Gott dann 300 000 Arten von Käfern erschaffen? Wenn es nur *eine* richtige Methode gibt, einen Menschen zu machen, dann ist einer von uns beiden falsch geraten – und ich weiß auch, wer! Das Leben ist kein Hütchenspiel, bei dem ich ständig raten muss, unter welchem Becher sich die Erbse befindet. Wer so lebt, lebt ständig unter der erdrückenden Last, er könnte sich falsch entscheiden. Im Garten Eden gab es *einen* falschen Baum, doch Adam und Eva hatten die Freiheit, von *jedem anderen* Baum des Gartens zu essen (1. Mose 2,16). Sie mussten nicht raten, welcher Baum der richtige war. Gott gibt uns Entscheidungsmöglichkeiten, weil Entscheidungen unseren Charakter formen.

„Wenn ich mir etwas nur fest genug wünsche, muss Gott mir eine Tür öffnen, damit ich es bekommen kann"

Nein. Muss er nicht.

„Gott kann mich nicht zwingen, durch eine Tür hindurchzugehen, die mir nicht gefällt"

Der Pharao wollte Gottes Volk nicht ziehen lassen, aber sie zu halten, war viel schwerer als gedacht.

Saul wollte nicht König sein, doch er bekam die Krone trotzdem aufgesetzt.

Jeremia wollte, dass Gott jemand anderen beauftragt, doch es wollte auch kein anderer den Auftrag übernehmen.

Jona versuchte, von Ninive wegzulaufen – aber Gott ist raffiniert und hat viele Verkehrsmittel zur Verfügung!

Andererseits wollte ein Prophet namens Bileam nach Moab reisen, und Gott gebrauchte seinen Esel nicht nur, um seine Reise zu verhindern, sondern auch, um ihm eine Lektion über Tierquälerei zu erteilen, die allen modernen Tierschutzverbänden Tausende Jahre voraus war.

Der Psalmist schreibt: „Sei nicht wie ein unvernünftiges Pferd oder ein Maultier, das Gebiss und Zaumzeug braucht, damit es folgt" (Psalm 32,9). Er unterscheidet zwischen zwei Formen von Führung. Die eine ist ein Appell an Vernunft und Entscheidungsfreiheit – die Führungsform, die für reife Persönlichkeiten angebracht ist. Die andere Form – „Gebiss und Zaumzeug" – erzwingt Gefügigkeit durch den Einsatz von Druck und Schmerz. Wenn das im Leben geschieht, dann meist in Form von Ursache und Wirkung, und dann hat man meist ein echtes Problem. Warten wir nicht, bis der Schmerz des Lebens uns zwingt, durch eine Tür zu gehen, durch die wir vernünftigerweise freiwillig gehen sollten.

„Ich habe nicht mehr Zeit für meine Tochter", sagt der Vater, der mit seiner Arbeit verheiratet ist. Doch nach jahrelanger Vernachlässigung läuft sein Kind von zu Hause weg und landet in Sucht und Rebellion. Nun verbringt er unzählige Stunden mit der Suche nach ihr und dann mit Therapeuten und Therapieprogrammen. Offenbar hatte er doch Zeit, doch er wollte sie nicht vernünftig einsetzen, bis er dazu gezwungen war.

„Ich habe keine Zeit, mich besser um meinen Körper zu kümmern." Doch dann kommt ein Schlaganfall oder ein Herzinfarkt oder Diabetes, und plötzlich habe ich doch die nötige Zeit, weil mein Körper nicht mehr zu dem in der Lage ist, wovon ich abhängig bin, um überhaupt leben zu können.

„Ich muss nicht an meiner Aufschieberitis arbeiten – jedenfalls noch nicht." Doch eine Reihe von unerledigten Projekten und nicht gehaltenen Versprechen bedeutet, dass ich aus dem Studiengang fliege oder meine Arbeit verliere, und nun kann ich nicht mehr so tun, als würde alles irgendwie doch noch funktionieren.

„Ich habe meinen Alkoholkonsum/meine Spielgewohnheiten/meine Sexualität im Griff." Aber irgendwann kommt der Zusammenbruch. Ich verliere meine Arbeitsstelle, mein Geld oder meine Ehe. Schmerz und Druck zwingen mich, mich dem zu stellen, was ich mich bisher zu sehen geweigert habe.

Dabei muss ich an einen Mann denken, dem eigentlich das Problem der Bildungsungleichheit sehr am Herzen lag. Doch andererseits konnte er seinen Wunsch, viel Geld zu verdienen, nicht loslassen, um diesem wichtigen Bereich die nötige Zeit zu widmen. Seine Geldbesessenheit führte zur Entfremdung von seiner Familie, und ironischerweise floppten seine Investitionen. Die Insolvenz war unausweichlich. Das alles führte am Ende dazu, dass er an einer Schule in einem finanzschwachen Bezirk unterrichten musste. Heute bereut er nur noch, dass er so lange gebraucht hat.

„Wenn ich mich für die falsche Tür entschieden habe, habe ich ‚Gottes Willen für mein Leben' verfehlt und muss mich mit dem Zweitbesten abfinden"

Dies ist eine Form dessen, was Sozialwissenschaftler als „kontrafaktisches Denken" bezeichnen. Das heißt, Menschen, die mit dem Ergebnis einer Entscheidung nicht zufrieden sind, fragen sich zwanghaft, was in einem alternativen hypothetischen Szenario geschehen wäre. Der klassische Satz hier lautet: „Wenn ich nur …": „Wenn ich nur diese Stelle angenommen/mich mit dieser Person verabredet/mich für die andere Universität entschieden/dort statt hier investiert hätte."

Ein Geschäftsmann denkt, er hätte Pastor werden sollen, und leidet ständig unter Schuldgefühlen.

Eine Frau meint, sie habe den falschen Mann geheiratet, und malt sich in ihrer Fantasie aus, wie eine Ehe mit dem Mann verlaufen wäre, den sie heute als „Gottes Plan A" betrachtet.

Tendenziell ist kontrafaktisches Denken eher negativ als positiv. Wir denken viel zu viel über die Entscheidungen nach, die uns enttäuscht haben, als über die, bei denen wir dankbar darüber sind, was wir andernfalls verpasst hätten. Und die falsche Art von kontrafaktischem Denken führt zu Lähmung, Depression, Selbstmitleid und Stagnation. Das ist nie die Tür, durch die Gott uns schicken will.

Paulus liefert für die Gemeinde in Korinth an einer Stelle eine hilfreiche Erläuterung zu dieser Frage. Er sagt, es gibt eine „Traurigkeit in unserem Leben", die Gott gebrauchen kann, „um uns zur Umkehr von der Sünde und zur Suche nach der Erlösung zu bewegen". Andererseits gibt es auch „eine Traurigkeit ohne solche Umkehr", und die „führt zum Tod" (2. Korinther 7,10). Die richtige Art Traurigkeit über eine falsche Entscheidung erzeugt immer *Energie* statt Verzweiflung. Sie befähigt uns, aus vergangenen Fehlern zu lernen und große Weisheit zu gewinnen. Von Gott gewirkte Traurigkeit ist voller Hoffnung.

Traurigkeit, die nicht von Gott kommt, raubt uns jegliche Energie. Dann schauen wir auf unsere falschen Entscheidungen, als sei die Welt und nicht Gott unsere einzige Hoffnung. Dann leben wir in Selbstmitleid. Wir zermürben uns mit dem Gedanken, wie viel besser unser Leben wäre, wenn wir Tür Nr. 1 gewählt hätten.

Gottes Türen, ebenso wie seine Güte, sind jeden Morgen neu.

Gottes Wille für mein Leben dreht sich hauptsächlich darum, was für ein Mensch aus mir wird. Er und ich haben die ganze Ewigkeit Zeit, daran zu arbeiten, also kann ich seinen Willen gar nicht verfehlen – es sei denn, ich lehne ihn bewusst ab. Vielleicht führen nicht alle Wege zu Gott, aber sie *gehören* ihm alle. Gott kann selbst den falschen Weg gebrauchen, um uns an den richtigen Ort zu bringen.[26]

Jesus sagte nicht: „Das Reich Gottes ist nahe herbeigekommen – bedauert und glaubt an die Gute Nachricht!" Der Unterschied zwischen Bedauern und Buße ist bei einer offenen Tür zu einer neuen Zukunft ausschlaggebend.

Gottes Türen, ebenso wie seine Güte, sind jeden Morgen neu.

Frederick Buechner schreibt: „Die traurigen Dinge, die vor langer Zeit geschehen sind, werden immer zu uns gehören, ebenso wie die frohen und gnädigen Dinge. Doch statt zu einer Last aus Schuld, Anschuldigungen und Bedauern zu werden, die uns auf unserem Weg ständig ins Stolpern bringt, kann selbst das Traurigste – wenn wir erst Frieden damit geschlossen haben – zu einer Quelle der Weisheit und Stärke für die Reise werden, die noch vor uns liegt."[27]

„Gott ist so mächtig und allwissend, dass er nicht verstehen kann, wie viel Angst ich vor verschlossenen Türen habe"

Eins der berühmtesten Gemälde einer Tür wurde vor über einem Jahrhundert von einem Künstler namens William Holman Hunt gemalt. Da steht ein einzelner Mann vor der Tür des kleinen Hauses, das er betreten will, und klopft an. Es ist nicht zu erkennen, ob jemand im Haus ist oder ob die Tür jemals geöffnet werden wird.

Das Gemälde ist von einer Aussage in Offenbarung 3 inspiriert, und der Mann ist Jesus: „Siehe, ich stehe vor der Tür und klopfe an. Wenn jemand mich rufen hört und die Tür öffnet, werde ich eintreten, und wir werden miteinander essen" (Offenbarung 3,20).

Es ist eine demütige Geste, zum Haus einer Person zu gehen und draußen an die Tür zu klopfen, ohne zu wissen, ob man hereingelassen wird. Gott hat jedem Menschen eine eigene Herzenstür gegeben, und Gott wird sich nicht gewaltsam Zugang verschaffen.

Das heißt, kein Mensch hat je so viel schmerzhafte Zurückweisung erlebt wie Gott. Gott ist nicht nur derjenige, der Türen öffnet; er ist auch derjenige, der an verschlossene Türen klopft.

Gott ist die am meisten zurückgewiesene Person in der gesamten Geschichte des Universums. Wenn er bereit ist, vor der Tür zu stehen und anzuklopfen, wer bin ich dann, dass ich aufgeben will?

„Manche Türen sind so fest verschlossen, dass nicht einmal Gott etwas dagegen unternehmen kann"

Genau genommen sind verschlossene Türen Gottes Spezialität.

Ich war einmal in Kappadokien, wo ich eine atemberaubende unterirdische Stadt besichtigte, die im Altertum von 20 000 Menschen bewohnt war. Sie lebten in Höhlen, die bis auf acht unterirdische Etagen hinunterreichten. Dort sah ich eine uralte, riesige runde Tür aus Stein. Die Menschen rollten ihn vor einen Zugang, um ihn so zu verschließen, dass er von außen nicht mehr geöffnet werden konnte. Da verstand ich ganz neu, was genau von Jesu Grab weggerollt wurde.

Nachdem *diese* Tür geöffnet worden war, war alles möglich.

Wenn Gott die schwere Tür eines versiegelten Grabes öffnen kann, ist keine Tür unserer Umstände zu fest verschlossen für ihn. Überlegen wir nur, was nach der Auferstehung geschah:

Am Abend (…) trafen die Jünger sich hinter verschlossenen Türen (…). Plötzlich stand Jesus mitten unter ihnen! „Friede sei mit euch", sagte er. (…) Acht Tage später waren die Jünger wieder beisammen, und diesmal war auch Thomas bei ihnen. Die Türen waren verschlossen; doch plötzlich stand Jesus, genau wie zuvor, in ihrer Mitte. Er sprach: „Friede sei mit euch!" (Johannes 20,19.26)

Die Türen unseres Lebens sind für Gott nicht verschlossen. Er hat die Macht, in unsere Umstände einzutreten und uns mit seiner Gegenwart zu beehren. Das steht in der Bibel. Schlagen Sie ruhig nach!

5

Tür Nr. 1 oder *Tür* Nr. 2?

*W*oher weiß ich, welche die richtige Tür ist? In Offenbarung 3,8 wird der Gemeinde in Philadelphia gesagt: „Ich habe eine Tür für dich geöffnet, die niemand schließen kann." Aber woher weiß ich, welche Tür das ist? Und was, wenn ich durch die falsche Tür gehe?

Soll ich mir einen Partner/eine Partnerin suchen? Wenn ja, wen? Woher weiß ich, ob wir heiraten sollen, ob er/sie „der/die Richtige" ist? Was, wenn ich weiß, dass er/sie der/die Richtige ist (und Gott weiß es auch), aber der/die Betreffende weiß noch nichts davon? Wo soll ich studieren? Welches Hauptfach soll ich belegen? Was ist für mich die richtige berufliche Laufbahn? Welche Arbeitsstelle soll ich annehmen? Wo soll ich wohnen? Welches Haus soll ich mir kaufen?

Will Gott, dass ich in einer schwierigen Situation durchhalte, weil ich wachsen soll? Oder soll ich mich der Situation entziehen, weil er möchte, dass ich glücklich bin?

Seit uralter Zeit haben die Menschen übernatürliche Quellen gesucht, um etwas über die Zukunft zu erfahren und zu wissen, welche Entscheidung sie treffen sollen: Sie haben es mit Aus-der-Hand- und Aus-Teeblättern-Lesen versucht, mit dem Deuten von Sternen und Tierexkrementen, sie haben Orakel und Tarotkarten und vieles andere mehr befragt. Sie haben Strohhalme gezogen und Lose geworfen. Im alten Rom studierten Auguren (vom lateinischen Wort für „Hellseher") den Vogelflug, um die Zukunft vorauszusagen. Das nannte man „die Auspizien einholen", und auch heute sprechen wir noch davon, dass etwas „unter guten/schlechten Auspizien" stattfindet, also unter guten oder schlechten Vorzeichen.

Bis heute halten sich solche Praktiken hartnäckig, obwohl sie unlogisch sind. Menschen rufen die Hellseher-Hotline an – wenn es Hellseher sind, sollten sie dann nicht die Ratsuchenden von sich aus anrufen? Warum sollte man bei einem Hellseher einen Termin vereinbaren müssen? Und dann war da noch der Mann, der fast eine Hellseherin als Freundin gehabt hätte, doch sie hat mit ihm Schluss gemacht, bevor er sie überhaupt kennenlernte.

Der Glaube Israels tolerierte solche Praktiken nicht – nicht nur, weil sie nicht funktionieren, sondern weil es einen entscheidenden Unterschied zwischen Glaube und Magie gibt. In der Bibel findet sich eine seltsame und faszinierende Geschichte über König Saul, die uns hilft, diesen Unterschied zu verstehen.

Saul hat Gottes Führung in seinem Leben abgelehnt. Er hat sich für die Tür der Macht, der Eifersucht, des Betrugs und des Egoismus entschieden. Die Philister drohen ihm mit Krieg. Saul ist verzweifelt und will wissen, was er tun soll, also fragt er plötzlich nach „Gottes Willen für sein Leben". Soll er gegen die Philister in den Krieg ziehen oder nicht?

Doch Saul will eigentlich gar nicht „Gottes Willen" erfahren. Er will nicht umkehren, sich demütigen, seine Fehler bekennen oder Wiedergutmachung leisten. Er will nur mit seinen eigenen Plänen Erfolg haben. Also schweigt der Himmel.

Saul findet keine Antwort auf sein Gebet, deswegen geht er zu einer Totenbeschwörerin in Endor und bittet sie, den toten Propheten Samuel heraufzubeschwören. (Totenbeschwörung ist übrigens eine der ältesten Formen der Wahrsagerei.)

Samuel erscheint und fragt Saul ziemlich gereizt, was er will. „‚Ich bin in großer Not ...‘, antwortete Saul. ‚Die Philister führen Krieg gegen mich, und Gott hat mich verlassen und antwortet mir weder durch die Propheten noch durch Träume. Deshalb habe ich dich rufen lassen, damit du mir sagst, was ich tun soll" (1. Samuel 28,15).

Was Saul (und oft auch uns) antreibt, steckt im ersten Satz: „Ich bin in großer Not." Entscheidungen zu treffen ist aufreibend. Und manchmal suche ich gar nicht „Gottes Willen", sondern vielmehr eine Garantie dafür, wie die Sache ausgeht, damit die Verantwortung für die Entscheidung nicht auf meinen Schultern liegt. Gott *muss* mir sagen, was ich tun soll, denn „ich bin in großer Not".

Mit Aberglauben versucht man, das Übernatürliche vor den eigenen Karren zu spannen; der Glaube dagegen ordnet sich Gottes Plan unter.

Samuel gibt Saul nicht den Rat, den er sucht. Stattdessen wiederholt Samuel das moralische und geistliche Urteil, das für Saul zur Rettung hätte werden können, Saul aber schon abgelehnt hat.

Es gibt einen riesigen Unterschied zwischen Glauben einerseits und Magie oder Aberglauben andererseits. Mit Aberglauben versuche ich, eine übernatürliche Kraft zu benutzen, um meine eigenen Ziele zu erreichen. Martin Buber sagte: „Magie will wirken, ohne in die Beziehung einzutreten, und übt Künste im Leeren."[28] Wir sind versucht, in Aberglauben zu verfallen, damit uns Sorgen oder Schuldzuweisungen für unsere Fehler erspart bleiben oder damit er uns aus der Patsche hilft oder wir durch „Insiderinformationen" bekommen, was wir wollen. Magie vermittelt uns die Illusion von Wissen, wo es kein Wissen gibt. Groucho Marx sagte angeblich einmal: „Wenn uns eine schwarze Katze über den Weg läuft, bedeutet das, dass das Vieh irgendwohin unterwegs ist."

Mit Aberglauben versucht man, das Übernatürliche vor den eigenen Karren zu spannen; der Glaube dagegen ordnet sich Gottes Plan unter. Der Glaube lehrt uns, dass hinter dem Universum eine Person steht, und diese Person reagiert auf Ansprache, so wie alle Personen. Wir kommunizieren hauptsächlich im Gebet mit Gott, und darum steht das Gebet in so engem Zusammenhang mit dem Suchen und Erkennen von offenen Türen.

Doch in der eigentlichen Glaubenspraxis ist der Aberglaube für uns eine ebenso große Versuchung wie für Saul.

Ich hatte mich einmal auf eine Stelle in einer Gemeinde in Südkalifornien beworben. Eine Frau in der Gemeinde (nennen wir sie mal Endora) sagte mir, sie habe darüber gebetet und „ein Wort vom Herrn" empfangen, nämlich, dass ich zwar in dieser Gemeinde arbeiten würde, aber erst in der Zukunft, nicht jetzt. Allerdings sagte sie mir gegenüber nichts davon, dass ihr Mann sich auf die gleiche Stelle beworben hatte, und wenn ich die Stelle bekam, würde er sie natürlich nicht bekommen.

Ein Mann, den ich kenne, war einmal davon überzeugt, dass eine Frau, in die er sich unsterblich verliebt hatte, die von Gott Ausersehene für ihn war. Die letzte Bestätigung sollte ein bestimmtes Zeichen sein: Als ein Song, der ihn an sie erinnerte, im Radio lief, betete er darum, dass der Song auch auf einem anderen Radiosender laufen sollte, wenn sie wirklich „die Richtige war". Der gleiche Song lief tatsächlich auf einem anderen Radiosender – aber sie heiratete trotzdem einen anderen. Außerdem war der Song von den Village People, und ich glaube, damit kann nicht einmal der Himmel arbeiten.

Manchmal, wenn ich unbedingt „Gottes Willen" wissen will, ist das, was ich *eigentlich* will, gar nicht Gottes Wille – sondern das, was *ich* will. Oder ich will nicht den Stress haben, eine Entscheidung treffen zu müssen.

Walter Kaufmann, ein Philosoph der Universität Princeton, prägte das englische Wort *decidophobia* („Entscheidungsphobie"). Er stellte fest, dass Menschen Angst davor haben, Entscheidungen zu treffen. Wir wollen keine Angst haben müssen, weil wir falschliegen könnten. Entscheidungen ermüden uns.

Einmal war ich in einem Restaurant, in dem der Ober auf jedes Gericht, das wir auswählten, mit „Hervorragend!", „Perfekt!" oder „Eine ausgezeichnete Entscheidung!" antwortete. Das zog sich kontinuierlich von den Appetithäppchen über die Vorspeisen bis hin zu den Desserts durch, sodass ich ihn irgendwann fragte, ob er je zu einem Gast gesagt habe, er solle seine Entscheidung nochmals überdenken. Der Kellner erklärte, die Geschäftsführer des Restaurants hätten herausgefunden, dass Gäste Angst hätten, das falsche Essen zu bestellen. Also hatten sie eine Liste von „Bestätigungsworten" für das bedienende Personal ausgedruckt, die es jeweils auf die Bestellungen der Gäste hin sagen sollte. Selbst die Auswahl eines Gerichts im Restaurant macht uns so verletzlich, dass die Bedienung Therapeut für uns spielen muss!

Entscheidungen kommen aus dem Kern unseres Seins. Wenn wir uns wirklich entscheiden, können wir niemand anderem die Schuld geben und uns nirgendwo verstecken. Entscheidungen sind aufregend – und beängstigend. Entscheidungen sind wesentlich für unser Menschsein. Der Dichter Archibald MacLeish sagte einmal: „Was ist Freiheit? Freiheit ist das Recht zu entscheiden: das Recht, sich die Alternativen einer Entscheidung zu erschaffen. Ohne die Möglichkeit der Entscheidung ist der Mensch kein Mensch, sondern ein Mitglied, ein Instrument, ein Objekt."[29]

Gott will, dass wir lernen, gute Entscheidungen zu treffen. Vielleicht gibt es darum in der Bibel kein Kapitel mit dem Thema „Wie man Gottes Willen fürs eigene Leben herausfindet". Wenn wir „im richtigen Leben" vor einer Entscheidung stehen, hilft uns die Bibel oft kaum mehr weiter als der alte Spruch von Baseball-Legende Yogi Berra: „Wenn du an eine Weggabelung kommst, schlag sie ein." Paulus schreibt nichts über „sechs Schritte, um herauszufinden, ob er der Richtige ist", oder „fünf Methoden, um herauszufinden, welchen Job Gott für mich hat".

Allerdings finden wir Aussagen wie: „Wenn jemand unter euch Weisheit braucht, weil er wissen will, wie er nach Gottes Willen handeln soll, dann kann er Gott einfach darum bitten. Und Gott, der gerne hilft, wird ihm bestimmt antworten, ohne ihm Vorwürfe zu machen" (Jakobus 1,5).

> *Gott will, dass wir lernen, gute Entscheidungen zu treffen.*

Oder: „Ich bete darum, dass eure Liebe zueinander noch tiefer wird und dass sie an Erkenntnis und Einsicht zunimmt.

Denn ihr sollt im Stande sein zu erkennen, worauf es ankommt" (Philipper 1,9f).

Gott möchte, dass wir gute Entscheidungstreffer sind.

Ein weiser Mann sagte einmal: „Es ist nicht leicht für Entscheider, Entscheidungen zu treffen."[30] Und Gott zieht sich Entscheider heran, nicht einfach nur Befehlsausführer.

Wenn ich vor einer Entscheidung stehe und Gottes Willen für mein Leben herausfinden will, beginne ich nicht mit der Frage, welche Entscheidung Gottes Wille für mein Leben ist. Ich muss mit der Bitte um Weisheit beginnen.

Die Weisheit ruft

Haben Sie schon einmal eine dumme Entscheidung getroffen? Vor Kurzem starb ein Mann in Florida in einem Wettbewerb, wer die meisten lebendigen Kakerlaken essen kann. Der Gewinner sollte eine lebendige Python bekommen. Der Mann gewann, aber er erstickte an den Kakerlaken. Man muss sich fragen, welcher Teil der ganzen Aktion sich nach einer so guten Idee anhört, dass überhaupt irgendjemand an dem Wettbewerb teilnahm.

Wenn Sie schon einmal irgendeine törichte Entscheidung getroffen haben – in finanzieller oder beruflicher Hinsicht, in Bezug auf Ihre körperliche oder geistliche Gesundheit …

Wenn Sie schon einmal etwas gesagt haben, das Sie später bereuten …

Wenn Sie schon einmal in einer Beziehung oder bei der Partnerwahl eine törichte Entscheidung getroffen haben …

Wenn Sie schon einmal Ihre Zeit oder Ihre Ziele nicht weise geplant haben, wenn Sie schon einmal einen törichten Erziehungsfehler gemacht oder sich Dinge im Fernsehen angeschaut haben, die nicht gerade zuträglich waren ...

Wenn Sie schon einmal eine Entscheidung getroffen haben, die Sie im Rückblick als *dumm* bezeichnen würden, dann ist dieses Kapitel genau richtig für Sie.

Wir treffen Entscheidungen, und dann treffen uns die Entscheidungen, die wir treffen: was ich sage, was ich denke, was ich esse, was ich lese, wohin ich gehe, mit wem ich mich abgebe, was ich tue, wie ich arbeite, wann ich ausruhe. Nehmen Sie 1788 500 kleine Entscheidungen zusammen, und das Ergebnis ist ein Leben. Wir gehen durch Türen, und auf der anderen Seite finden wir den Menschen, der aus uns geworden ist.

Die Bibel hat ein Wort für Menschen, die ihre Türen gut auswählen: „weise". Nicht „glücklich" im Sinne von „Glück gehabt". Nicht „reich". Nicht „erfolgreich". Weisheit in der Bibel ist nicht das Gleiche wie ein hoher IQ, und sie ist auch nicht auf Menschen mit Universitätsabschlüssen beschränkt. Weisheit in der Bibel ist die Fähigkeit, gute Entscheidungen zu treffen. Weisheit ist die Kunst, gut zu leben. Das Volk Israel liebte Weisheit so sehr, dass sie gar nicht genug davon reden konnten. Sie schätzten sie. Sie dachten darüber nach. Sie feierten sie. Sie lernten weise Sprichwörter auswendig. Sie sprachen mit ihren Kindern darüber.

Sie liebten die Geschichte von Salomo, der am Anfang seiner Zeit als König von Gott das Angebot bekam, von ihm alles zu erbitten, was er wollte, und Gott würde ihm seinen Wunsch erfüllen. Salomo bat: „Schenk deinem Diener ein gehorsames Herz, damit ich dein Volk gut regiere und den Unterschied zwischen Gut und Böse erkenne. Denn wer könnte dieses große Volk, das dir gehört, regieren?" (1. Könige 3,9). Salomos erste Entscheidung war, um die Weisheit zu bitten, die ihn in allen seinen anderen Entscheidungen leiten würde. Im Bibeltext heißt es, Gott freute sich über diese Bitte.

Im Buch der Sprüche, das mit Salomo in Verbindung gebracht wird, heißt es:

> Hört ihr die Weisheit rufen? Könnt ihr hören, wie sie ihre Stimme erhebt? Sie hat sich an der meistfrequentierten Kreuzung der Stadt aufgestellt, mitten auf dem größten Platz der Stadt, wo der Verkehr am dichtesten ist. Sie schreit: „Hey, ihr! Ich rede mit euch! Ihr alle hier auf der Straße, hört zu! Ihr Idioten, lernt endlich vernünftig zu sein! Ihr Deppen, jetzt reißt euch mal zusammen! Lasst euch nichts entgehen, was ich sage. Ich erkläre euch, wie ihr am besten leben könnt. (…) Ich bin die Weisheit, die Nachbarin vom Verstand. Wissen und Einsicht wohnen nur ein paar Häuser weiter. Gott zu fürchten bedeutet, das Böse zu hassen – und ich hasse das Böse wie die Pest!" (Sprüche 8,1-6.12f; eigene Nacherzählung)

Der größte Unterschied zwischen Menschen, die ein erfolgreiches Leben führen, und den anderen besteht nicht in Geld, Gesundheit, Talent, Kontakten oder Aussehen. Er besteht in der Weisheit – der Fähigkeit, gute Entscheidungen treffen zu können.

Das Volk Israel liebte Weisheit.

In meiner Kindheit im Mittleren Westen der USA machten wir uns oft einen Witz daraus, wenn jemand sagte, dass er etwas liebt. Wenn zum Beispiel jemand sagte: „Ich *liebe* diesen Hot Dog", fanden wir es lustig zu antworten: „Wenn du ihn so sehr liebst, dann heirate ihn doch!" Dort, wo ich aufwuchs, fanden wir das lustig – aber es brauchte nicht viel, damit wir etwas lustig fanden. Die Israeliten liebten Weisheit so sehr, dass sie sie am liebsten geheiratet hätten, also personifizierten sie sie. Sie sprachen von der Weisheit, als sei sie ein Mensch. Sie sprachen von ihr, als sei sie der wunderbarste Mensch auf der ganzen Welt. Genau genommen stellten sie sich die Weisheit als Frau vor. Der Grund dafür, dass die Bibel die Weisheit als Frau darstellt, mag darin liegen, dass Frauen oft weise sind.

Der größte Unterschied zwischen Menschen, die ein erfolgreiches Leben führen, und den anderen besteht in der Weisheit – der Fähigkeit, gute Entscheidungen treffen zu können.

In der Welt des Altertums hatten viele Völker jede Menge Weisheitsliteratur. Teile davon finden sich sogar in der Bibel wieder. Das Volk Israel liebte Weisheit, wo immer sie zu finden war, doch sie verstanden, dass es bei Weisheit um mehr geht, als nur erfolgreich durchs Leben zu kommen. In den Sprüchen heißt es: „Sie hat ihre Dienstmädchen beauftragt, alle einzuladen. Ihre Stimme erklingt von den Hügeln über der Stadt: ‚Ihr Unerfahrenen, kommt in mein Haus.' Und zu denen, denen es an Weisheit fehlt, spricht sie: ‚Kommt, esst mein Brot und trinkt den Wein, den ich gemischt habe. Bleibt nicht länger dumm, denn ihr sollt leben. Geht den Weg der Weisheit'" (Sprüche 9,3-6).

In der damaligen Welt war der höchste Punkt der Stadt immer die Stelle, an der der Tempel stand. Auf Jerusalem traf das ebenfalls zu. Mit anderen Worten: „Frau Weisheit" ist ein poetischer Ausdruck für Gottes Weisheit. Wo Weisheit ist, ist irgendwie auch Gott.

In den folgenden Abschnitten dieses Kapitels werden wir uns ein wenig damit beschäftigen, *wie* Gottes Weisheit uns zu den offenen Türen, denen wir begegnen, führen kann und uns dabei hilft, hindurchzugehen.

Warten Sie nicht auf einen spontanen Ausbruch von Begeisterung

Ein Freund von mir, Andy Chan, leitet das Büro für Personal- und Berufsentwicklung in Wake Forest. Davor leitete er die Berufsberatung der Wirtschaftswissenschaftlichen Fakultät der Universität Stanford. Die *New York Times* hat ihn einmal einen „Karriereguru" genannt. Laut Andy muss er junge Erwachsene immer besonders vor einem Stolperstein warnen, nämlich vor der Illusion, dass es irgendwo da draußen eine Leidenschaft gibt, die nur darauf wartet, von ihnen entdeckt zu werden; und wenn sie nur ihre Leidenschaft entdecken könnten, müsste jeder Tag ihres Arbeitslebens mit herzklopfender Begeisterung und müheloser, endloser Motivation erfüllt sein. Man liest Geschichten über erfolgreiche Führungskräfte oder Künstler oder Unternehmer und nimmt einfach an, dass sie, sobald sie erst einmal ihr Betätigungsfeld ausgewählt hatten, jeden Morgen mit unermesslichen Reserven an Energie für ihre Arbeit aufgewacht sind. Der Druck, den solche Geschichten vermitteln, ist so ähnlich wie die Vorstellung, dass es auf der Welt irgendwo genau einen perfekten

Seelenverwandten für uns gibt, den wir heiraten sollen – und wenn wir es nicht tun, sind wir zu einem Leben mit ständigem Beziehungsfrust verurteilt.

Kein Mensch hat so ein Leben.

Thomas Edison sagte öfter, dass Genie ein Prozent Inspiration und neunundneunzig Prozent Transpiration ist. So ähnlich ist es auch mit dem Leben. Als ich am *Fuller Theological Seminary* studierte, bewunderte ich den damaligen Rektor David Hubbard sehr, der ein erfolgreicher Autor, Wissenschaftler und Redner war. Viele Jahre nach meinem Studienabschluss erzählte er einmal, die Studenten hätten oft ein völlig falsches Bild von seinem Leben – nämlich, dass es voller glanzvoller Aktivitäten und inspirierender Momente sei. Der größte Teil seiner Arbeit, so Dr. Hubbard, bestehe im konsequenten, mühseligen Abarbeiten von einer Aufgabe nach der anderen. Skripte für Vorlesungen vorbereiten. Sitzungen mit den Lehrkräften leiten. Potenzielle Spender um Spenden bitten. All diese Aufgaben zusammen genommen bilden eine wunderbare Arbeit. Doch sie sind keine Reihe von Momenten, die einem das Gefühl geben, man hätte im Job-Lotto gewonnen.

Wir müssen glauben können, dass unser Beitrag wichtig ist. Das braucht unsere Seele. Doch zu glauben, dass die Entscheidung für die richtige Tür uns nonstop Motivation in Hülle und Fülle bringt, ist eine Illusion, die uns nur wütend auf Gott und frustriert über uns selbst machen wird. Warten Sie nicht, dass Ihre Leidenschaft Sie irgendwo hinführt, wo Sie im Moment nicht sind. Fangen Sie lieber an, Leidenschaft an die Stelle zu bringen, an der Sie sich befinden.

Üben Sie mit kleinen Türen

Oft denke ich nicht daran, um Weisheit zu bitten, bis ich mit einer großen Entscheidung konfrontiert bin. Doch Paulus schreibt: „Lasst uns jede Gelegenheit nutzen, allen Menschen Gutes zu tun" (Galater 6,10).

Wie oft haben wir eine Gelegenheit? Türen sind überall zu finden:

↠ In einem Park passt eine Mutter auf ihre beiden spielenden Kindergartenkinder auf. Ich könnte einen Moment stehen bleiben und ihr sagen, was für ein Geschenk diese beiden Kinder sind.

↠ Ziemlich am Anfang unserer Ehe saßen Nancy und ich einmal in einem schöneren Restaurant, als wir es gewohnt waren (es war ein Restaurant ohne Autoschalter). Jemand, der uns kannte, sah uns dort und zahlte heimlich für unser Essen. Wir haben dieses Geschenk nie vergessen, und weil es so eine schöne Geste von der betreffenden Person war, haben wir selbst das Gleiche später oft für andere getan. Hinterher habe ich nie gedacht: *Es tut mir leid, dass ich mein Geld dafür ausgegeben habe.*

↠ Ich habe einen freien Abend. Statt automatisch den Fernseher einzuschalten, halte ich einen Augenblick inne, bete und frage Gott, wie ich die nächsten Stunden verbringen sollte, damit ich am Ende glücklich mit meiner Entscheidung bin.

↠ Jemand hat seinen ersten Arbeitstag in dem Unternehmen, in dem ich arbeite. Ich erinnere mich an meinen ersten Arbeitstag vor vielen Jahren und wie ich mich dabei fühlte – wie ein Kind in einer neuen Klasse, das nicht weiß, ob irgendjemand es mag, und für das alles neu ist. Also schreibe ich dem Betreffenden eine E-Mail, begrüße ihn in der „neuen Klasse" und sage ihm, dass ich mich an dieses Gefühl erinnere.

Der Entscheidung für eine Tür geht immer ein Prozess voraus: Ich erkenne die Gelegenheit, ermittle meine Möglichkeiten, bewerte, entscheide und lerne. Wenn ich bis zu einer riesigen Entscheidung warte, bleibt meine Fähigkeit, eine weise Entscheidung zu treffen, bestimmt unterentwickelt. Eine Entscheidung zu treffen, die das Leben verändert, ist wie die Teilnahme an einem großen Autorennen oder der Auftritt auf einer großen Bühne bei vollem Haus: Es ist gut, wenn man vorher geübt hat. Und Übungsmöglichkeiten gibt es überall.

Große Entscheidungen brauchen Zeit und Energie

Ein Grund, warum „Gottes Wille für mein Leben" heutzutage ein so großes Thema ist, liegt in den überwältigend vielen Entscheidungen, die wir treffen müssen.

Der Psychologe Barry Schwartz erzählt, dass sein örtlicher Supermarkt 285 Plätzchensorten und 175 Salatdressings anbietet. Die Speisekarte in manchen Restaurants ist länger als *Krieg und Frieden*. Das Schöne an Blue Jeans war früher ihre Einfachheit – sie waren blau, und es waren Jeans. Heute muss man sich entscheiden: Boot Cut (damit die Stiefel drunterpassen), Relaxed Fit (was für ein netter Ausdruck für „schön weit"), Skinny (um die anzuziehen, braucht man einen Schuhlöffel), mit Löchern und Fransen, im Säurebad gewaschen, stonewashed (werden die wirklich mit Steinen gewaschen?), Used Look (die sehen so aus, als hätte man sie schon seit zwanzig Jahren), mit Schlag, mit geradem Bein, mit Knopfverschluss, mit Reißverschluss, mit Aufdruck, ohne Gürtelschlaufen, mit einem Bein (okay, ich gebe zu, das habe ich mir ausgedacht).

Wir denken, dass mehr Auswahl mehr Freiheit bedeutet und mehr Freiheit ein besseres Leben. Aber zu viel Auswahl befreit nicht; sie lähmt. Eine Studie hat untersucht, wie sich Menschen für eine Altersversorgung entscheiden. Je mehr Auswahl sie hatten, umso *weniger* wahrscheinlich war es, dass sie überhaupt etwas investierten. Obwohl ihre Arbeitgeber ihnen anboten, den gleichen Geldbetrag *draufzuzahlen*, den sie selbst in die Rentenkasse einzahlen würden, ließen die Leute das Geld liegen.[31]

Wir haben unsere Welt in einen Markt der Möglichkeiten verwandelt, und wir gehen daran zugrunde. Aus uns sind „Auswahloholiker" geworden, und nicht einmal ein Zwölf-Schritte-Programm kann uns helfen, weil wir dabei unseren Willen an eine höhere Macht ausliefern müssen, und wir haben nicht mehr die Energie, *noch eine* Entscheidung zu treffen.

Den Menschen in der Bibel ging es da anders. Isaak musste nicht fragen, ob Rebekka „Gottes Wille für sein Leben" war. Er musste nicht entscheiden, an welcher Uni er studieren wollte, und sein Beruf als „Agrarnomade" wurde ihm schon bei seiner Geburt zugeteilt.

Aber wir können von der Welt des Altertums etwas lernen. Offene-Tür-Menschen vereinfachen ihr Leben, damit sie ihren begrenzten Vorrat an Willenskraft für die Entscheidungen einsetzen können, auf die es am meisten ankommt. In Ordensgemeinschaften muss man sich nicht entscheiden, was man am „Casual Friday" anzieht. Johannes der Täufer, Johnny Cash und Steve Jobs wussten immer, was sie anziehen würden, also konnten sie ihre mentale Energie für wichtigere Fragen einsetzen. Entscheidungen ermüden uns. Sie kosten Energie. Also teilen weise Menschen ihre „Entscheidungsenergie" gut ein.

Darum treffen weise Menschen auch nie wichtige Entscheidungen, wenn sie sich nicht im richtigen Gefühlszustand dafür befinden. Als Elia herausfand, dass ihm Königin Isebel nach dem Leben trachtete, war er bereit, sein Prophetenamt aufzugeben und zu sterben. Gott gab ihm eine riesige Auszeit. Elia machte ein Nickerchen, schlief, machte noch ein Nickerchen und verbrachte dann vierzig Tage mit Ausruhen, Gebet und Erholung, bevor er entschied, wie sein nächster Schritt aussehen sollte. Dann war er bereit, eine Entscheidung auf Grundlage seines Glaubens zu treffen, nicht seiner Angst. Und seine Entscheidung war am Ende der vierzig Tage Ruhe eine ganz andere, als sie es vorher gewesen wäre.

Ich habe erlebt, wie Menschen schreckliche Entscheidungen getroffen haben, wenn sie erschöpft, müde, entmutigt oder verängstigt waren – Entscheidungen, die sie andernfalls nie getroffen hätten. Versuchen wir nie, die rich-

Versuchen wir nie, die richtige Vorgehensweise zu finden, wenn wir in der falschen Verfassung dafür sind.

tige Vorgehensweise zu finden, wenn wir in der falschen Verfassung dafür sind.

Es kann sein, dass die Weisheit gebietet, mit einer großen Entscheidung zu warten, bis man ausgeruht ist. Ein unruhiger Geist und ein erschöpfter Körper führen in neun von zehn Fällen zu sehr schlechten Entscheidungen. Paulus sagt: „Ihr werdet Gottes Frieden erfahren, der größer ist, als unser menschlicher Verstand es je begreifen kann. Sein Friede wird eure Herzen und Gedanken im Glauben an Jesus Christus bewahren" (Philipper 4,7). Wenn ich eine gute Entscheidung treffen will, brauche ich diesen Frieden, dieses ermutigende Wissen, dass ich bei Gott bin.

Was ist Ihr Problem?

Haben Sie ein Problem? Vielleicht sitzen Sie still zu Hause mit Ihrer Familie am Frühstückstisch – und Ihr Problem sitzt neben Ihnen. Wenn Sie kein Problem haben, rufen Sie in Ihrer Gemeinde an, die kann Ihnen eins zuteilen.

Wir werden sehr wesentlich von unseren Problemen bestimmt – vor allem von unseren größten Problemen. Wenn wir wollen, können wir uns dafür entscheiden, unser Leben dem Problem zu widmen, wie wir reich oder erfolgreich werden, gesund leben oder uns absichern. Oder wir können uns mit Problemen befassen, die mehr Wert haben.

Unsere Identität wird von den Problemen bestimmt, mit denen wir uns befassen. Sagen Sie mir, was Ihr Problem ist, und ich sage Ihnen, wer Sie sind.

Menschen mit kleinen Seelen haben kleine Probleme: „Wie

kann ich mein Leben sicherer oder bequemer machen?" „Wie kann ich meinen nervigen Nachbarn in seine Schranken verweisen?" „Wie bekomme ich es hin, dass meine Falten nicht so sichtbar sind?" „Wie komme ich mit mürrischen Kollegen oder mangelnder Anerkennung zurecht?" Kleine Menschen sind mit kleinen Problemen beschäftigt.

Menschen, deren Seele groß und weit ist, beschäftigen sich mit großen Problemen: Wie kann man der extremen Armut ein Ende setzen? Wie kann man den Sexhandel beenden? Wie kann man gefährdeten Kindern zu einer guten Bildung verhelfen? Wie kann man einer Stadt Schönheit und Kunst bringen?

Aber wir brauchen ein Problem in Gottes Größe. Wenn wir kein so großes Problem haben, besteht unser aktuelles Problem vielleicht darin, dass wir eigentlich kein Problem haben. Leben bedeutet, dass wir uns Problemen stellen und sie lösen. Wenn Gott Menschen beruft, dann dazu, sich einem Problem zu stellen. Das Standardwort für einen komplett problemfreien Zustand ist „tot".

Ichak Adizes schreibt: „Weniger Probleme zu haben ist nicht leben, sondern sterben. Immer größere Probleme angehen und lösen zu können bedeutet, dass sich unsere Stärken und Fähigkeiten verbessern. Wir müssen uns von den kleinen Problemen emanzipieren, damit Energie für die Behandlung größerer Probleme frei wird."[32] Wachstum ist nicht die Fähigkeit, Probleme zu vermeiden. Wachstum ist die Fähigkeit, größere und interessantere Probleme zu bewältigen.

Eine gute Frage, die man anderen Menschen stellen kann, ist also: „Was ist dein Problem?" Vielleicht probieren Sie es ja gleich einmal aus. Wir sollten einander relativ regelmäßig fragen: „Was ist dein Problem?", und damit meine ich: „Hast du ein Problem, das deine beste Energie und dein Leben wert ist?"

Welches Problem versuchen Sie gerade zu lösen? Wie soll sich die Welt durch Ihre Existenz verändern? Menschen, die Jesus nachfolgen, stellen die Frage: „Gott, welches Problem in deiner Welt soll ich mit deiner Hilfe angehen?" Jesu Nachfolger packen Probleme zielstrebig an.

Oft wollen Menschen wissen, welchen Problemen sie sich widmen sollen. Das hat mit der Frage zu tun, was Gott für mein Leben will. Es ist das Körnchen Wahrheit, das hinter der Illusion spontaner Leidenschaft steckt. Ich kann nicht auf einen Ausbruch von Emotionen warten, der mich ewig motiviert. Aber ich kann mich fragen, welche Not in der Welt mich innerlich ehrlich beunruhigt.

Sehr oft entsteht das Gefühl einer Berufung, wenn Menschen anfangen, auf das zu achten, was ihr Herz bewegt. Oft, wenn jemand ein Problem in der Welt sieht und plötzlich innerlich brennt, sagt der Betreffende: „Dagegen muss man doch was unternehmen!" In vielen Fällen ist das der Anfang der Berufung.

In der Bibel ist in dieser Hinsicht ein Muster zu erkennen. Mose kann es nicht aushalten, dass die Israeliten unter dem Joch der Unterdrückung und Sklaverei leben müssen, und Gott sagt: „In Ordnung. Dann geh zum Pharao und sag ihm: ‚Lass mein Volk ziehen.'" David kann es nicht aushalten, dass Goliat Gottes Volk verhöhnt, und Gott sagt: „In Ordnung. Dann kämpfe gegen ihn." Nehemia kann nicht schlafen, weil er hört, dass Jerusalem in Trümmern liegt, und Gott sagt: „In Ordnung. Dann bau die Stadtmauer wieder auf." Ester kann es nicht aushalten, dass Gottes Volk Opfer eines Fanatikers mit Genozidplänen werden soll, und Gott sagt: „In Ordnung. Dann hilf, dein Volk zu retten." Paulus kann nicht damit leben, dass die Nichtjuden das Evangelium von Jesus nicht hören, und Gott sagt: „In Ordnung. Dann geh hin und sag es ihnen weiter."

Was liegt Ihnen schwer auf der Seele? Wie die Stadtmauer in Nehemias Jerusalem liegen auch die Schutzmauern in unserer Welt in Schutt und Asche: hungernde Kinder, die Vernichtung zahlloser Leben durch Abtreibung, Menschenhandel, mangelnde Bildung, extreme Armut, Millionen von Menschen, die nicht einmal wissen, wer Jesus ist. Es gibt so viele kaputte Mauern.

Tür Nr. 1 oder Tür Nr. 2? Vielleicht liegt Ihre Antwort in einem ernsten Problem der Welt, das Ihnen ernsthaft auf der Seele lastet.

Lloyds Gebet

Natürlich geschehen Dinge, wenn man sein Problem vor Gott bringt. Ein älterer Herr namens Lloyd hatte einen Herzinfarkt, und die Ärzte sagten ihm, er hätte eigentlich daran sterben sollen, doch er hatte überlebt. Er war noch am Leben und begann sich die Frage zu stellen: „Warum bin ich noch da?"

Das ist eine weitere gute Frage. „Warum bin ich noch da?" Vielleicht könnten Sie diese Frage heute jemandem stellen, mit dem Sie zusammen arbeiten oder leben: „Warum bist du noch da?" Ich sollte mir diese Frage jeden Tag selbst stellen. „Warum bin ich noch da? Bin ich im Grunde nur für mich hier? Bin ich nur auf dieser Erde, um mein Leben komfortabler einzurichten? Wirklich? Geht es nur darum, die Karriereleiter (oder eine andere Leiter) hochzuklettern?"

Wir alle wissen es besser, und der Grund dafür ist, dass die Wahrheit von Gottes Reich uns in die Herzen geschrieben ist. Lloyd stellte sich diese Frage. Er hörte einen Vortrag über eine neue Technologie, mithilfe derer vorher aufgezeichnete evangelistische Predigten überall auf der Welt zu Völkern ohne Schriftsprache gebracht werden können. Der Referent sagte, dazu seien Solarmodule nötig, doch diese Module kosteten pro Stück vierzig Dollar, und so sei es schwer, mit dem Projekt voranzukommen.

Lloyd traf es mitten ins Herz, wie sehr die Menschen das Evangelium brauchen. Er arbeitete im Verkauf einer großen Schuhfirma und hatte noch nie ein Solarmodul gebaut. Er war kein Ingenieur, aber diese Sache hatte ihn zutiefst angesprochen. Er war Feuer und Flamme. „Da muss man doch was unternehmen!", sagte er und beschloss, dass er derjenige war. So fing er an, darüber zu beten. Er holte ein paar Ingenieure zusammen und sagte: „Ihr solltet ein billigeres Solarmodul für Jesus bauen."

Das taten sie, und am Ende ging das Modul in die Massenproduktion. Auf die Initiative von Lloyd Swenson hin wurden über 20 000 Solarmodule hergestellt, und sie wurden dazu eingesetzt, um die Botschaft von Jesus auf der ganzen Welt zu verkündigen.

Es muss nichts Spektakuläres sein, doch wir sind für offene Türen erschaffen.

Was ist Ihr Problem? Wenn Sie kein Problem haben, brauchen Sie eines in Gottes Größe. Warum sind Sie noch hier? Der Grund mag dramatisch aussehen oder auch nicht. Es muss nichts Spektakuläres sein, doch wir sind für offene Türen erschaffen.

Bitten Sie weise Menschen um Hilfe

Jeder braucht einen „Arbeitskreis Türauswahl". Holen Sie weisen Rat ein. Wenn Sie sich Weisheit wünschen, versuchen Sie nicht, sie ganz allein zu finden. Umgeben Sie sich mit Menschen, deren Charakter Sie vertrauen, die einen gesunden Menschenverstand haben, die Sie lieben und denen Ihr Wohlergehen am Herzen liegt. Sagen Sie zu ihnen: „Ich muss diese Entscheidung treffen. Sagt mir bitte konkret, was ihr darüber denkt." Sehr oft spricht Gott seine Weisheit durch andere Menschen in unser Leben hinein.

Salomo, die Weisheitsikone des Alten Testaments, schrieb in Sprüche 12,15: „Nur Narren glauben, sie bräuchten keinen Rat." Warum? Weil es Narren sind. Die Überzeugung, keinen Rat zu brauchen, ist ein Aspekt der Torheit, und in jedem von uns steckt ein Narr – in mir ebenso wie in Ihnen.

„Nur Narren glauben, sie bräuchten keinen Rat, weise Menschen aber hören auf andere." Ein belehrbarer Geist ist wesentlich für Weisheit. Wir alle brauchen ihn.

Ich arbeitete gerade an diesem Kapitel, als meine Frau mich anrief und mir sagte, die Gerichtsverhandlung sei gerade vorüber. Sie hatte unseren Hund Baxter von der Leine gelassen, und die Hundepolizei hatte sie erwischt und ihr einen Strafzettel verpasst. Nancy legte vor Gericht Widerspruch dagegen ein, obwohl sie schuldig war. Der Richter fragte sie: „Haben Sie den Hund von der Leine gelassen?" Sie sagte: „Ja, aber er hat sich so darüber gefreut!" Das war ihr Hauptargument – dass der Hund glücklich war. (Diese Verteidigung führte übrigens zur Halbierung der Strafe. Da soll man draus schlau werden!) Dann machte sie eine eindrucksvolle Bemerkung. „Der Gerichtssaal ist voller Leute, die schlechte Entscheidungen getroffen haben." Ich dachte: *Ja – und du warst eine von ihnen!* Das sagte ich natürlich nicht zu ihr, was eine gute Entscheidung war, doch mir kam ein Gedanke. Gehen Sie einmal an einem beliebigen Tag in einen Gerichtssaal zu einer Verhandlung. Niemand sitzt dort auf der Anklagebank, weil ein weiser, liebevoller, vertrauenswürdiger Mensch mutig die Wahrheit in sein Leben hinein- und ihn auf seine Entscheidung angesprochen hat. „Nur Narren glauben, sie bräuchten keinen Rat." Und in jedem von uns steckt ein Narr.

Ironischerweise war Salomo viele Jahre später selbst einer der größten Missachter dieses Sprichworts. Salomo, der Gott um Weisheit gebeten hatte. Nur wenige Kapitel später lesen wir: „Er hatte 700 Frauen und 300 Nebenfrauen, und sie beeinflussten sein Herz" (1. Könige 11,3). Ernsthaft? Ich habe einen guten Rat für Sie: Heiraten Sie keine tausend Frauen, und Sie stehen schon besser da als der klügste Mensch, der je lebte. Aus Salomos Leben können wir unter anderem lernen, dass der Kampf um Weisheit nie vorbei ist. Man kann Weisheit haben und viele gute Entscheidungen treffen, doch wir alle haben Schwächen. Wir alle haben einen blinden Fleck.

Einer der besten Ratschläge, die ich vor Jahren einmal bekam, lautete, einige weise Menschen, denen ich vertraute, als eine Art „Aufsichtsrat" für mein Leben zu beauftragen. Ich fragte sie, ob wir etwa einmal im Monat ausführlich – ein oder zwei Stunden – miteinander über das reden konnten, was am meisten zählt: meine Seele, meine Familie, meine Ehe, meine Arbeit, meine Beziehungen, mein Gefühlsleben, meine Finanzen.

Der Mann, der mir diesen Rat gab, ist jetzt fast am Ende seines Lebens angelangt. Er ist einer der weisesten Menschen, die ich kenne, und er hat ein gutes Leben geführt. Wenn Sie eine wichtige Entscheidung zu treffen haben, überlegen Sie sich am besten gleich ein oder zwei Menschen, zu denen Sie gehen können. Bitten Sie sie: „Könntest du mir einen weisen Rat geben? Ich denke Folgendes – wie klingt das für dich?"

Fast alle katastrophalen Entscheidungen, die Menschen treffen (und wir alle treffen sie), könnten verhindert werden, wenn der Betreffende nur einen weisen Menschen gebeten hätte, ernsthaft in sein Leben hineinzusprechen, und dann darauf hören würde.

Aus Salomos Leben können wir unter anderem lernen, dass der Kampf um Weisheit nie vorbei ist.

Die Entscheidungen, die wir treffen, werden viel mehr von äußeren Faktoren beeinflusst, als wir wissen. In einer Studie, die mehrfach wiederholt wurde, aßen Personen, die im Kino große Behälter voll Popcorn bekamen, durchschnittlich 53 Prozent mehr Popcorn als Personen mit kleinen Behältern. Es spielte keine Rolle, was für ein Film lief. Es war sogar egal, wenn das Popcorn alt war. Gibt man Menschen mehr, sagt ein mysteriöser Teil des Gehirns: „Dann esse ich eben mehr."

Unsere Umwelt beeinflusst die Chancen, die wir erkennen, und die Entscheidungen, die wir treffen. Also bitten Sie die richtigen Menschen um Hilfe.

In Apostelgeschichte 13 lesen wir, dass eine Gruppe von Gläubigen sich für eine ganze Zeit versammelte und betete, Gottesdienst feierte und fastete. In diese Situation hinein „sprach der Heilige Geist: ‚Ihr sollt Barnabas und Saulus für die besondere Aufgabe freistellen, für die ich sie ausersehen habe'" (Vers 2). Woher wussten sie, dass der Heilige Geist das gesagt hatte? Wie klang seine Stimme? Das erfahren wir nicht aus dem Text. Vielleicht war es ein dramatischer Moment; vielleicht war es eine Führung, die sie erst im Nachhinein als vom Heiligen Geist gewirkt erkannten. (Oft sehen wir Gottes Führung besser im Rückspiegel als durch die Windschutzscheibe.) Klar ist aber, dass sie *zusammen*, als Gemeinschaft, Wegweisung von Gott erhielten.

Auf uns allein gestellt neigen wir dazu, Türen zu übersehen. Ein Fehler dabei ist laut Chip und Dan Heath unser zu enges Denken: Wir sehen nicht die ganze Palette an Möglichkeiten, die Gott uns bietet, weil unser Denken zu beschränkt ist. Wir stellen Fragen wie: „Soll ich diese Beziehung beenden oder nicht?", statt: „Wie könnte ich diese Beziehung verbessern?" Oder: „Sollte ich das kaufen oder nicht", statt: „Wie kann ich dieses Geld am besten einsetzen?"[33]

Sehr oft ist die richtige Wahl nicht Tür Nr. 1 *oder* Tür Nr. 2, sondern Tür Nr. 14.

Auf uns allein gestellt, erliegen wir oft dem Bestätigungsfehler. Wir suchen nach Informationen, die bestätigen, was wir ohnehin wollen, statt nach der ungeschminkten Wahrheit zu suchen. Menschen schauen hauptsächlich solche Fernsehsendungen an, die ihre vorhandene politische Überzeugung bestätigen. Wir tun so, als wollten wir die Wahrheit wissen – „Was hältst du von meinem Tattoo?", „Magst du meine Freundin?" –, aber in Wirklichkeit wollen wir eine Bestätigung der Position, die wir bereits bezogen haben.

Diese Dynamik war auch schon zu biblischer Zeit bekannt. Jesaja sprach von Menschen, die „zu den Sehern sagen (...): ‚Seht nicht!' Zu den Propheten: ‚Weissagt uns nicht die Wahrheit. Streichelt uns mit Schmeicheleien und verhätschelt uns mit Täuschungen'" (Jesaja 30,10).

Wir brauchen die Hilfe anderer Menschen, um offene Türen zu erkennen. Doch nicht jeder kann uns helfen. Wir brauchen Menschen, die weise genug sind, um urteilen zu können, und mutig genug, um uns die Wahrheit zu sagen.

Manchmal haben Glaubensgemeinschaften sogar ein *schlechteres* Urteilsvermögen. Ein Mann in einem Team in einer Gemeinde trifft eine schlechte Entscheidung. Als das Team ihn hinterfragt, antwortet er: „Aber Gott hat mir *gesagt*, ich soll das tun." Stopp. Das hat Gott nicht gesagt. Es war eine dumme Entscheidung, und Gott ist bekanntermaßen *nicht* dumm. Das steht in der Bibel.

Schlimmer noch ist der Versuch, andere mit frommen Worten zu manipulieren und göttliche Autorität für meinen eigenen törichten Willen zu beanspruchen. Wenn normale Menschen die Arbeitsstelle wechseln, geben sie meist normale Gründe an: eine Beförderung, mehr Geld oder mehr Einflussmöglichkeiten. Vielleicht werden sogar Probleme mit dem Chef angeführt oder ineffiziente Strukturen. Aber wenn Pastoren in Gemeinden sagen, dass sie gehen, heißt es meist: „Ich habe einen Ruf erhalten." *Berufung* ist ein zu wichtiges Wort, als dass man es missbrauchen dürfte, um Konflikte, Inkompetenz, Ehrgeiz oder eine ungesunde Gemeindekultur zu übertünchen. Außerdem vermitteln solche Formulierungen der Gemeinde häufig, dass der Pastor in beruflicher Hinsicht Zugang zu einem besonderen „Berufungskanal" hat, den andere Menschen nicht haben.

Gottes Berufung führt in der Regel zu sehr offenen Diskussionen über all diese Fragen; sie ist keine Vermeidungsstrategie *gegen* Diskussionen. Es ist faszinierend, dass die Gemeinde in Apostelgeschichte 13 sich vom Heiligen Geist geführt fühlte, Paulus und Barnabas auszusenden. Einige Kapitel später haben die beiden einen so heftigen Konflikt wegen einer Personalie, dass sie getrennte Wege gingen (Apostelgeschichte 15,39). Lukas' Ehrlichkeit an dieser Stelle ist erfrischend. Viele Gemeinden unserer Zeit würden sagen: „Barnabas fühlte sich zu einer neuen Phase seines Dienstes berufen; Gott segne ihn …"

Austesten, experimentieren, versagen lernen

Gibt Gott manchmal Wegweisung für eine bestimmte Entscheidung? Natürlich.

Gibt er Wegweisung für jede Entscheidung? Natürlich nicht.

Ich sollte offen für seine Wegweisung sein, sie suchen und darauf hören. Doch ich sollte nicht versuchen, sie zu erzwingen, und ich sollte es nicht als Versagen betrachten, wenn ich sie nicht spüre oder erhalte.

Ich war mein Leben lang im Gemeindedienst. Ich weiß noch, wie man mir sagte: „Werde nicht Pastor, es sei denn, du kannst unmöglich etwas anderes tun." Wenn man dieses Kriterium anlegt, könnte am Ende eine inkompetente Pastorenschaft stehen.

Ich fiel nicht unter diese Kategorie. Soweit ich hören konnte, sagte Gott lediglich zu mir: „Deine Entscheidung." Soweit ich es verstehen konnte, wusste Gott, dass ich mehr wachsen würde, wenn ich eine Entscheidung treffen musste, ohne einen Zettel vom Himmel zu bekommen. Das war für mich in jeder Gemeinde, in der ich gearbeitet habe, neu der Fall. Ich bekam nie eine himmlische E-Mail. Ich musste mich entscheiden.

Dann passierte etwas Seltsames. Ich war seit ein oder zwei Jahren in der Gemeinde, in der ich heute arbeite. Mir stand ein schwieriges Wochenende bevor; einige Mitarbeiter hatten sich schlecht verhalten, und es gab noch weitere Probleme. Als ich zur Gemeinde fuhr, kam mir plötzlich ein schrecklich klarer Gedanke: *Verschwende keine Zeit darauf zu fragen, ob dies die richtige Stelle für dich ist. Verschwende keine Zeit darauf zu fragen, ob jemand anderes es besser machen könnte oder ob du etwas anderes besser machen könntest. Du wirst wachsen, wie du es andernfalls nie könntest, wenn du deine Hand an den Pflug legst und weiterarbeitest. Nimm deine Stelle hier in der Gemeinde als meine Berufung für dein Leben.*

In diesem Moment war ich gar nicht auf der Suche nach himmlischer Führung. Ich hatte mich bereits über ein Jahr zuvor entschieden, diese Stelle anzunehmen. Doch soweit ich sagen kann, denke ich, dass in diesem Augenblick Gott zu mir sprach. Ich glaube, seine Führung bezog sich (wie es häufig der Fall ist) nicht so sehr auf das, was er *durch* mich tun wollte, als was er *in* mir tun wollte.

Mir ist bewusst, dass ich an dieser Stelle auch nur fehlbar bin. Mir ist bewusst, dass Berufung ein Gemeinderitus ist und in der Hand der Gemeinde liegt, der ich diene, und nicht auf meinem subjektiven Verständnis beruht. Aber trotzdem bin ich nach all den Jahren dankbar für dieses Gefühl der Berufung.

Eine Berufung bedeutet nicht, dass ich nicht versagen kann. Als unsere Gemeinde einen neuen Arbeitszweig gründete, kam ein Mitarbeiter auf mich zu und fragte: „Was, wenn wir scheitern? Heißt das, dass wir Gottes Willen nicht richtig gehört haben? Woher wissen wir, dass wir Erfolg haben werden?"

Offene Türen zu erkennen ist nie das Gleiche, wie garantiert Erfolg zu haben. Gott hat viele Menschen berufen, durch Türen zu gehen, die zu enormen Schwierigkeiten führen und keine äußere Belohnung bringen würden. Jeremia wurde aus gutem Grund „der weinende Prophet" genannt. Johannes der Täufer verlor den Kopf. In Silicon Valley, wo ich arbeite, arbeiten Risikokapitalanleger oft nach der Regel, nie in einen Unternehmer zu investieren, der nicht schon einmal nach großem Einsatz von Zeit und Geld gescheitert ist. Warum? Weil sie wissen, dass Menschen durch Versagen lernen und dass Menschen, die Versagensvermeidung betreiben, nie den Mut und die Risikobereitschaft entwickeln werden, die zu kühnen Innovationen führen. Warum meinen wir, Gott würde uns helfen wollen, ein Leben in ständiger Versagensvermeidung zu führen?

Offene Türen zu erkennen ist nie das Gleiche, wie garantiert Erfolg zu haben.

In Apostelgeschichte 16 sitzt Paulus im Gefängnis in Philippi, obwohl er in einer Vision dorthin gerufen worden war. Ein Erdbeben erschüttert das Gefängnis, und die Türen öffnen sich – doch Paulus geht nicht hindurch! Für ihn ist das offenbar keine besonders schwere Entscheidung. Obwohl die Tür seiner Zelle weit offen steht, sieht er, wie sich ihm eine andere, größere Tür öffnet. Ihm ist völlig klar, was der Zweck seines Lebens ist – anderen Menschen geistliche Türen zu öffnen. Das kann er in Ketten besser, als wenn er fliehen würde, wie wir sehen, als sein Gefängniswärter durch Paulus' Zeugnis zum Glauben an Jesus Christus kommt. Paulus entscheidet sich für die größere Tür, auch wenn es so aussieht, als sei er gescheitert.

Die wichtigste Tür

Weisheit ist etwas Wunderbares. Das Volk Israel liebte Weisheit. Viele alte Völker liebten Weisheit. Weisheit sorgt für bessere Freunde, einen besseren Charakter, ein besseres Leben, einen besseren Umgang mit Geld, bessere Arbeiter, bessere Gemeinschaften, bessere Bürger, bessere Völker, bessere Eltern. Doch auch weise Menschen bekommen Krebs. Auch weise Menschen werden betrogen. Auch weise Menschen sterben. Die Weisheitsliteratur der Bibel erkennt die Begrenztheit von weisen menschlichen Entscheidungen an. Darum ist in der Bibel Weisheit mehr als „Lebensmanagement". Die Weisheit ruft von den höchstgelegenen Plätzen der Stadt – und eines Tages kam sie auch an den niedrigsten Ort der Erde.

Im Leben von Jesus gibt es ein interessantes Weisheitsthema. Er sagte so ungewöhnliche Dinge, dass laut Markus die Menschen fragten: „Wo hat er nur seine Weisheit und Vollmacht her?" Nach und nach erkannten die Schreiber des Neuen Testaments, die dazu erzogen worden waren, Weisheit zu lieben, zu verehren und wertzuschätzen, dass in Jesus etwas geschehen war. Paulus staunt über die Reichtümer, die Christus bereithält, denn „in ihm liegen alle Schätze der Weisheit und Erkenntnis verborgen" (Kolosser 2,3).

In dieser herrlichen Passage im Kolosserbrief verwendet Paulus Bilder von der Weisheit, die im Alten Testament zu finden sind, doch er wendet sie hier auf Jesus an. Er schreibt: „Christus ist das Bild des unsichtbaren Gottes. Er war bereits da, noch bevor Gott irgendetwas erschuf, und ist der Erste aller Schöpfung" (Kolosser 1,15). Das ist im Alten Testament auch über die Weisheit gesagt (vgl. Sprüche 8,22-31). „Durch ihn hat Gott alles erschaffen, (…) ob Könige, Reiche, Herrscher oder Gewalten. Alles ist durch ihn und für ihn erschaffen. Er war da, noch bevor alles andere begann, und er hält die ganze Schöpfung zusammen" (Kolosser 1,16f). Jeder damalige Leser hätte all diese Aussagen erkannt, die im Alten Testament über die von ihnen so sehr geliebte Weisheit Gottes getroffen sind.

„Christus, in dem alle Schätze der Weisheit und Erkenntnis verborgen sind" (Kolosser 2,2f; ELB): Gott hat etwas Erstaunliches getan. Die Weisheit, die am höchsten Ort wohnt, ist an den niedrigsten Ort gekommen. Weisheit in der Bibel – Weisheit heute – ist nicht einfach die Fähigkeit, gute Entscheidungen zu treffen. Eines Tages wurde die Weisheit Mensch – das Wort (*logos*) wurde Fleisch. Die ganze lange Ausführung am Anfang des Johannesevangeliums? Das ist Weisheitssprache. Die Weisheit wurde Mensch und sagte seltsame Dinge, die noch nie jemand gesagt hatte.

Die Menschen in Israel wussten, was ihr Problem war:

Rom. Und sie kannten ihre Möglichkeiten: Tür Nr. 1 war, die Römer voller Hass zu stürzen (die Zeloten); Tür Nr. 2 war, sich voller Verachtung von den Römern zurückzuziehen (die Essener); Tür Nr. 3 war, mit den Römern aus Eigeninteresse zusammenzuarbeiten (die Sadduzäer). Jesus, der die Weisheit in menschlicher Gestalt ist, sah eine Alternative, die niemand sonst erkannte: aufopfernde Liebe und Auferstehungskraft. Indem er sich für die Verkörperung dieser Option

Die Schreiber des Neuen Testaments erkannten, dass alles, was sie an der Weisheit liebten und wertschätzten, in Jesus zu finden war.

entschied, war Jesus derjenige, der uns den Weg zu Gott frei machte.

Und so sagte er: „Ich bin das Tor. Wer durch mich hineingeht, wird gerettet werden. Wo er auch hinkommt, wird er grüne Weiden finden" (Johannes 10,9). Die wichtigste Tür ist eine Person.

Die Weisheit benannte eine Tür, die selten gewählt wird: „Nehmt euer Kreuz auf euch und sterbt eurem Ich, und dann werdet ihr leben, wenn ihr sterbt."

Die Weisheit liebte, sie litt an einem Kreuz, sie starb und wurde wieder zum Leben erweckt. Die Weisheit ist Gott sei Dank viel mehr als gesunder Menschenverstand und praktische Ratschläge. Die Weisheit setzt alles auf Gott, stirbt an einem Kreuz und wird am dritten Tag auferweckt. Die Weisheit lebt und kann mit mir durch die Türen hindurchgehen, vor denen ich stehe. Die Schreiber des Neuen Testaments erkannten, dass alles, was sie an der Weisheit liebten und wertschätzten, in Jesus zu finden war.

Jesus hat eine Braut. Diese Braut heißt *Gemeinde*, und er kommt wieder, um sie zu sich zu holen.

Wenn Sie Weisheit so sehr lieben, dann heiraten Sie sie doch!

Eines Tages wird es so sein.

6

Wie man über eine
Schwelle geht

*I*m tiefsten Süden der USA wuchs in der Zeit der Weltwirtschaftskrise ein Mann namens Sylvester auf. Er wurde ein Meister darin, offene Türen zu erkennen und durch sie hindurchzugehen. Er war ein Mann mit immenser Würde und großem Mut. Am besten gefällt mir die Geschichte, wie er seine Frau kennenlernte.

Er lernte Barbara bei einem „Blind Date" kennen – er hatte sie nie zuvor gesehen, und sie ihn auch nicht. Sie hatte von ihm gehört. Er war ein sportlicher junger Mann. Jedenfalls klingelte es an Barbaras Tür, und sie ging hin, um zu öffnen. Sie hatte sich sehr hübsch gemacht. Als sie die Tür öffnete, sah der Mann, der vor ihr stand, ganz und gar nicht so aus, wie sie es erwartet hatte. Er war jämmerlich außer Form und achtete offenbar nicht auf seinen Körper. Er sah kein bisschen nach dem sportlichen jungen Mann aus, den man ihr beschrieben hatte.

Sie stand einen Moment da, überrascht und verwirrt, bis plötzlich ein anderer Mann hinter ihm hervorsprang und rief: „Ich bin Sylvester! Du gehst mit mir aus!" Barbara fragte sich, was hier los war. Es stellte sich heraus, dass Sylvester den anderen Mann gebeten hatte mitzukommen, weil er Barbara noch nie gesehen hatte – und falls Barbara für Sylvester nicht hübsch genug gewesen wäre, wäre der andere Mann mit ihr ausgegangen. Doch als Sylvester sie sah, war er so begeistert, dass er keine Zweifel aufkommen lassen wollte. „Nein! Nein! Nein! *Ich* bin Sylvester, nicht er!"

Die beiden waren sechzig Jahre lang verheiratet.

Es ist gut, sich seine Türen sorgfältig auszuwählen. Aber wenn Sie gehen – dann gehen Sie!

Ich bin nicht dafür verantwortlich, welche Türen mir im Lauf des Lebens vorgesetzt werden. Ich kann vielleicht auch keine verschlossene Tür mit Gewalt öffnen. Ich bin nicht dafür verantwortlich, was hinter der Tür liegt. Aber ich bin verantwortlich für *eine* Dynamik: Wenn sich eine Tür öffnet, habe ich die Wahl, wie ich reagiere. Manchmal liegt der ganze Unterschied darin, was man tut, nachdem sich die Tür geöffnet hat.

Wenn wir eine Entscheidung treffen, sind wir oft versucht, uns an der Frage zu zerfleischen, ob wir die richtige Tür gewählt haben. Das geschieht meistens, wenn es am wenigsten hilfreich ist – wenn wir wegen unserer Entscheidung frustriert oder deprimiert sind.

Bei mir sah das meistens so aus, dass ich die besten Aspekte von Entscheidung B, die ich mir vorstellen konnte, mit den übertriebensten Schwierigkeiten meiner tatsächlichen Entscheidung verglich. Ich dachte darüber nach, wie freundlich die Menschen an Ort B gewesen wären oder wie viel besser Arbeitsstelle B für mich gepasst hätte oder wie viel besser die Ausbildung an Uni B gewesen wäre. (Eine Frau B gab es bei mir nicht – das ist sowohl verständlich als auch ein riesiges Glück!)

Dabei erkenne ich aber in der Regel nicht, dass es kein Drehbuch dafür gibt, wie Plan B verlaufen wäre – ebenso wenig, wie es kein Drehbuch dafür gibt, wie Plan A verlaufen wird. Der entscheidende Faktor dafür, wie es mit Plan A laufen wird, ist, ob ich mich mit Enthusiasmus, Gebet, Hoffnung und Energie in diese neue Phase der offenen Tür stürze.

Wenn ich über das nachgrüble, was hätte sein können, beraube ich mich selbst der Energie und Tatkraft, die ich brauche, um all die kleinen Türen zu sehen, die Gott mir jeden Tag vor die Nase setzt. Ich beraube mich genau der geistlichen Mittel, die ich brauche, um hier und jetzt Leben mit Gott zu finden.

Mit anderen Worten: Oft ist das Wichtigste nicht die Entscheidung, die ich treffe, sondern der Einsatz, den ich bringe, um sie gut auszuführen. Es ist besser, durch eine falsche Tür zu gehen und dabei sein Bestes zu geben, als durch die beste Tür zu gehen und die falsche Einstellung zu haben. Manchmal ist die Art und Weise, wie ich durch eine Tür hindurchgehe, wichtiger als die Tür, durch die ich tatsächlich hindurchgehe.

> *Oft ist das Wichtigste nicht die Entscheidung, die ich treffe, sondern der Einsatz, den ich bringe, um sie gut auszuführen.*

Doris Kearns Goodwin schreibt, die amerikanische Öffentlichkeit liebte Teddy Roosevelt unter anderem deshalb so sehr, weil er das Leben mit unerschütterlicher Begeisterung anging. Er ging keine Tür und keine Aufgabe halbherzig an. Wenn er „dabei" war – ganz gleich, was er tat –, war er ganz und gar dabei. Einer seiner Zeitgenossen erinnert sich, dass er mit seiner großen Energie sogar „so tanzte, wie man es von ihm erwartete, wenn man ihn kannte. Er hopste."[34]

Kinder hopsen. Man kann einen Schritt nach dem anderen gehen, doch Hopsen erfordert Ganzkörpereinsatz. Selbst Erwachsene hopsen in Augenblicken großer Freude: wenn sie im Lotto gewinnen oder bei der Fußball-WM oder wenn sie ihrer Freundin einen Heiratsantrag machen und sie Ja sagt. Wenn Sie durch eine offene Tür gehen, humpeln Sie nicht über die Schwelle. Hopsen Sie!

Oft gehen wir nicht mit ganzem Herzen durch eine Tür, weil wir etwas empfinden, das manchmal „Kaufreue" genannt wird. Menschen leiden am häufigsten unter Kaufreue, wenn ...

↠ sie viel in die Entscheidung investiert haben (Zeit, Geld oder Energie);

↠ sie die alleinige Verantwortung für die Entscheidung hatten (und damit keinem anderen die Schuld geben können);

↠ die Entscheidung eine große Verpflichtung mit sich bringt (man kann z. B. auf lange Zeit nicht aus dem gekauften Haus ausziehen).

Geistliche Schlüsselentscheidungen erfordern oft viel Einsatz und viel Verantwortung und bringen große Verpflichtungen mit sich. Das heißt, bei ihnen tritt häufig „Kaufreue" auf.

Beim Auszug des Volkes Israel aus Ägypten finden wir reichlich Beispiele dafür. Israel geht begeistert durch Gottes offene Tür der Befreiung aus Ägypten und der Sklaverei. Doch kurz nach dem Durchzug durchs Rote Meer setzt die Kaufreue ein:

Denkt nur an die vielen Fische, die wir in Ägypten ganz umsonst bekamen. Wir bekamen so viele Gurken und Melonen, Lauch, Zwiebeln und Knoblauch, wie wir nur wollten. Aber jetzt haben wir alle Lust am Essen verloren, wo wir nichts außer diesem Manna zu sehen bekommen. (4. Mose 11,5f)

Inzwischen zweifelt auch Mose an seiner Entscheidung, die Führung des Volkes übernommen zu haben:

Mose fragte den Herrn: „Warum behandelst du deinen Diener so schlecht? Womit habe ich es verdient, dass du mir die Verantwortung für solch ein Volk auflädst? Bin ich etwa die Mutter dieses Volkes? Oder habe ich es geboren, sodass du mich aufforderst: ‚Trag es auf deinen Armen – so wie eine Amme einen Säugling trägt (…)‘? Woher soll ich denn Fleisch nehmen, um es all den Menschen zu geben? Denn sie jammern und rufen: ‚Gib uns Fleisch zu essen!‘ Ich kann die Sorge für dieses Volk nicht allein tragen, diese Last ist zu schwer für mich. Willst du mir aber nicht helfen, dann töte mich lieber gleich." (4. Mose 11, 11-15).

Wenn man durch eine offene Tür geht, sind Zweifel oder „Kaufreue" oft unvermeidlich. Das ist aber weder tödlich noch endgültig.

Es ist hilfreich, die Angst zu erkennen, die schwierige Entscheidungen mit sich bringen. Dann kann man nämlich eine schlimme und allzu vergeistlichte Falle umgehen, in die Menschen oft tappen, wenn sie vor einer einschüchternden Chance stehen: vor der Angst und Bequemlichkeit zu kapitulieren, und zwar mit der Ausrede: „Ich habe einfach keinen Frieden darüber." In diesem Fall führen wir unsere innere Unruhe als übernatürliche Begründung dafür an, dass wir eine Herausforderung nicht annehmen, statt diese Unruhe als das zu sehen, was sie ist: ein einfaches Zeichen für emotionale Unreife.

„Warum beendest du nicht endlich diese Beziehung, in der du dich wie ein bedürftiger, verzweifelter Klammeraffe verhältst, während dein Partner eigentlich gar nicht so sehr auf dich steht?"

„Warum führst du nicht endlich ein ehrliches Gespräch mit dieser Person an deinem Arbeitsplatz/in deiner Familie/in deiner Kleingruppe, die sich schlecht benimmt und die du insgeheim verurteilst und nicht magst?"

„Warum brichst du nicht endlich aus deinem Trott aus und machst diese Reise/belegst diesen Kurs/engagierst dich ehrenamtlich in diesem Projekt?"

„Würde ich ja, aber ich habe einfach keinen Frieden darüber."

Wenn „Frieden über etwas haben" das wichtigste Kriterium dafür wäre, durch eine offene Tür zu gehen, dann hätte niemand in der Bibel irgendetwas getan, das Gott von ihm verlangte. Die Reihenfolge in der Bibel ist normalerweise nicht

→ Berufung
→ ein tiefes Gefühl des Friedens darüber
→ die Entscheidung zu gehorchen
→ ein reibungsloser Verlauf

Meistens läuft die Sache vielmehr so ab:

→ Berufung
→ schreckliche Angst

- ⇢ die Entscheidung zu gehorchen
- ⇢ große Probleme
- ⇢ mehr Angst
- ⇢ Zweifel
- ⇢ mehrere Anläufe
- ⇢ tieferer Glaube

Nach dem Schritt durch eine Tür sich die ganze Sache noch einmal zu überlegen, ist nichts Ungewöhnliches. Es ist kein automatisches Zeichen dafür, dass ich die falsche Entscheidung getroffen habe. Es ist nicht einmal ein guter Indikator für die Zukunft. Israels Gefühle bezüglich der Entscheidung, durchs Rote Meer zu ziehen, änderten sich ständig. In dem einen Augenblick hatten sie schreckliche Angst („Dem Pharao die Stirn bieten? Eher nicht"). Im nächsten Moment waren sie beschwingt („Das Rote Meer hat sich geteilt!"). Dann kam ihnen ihre Entscheidung entsetzlich vor („Schon wieder Manna?") und dann wieder wunderbar („Schau dir nur die ganzen Wachteln an! Hol Vaters Flinte!").

In der Bibel steht nirgendwo: „Wenn du Eheprobleme hast, dann versuch sie auf die Reihe zu bringen, indem du stundenlang spekulierst, was geschehen wäre, wenn du jemand anderen geheiratet hättest. Mal dir dabei den Gegensatz zwischen den hypothetischen Stärken deines fiktiven Partners mit den krassen Schwächen deines tatsächlichen Partners in lebhaften Details aus."

Es gibt ein Mittel gegen Kaufreue. Es gibt eine bessere Art und Weise, durch die Tür zu gehen – mit ganzem Herzen.

Springen Sie!

Mit ganzem Herzen

Ich habe nie gehört, dass ein Fußballtrainer seine Mannschaft aufgefordert hat, auf den Platz zu gehen und 90 Prozent zu geben. Unvorstellbar, dass eine gute Führungskraft sich vor das Team stellt und sagt: „Jetzt geht los und gebt ... das meiste von dem, was ihr habt."

Ich war noch nie bei einer Hochzeit, bei der der Bräutigam zur Braut sagte: „Mit diesem Ring nehme ich dich zur Frau und verspreche, dir einen guten Teil meiner Zeit hingegeben und treu zu sein."

Ich habe noch nie gelesen, dass der Chef eines guten Unternehmens im Vorstellungsgespräch zu einem Mitarbeiter sagt: „Wir erwarten von Ihnen, dass Sie vier Fünftel des Tages gute Arbeit leisten." Aber manchmal versuchen Menschen, mit wenig Einsatz durch Türen mit großen Herausforderungen zu gehen. Die Folge ist eine Niederlage. Je größer die Tür, umso dringender der Ruf nach ganzem Einsatz.

Vielleicht fragen Sie jetzt: „Meinen Sie damit, ich sollte bereit sein, Verluste zu erleiden, auf Vergnügen zu verzichten, das ich andernfalls haben könnte, meine Bequemlichkeit zu opfern, meinen Lebensstandard herunterzuschrauben, meine Zeit zur Verfügung zu stellen, meine Sünden zu bekennen, einer Gemeinschaft rechenschaftspflichtig zu werden oder meinen Stolz aufzugeben?"

Ja.

Durch Gottes offene Türen kann man nur mit ganzem Herzen gehen. Und „mit ganzem Herzen" bedeutet Opfer – sich für eine Sache zu entscheiden bedeutet, sich gegen eine andere zu entscheiden.

Ein König im Alten Testament wird folgendermaßen beschrieben: „Amazja war 25 Jahre alt, als er König wurde, und er regierte 29 Jahre in Jerusalem. (…) Amazja tat zwar, was dem Herrn gefiel, aber nicht von ganzem Herzen" (2. Chronik 25,1f). Amazja tat Dienst nach

> *Durch Gottes offene Türen kann man nur mit ganzem Herzen gehen.*

Vorschrift, aber er war nicht mit dem Herzen dabei. Er gehorchte Gott – bis zu einem bestimmten Punkt. Er setzte sich für Reformen ein – bis es etwas kostete. Das ist ein elendes Leben.

Vergleichen wir dies einmal mit der Aussage über David. Gott sagt: „David, der Sohn Isais, ist ein Mann nach meinem Herzen. Er wird alles tun, was ich von ihm will" (Apostelgeschichte 13,22). David wird „Mann nach Gottes Herzen" genannt. Wenn man seine Geschichte liest, könnte man diese Aussage etwas verwirrend finden, denn er beging Ehebruch, ließ einen Mann ermorden und vertuschte die Tat. Er ist ein katastrophaler Ehemann und ein noch schlechterer Vater. Doch sein Herz gehört Gott. Sein ganzes Leben ist in Gottes Gegenwart und Geschichte eingebettet. Es freut ihn, Gott zu dienen und zu lieben, und wenn er Mist baut – und das tut er –, dann bereut er es und möchte wieder mit Gott in Ordnung kommen.

In der Welt des Altertums bezeichnete das Wort „Herz" den Kern der Persönlichkeit. Das Herz waren nicht nur die Gefühle, wie wir oft meinen, sondern der Mittelpunkt der Persönlichkeit eines Menschen, besonders sein Wille. Hingabe von ganzem Herzen spiegelt also das wider, wofür ich meine ganze Energie einsetze. Ich setze *mich* ganz ein.

Als David den Festzug anführte, der die Bundeslade nach Israel zurückbrachte, heißt es in der Bibel: „David tanzte mit aller Kraft vor dem Herrn" (2. Samuel 6,14; ELB). Er investierte sich voll und ganz. Falls wir uns fragen, wie dieser Tanz aussah – der Text sagt uns, er „hüpfte und tanzte" vor dem Herrn (Vers 16). David tanzte wie Teddy Roosevelt.

Er hopste.

Wenn man feststellen will, woran man mit dem Herzen wirklich hängt, kann man sich einmal fragen: „Was sind meine Träume? Was tue ich gern und freiwillig?" Hundertprozentige Hingabe ist eine Frage dessen, woran mein Herz wirklich hängt.

Als unsere Kinder noch klein waren, hatten Nancy und ich einmal einen Konflikt. Es ging um die Arbeitsteilung. „Wer macht die meiste Hausarbeit?" Nancy hatte das Gefühl, dass ich eigentlich viel zu viel im Haus tat und vielleicht überlastet war. Außer an den Tagen, die auf „g" enden, und mittwochs – da hatte sie das Gefühl, dass einer von uns es sich zu bequem machte, und sie war es nicht. Wenn sie über ihren Frust sprach, schaltete ich auf „Therapeut". Ich hörte ihr zu. Ich zeigte Mitgefühl. Ich nickte. Ich ging auf sie ein. Wissen Sie, was ich *nicht* tat? Ich sagte nicht (nicht einmal innerlich): „Ich werde alles tun, was nötig ist – dienen, mitarbeiten, diskutieren, initiieren –, um uns dahin zu verhelfen, dass wir nicht ständig in diesem Punkt gefrustet sind und immer wieder daran hängen bleiben."

Ich lavierte mich aus der Pflicht, ein Versprechen einzuhalten. Ich war nett und höflich, vermied aber, tatsächlich zu tun, was ich zu tun versprochen hatte. Ich bin dankbar, dass Gott mir eine Ehefrau geschenkt hat, die mir solche Vermeidungstaktiken nicht durchgehen lässt. Vielleicht sollte ich besser sagen, *meistens* bin ich dankbar dafür. Mein besseres Ich ist immer dankbar dafür.

Amazja lavierte sich neunundzwanzig Jahre lang um die volle Hingabe an Gott herum. Er tat, was richtig war, doch sein Herz war woanders.

Ich merke, woran mein Herz hängt, weil meine Gefühle und meine Anbetung sich darum drehen. David schockierte bekanntermaßen seine Frau, indem er „vor dem Herrn hüpfte und tanzte" (2. Samuel 6,16). Wir alle tanzen für etwas. Sind Sie in letzter Zeit einmal über die Schwelle einer offenen Tür gegangen? Wie sehr sind Sie mit dem Herzen dabei? So wie ein EKG die Gesundheit unseres biologischen Herzens messen kann, ist es hilfreich, auch ein Instrument zu haben, mit dem man das Ausmaß unserer Hingabe feststellen kann:

» Spreche ich mit anderen über diese Aufgabe, um eine Art Rechenschaftsgruppe für mein Handeln zu schaffen?

» Besitze ich das nötige Verantwortungsgefühl, um zu wachsen? Lese ich Bücher und trainiere ich Fähigkeiten und rede ich mit Menschen, die auf dem gleichen Weg schon ein Stück weiter sind, um mich weiterzuentwickeln?

» Beklage ich mich über Schwierigkeiten so, dass ich damit unterschwellig meine Halbherzigkeit rechtfertige?

» Spreche ich bei Enttäuschungen mit Gott und bitte ihn um Kraft zum Durchhalten?

» Erkenne und feiere ich auch kleine Schritte in die richtige Richtung?

⟫ Der Apostel Paulus schreibt: „Seid im Fleiß nicht säumig, brennend im Geist; dem Herrn dienen" (Römer 12,11; ELB). Feuer ist eine Naturgewalt; ich muss es im Auge behalten und bewachen. Aber gestehe ich mir und anderen gegenüber im Moment ehrlich ein, wie brennend ich wirklich bin? Lässt mein Feuer nach, und fache ich es wieder an, indem ich mich ausruhe/regeneriere/einer Freizeitaktivität nachgehe/mit anderen darüber rede?

Jesu Handlungsanweisungen für offene Türen

In Kapitel 4 habe ich Aussagen aufgezählt, die oft der Bibel zugeschrieben werden, aber gar nicht aus ihr stammen. Hier ist noch ein Satz, von dem die meisten Leute meinen, dass Jesus ihn gesagt hätte: „Seid in der Welt, aber nicht von der Welt."

Das hat Jesus nie gesagt. Der Gedanke „in, aber nicht von" der Welt hat manchmal dazu geführt, dass Christen sich in einer falschen Weise isoliert und nur halbherzig in der Welt gelebt haben.

Tatsächlich sagte Jesus:

Ich habe ihnen dein Wort gegeben. Die Welt hasst sie, weil sie genau wie ich nicht zur Welt gehören. Ich bitte dich nicht, dass du sie aus der Welt herausnimmst, sondern dass du sie vor dem Bösen bewahrst. Sie gehören genauso wenig zu dieser Welt wie ich. Reinige sie und heilige sie, indem du sie deine Worte der Wahrheit lehrst. Wie du mich in die Welt gesandt hast, so sende ich sie in die Welt. (Johannes 17,14-18)

Wohin schickte Jesus die Jünger? In die Welt.

Das ist ein bisschen ungenau, oder? Wenn ich einer der ersten Jünger gewesen wäre, wäre es mir lieber gewesen, wenn Jesus die Sache ein bisschen eingegrenzt hätte. Aber Jesus war offenbar weniger wichtig, durch welche Tür seine Jünger hindurchgehen würden, als vielmehr, *wie* sie durch sie hindurchgingen.

„Wie du mich in die Welt gesandt hast, so sende ich sie in die Welt." Jesus sagt nicht: „Versucht die Welt zu meiden. Lasst euch von ihr nicht verunreinigen. Habt so wenig wie möglich mit ihr zu schaffen. Gebt euch nur mit Christen aus der Gemeinde ab und versucht euch von Leuten fernzuhalten, die schlechte Ausdrücke benutzen und schlechte Menschen sind." Nein. Jesus sagt, ich bin auf diesem Planeten, weil ich als Beauftragter Gottes in meinen Beruf, meine Nachbarschaft, meine Netzwerke, meine Lebenssituation gesandt bin. Er sagt: „Wie der Vater mich gesandt hat, so sende ich euch" (Johannes 20,21).

Das bringt uns zu einer Dynamik, die bei Verpflichtungen und übernommenen Aufgaben in Teams, Familien, Unternehmen, Gemeinden und im geistlichen Leben überhaupt zu beobachten ist. Wenn jemand sich von ganzem Herzen in etwas einbringt – nicht aus Schuld- oder Pflichtgefühl, nicht unter Druck, sondern weil er überzeugt davon ist, dass diese Sache es wert ist, ihr sein Leben zu widmen –, dann wird er in diesem Bereich gern herausgefordert. Er wird gern dazu berufen, immer wieder gern mit dieser Aufgabe betraut, und er mag es,

> *Wenn jemand sich von ganzem Herzen in etwas einbringt, dann wird er in diesem Bereich gern herausgefordert.*

wenn die Messlatte richtig hoch gelegt wird.

Menschen, die sich nicht ganz in ihre Aufgaben investieren, die Kompromisse machen, die gemischte Gefühle haben, sprechen nicht gern über ihre Aufgaben. Es ist ihnen unbehaglich.

Am Anfang des Matthäus-Evangeliums sehen wir, dass Jesus mehr Wert darauf legte, *wie* seine Jünger hinausgehen, als *wohin* sie gehen sollten. Er schickt sie immer zu zweit in die Mission. Interessanterweise verrät der Text uns nicht, wer mit wem zusammen ging. Mich würde das interessieren, doch Jesus ist die Wer-Frage nicht so wichtig. Der Text sagt uns auch nicht konkret, wo sie hingehen sollten: „Wenn ihr in eine Stadt oder in ein Dorf kommt ..." (Matthäus 10,11). Jesus achtet wenig auf die Details, die mich am meisten interessieren – wohin oder mit wem. Ihn interessiert mehr, *wie* sie gehen.

Jesus sagt seinen Nachfolgern, wie sie ausgesendet werden sollen. Er gibt ihnen drei Bilder von Tieren, anhand derer er beschreibt, wie wir durch die Türen gehen sollen, die Gott uns vorsetzt. Diese Bilder beschreiben die drei Dimensionen des Lebens aus ganzem Herzen, das nötig ist, um richtig durch offene Türen zu gehen.

Schafe unter Wölfen

„Ich sende euch aus wie Schafe unter die Wölfe" (Matthäus 10,16). Das ist eine unerwartete Metapher. Das Schaf ist kein inspirierendes Tier.

Alle möglichen Sportmannschaften haben Tiernamen. Es gibt Bären, Tiger, Löwen, Schlangen, Haie – das sind gefährliche Tiere! –, Adler, Stiere, Panther, Luchse … Ich kenne kein einziges Profi- oder Amateurteam, das „Die Schafe" heißt. „San Francisco Sheep" würde einfach niemanden einschüchtern.

Mir fällt nur ein halbwegs berühmtes Schaf ein. In meiner Kindheit gab es eine Puppenspielerin namens Shari Lewis. Sie hatte eine kleine Schafpuppe, die sie aus irgendeinem unerfindlichen Grund „Lamb Chop" genannt hatte – „Lammkotelett". Das ist ein schrecklicher Name für ein Schaf. Wie macht man ein Lammkotelett? Man schlachtet das Schaf! Dann isst man es. Das ist „Lamb Chop". Aber genau so hatte Shari ihre Schafpuppe genannt. Lammkotelett. Das ist einfach nur schräg.

Jesus sagt: „Ich sende euch aus wie Schafe." Aber damit noch nicht genug: „Ich sende euch aus wie Schafe *unter die Wölfe*." Frage: Wie geht ein Schaf unter Wölfe? Antwort: sehr vorsichtig. Sehr *bescheiden*. Das Schaf geht nicht hin und sagt: „Hey, ihr Wölfe! Ich bin hier, um euch mal richtig geradezubiegen. Ich krieg euch schon auf Linie!"

Dieser Auftrag klingt nicht besonders glamourös. Doch wenn man genauer darüber nachdenkt, muss ein Schaf auch Mut haben, um sich unter die Wölfe schicken zu lassen.

Wenn ich als Schaf ausgesandt werde, sage ich nicht zuerst, wie klug oder stark oder beeindruckend ich bin.

Doch es ist schon seltsam: Schafen öffnen sich Türen, die sich Wölfen nie öffnen würden.

In 1. Mose dreht sich Jakobs ganzes Leben darum, andere zu manipulieren, um etwas an sich zu reißen. Am Ende wird er in einer verzweifelten Situation von Gott besucht. Jakob kämpft die ganze Nacht mit ihm und erhält einen Segen, doch dabei wird er an der Hüfte verwundet, und die Wunde heilt nicht.

Dann trifft Jakob sich mit seinem Bruder Esau, und ihr langer Kampf ist vorbei. Als Esau Jakob sieht, schmilzt sein Herz. Warum?

Vielleicht, weil Esau Jakobs Schwäche sieht, als er auf ihn zukommt. Vielleicht öffnet Jakobs Hinken die Tür zwischen den beiden Brüdern.

Schafen öffnen sich Türen, die sich Wölfen nie öffnen würden.

Wenn ich mit ganzem Herzen durch die Tür gehe, bin ich anfällig für Enttäuschung und Versagen. Ich bin verletzlich, weil ich nicht stark genug bin.

Das Paradox Jesu besteht nun aber gerade darin, dass Verletzlichkeit stärker ist als Unverletzlichkeit.

Vor Kurzem traf ich einen Mann wieder, der mein Sonntagsschullehrer war. Er lachte mit mir über einen Vorfall, bei dem ich ihn korrigierte, weil er ein Wort falsch ausgesprochen hatte. Aber für mich war es nicht lustig. Ich dachte daran, wie oft ich das Gebot der Liebe verletzt hatte, weil ich schlau wirken wollte. Jemand sagte einmal, die Welt brauche nicht mehr Genies, sondern mehr Genie-Macher – Menschen, die andere Menschen in ihrem Umfeld stärken, nicht ihre Begabungen kleinreden.

Schafe tun das.

„Ich sende euch aus wie Schafe unter die Wölfe." „Ich sende euch aus wie Albert Schweitzer, der seinen Status als brillanter Theologe und Weltklassemusiker aufgab, um auf einem anderen Kontinent den Ärmsten der Armen zu dienen – und das stellte sich als die größte Tür heraus, durch die er je ging."

Wenn Führungskräfte ihre Mannschaften anfeuern wollen, malen sie meist ein anschauliches Bild davon, wie herrlich erfolgreich sie sein werden. Hören wir uns an, was Jesus seinen Jüngern sagt, als er sie zum ersten Mal aussendet. Wenn Sie diese Worte lesen, stellen Sie sich vor, Sie seien einer der Jünger und würden gerade von Jesus auf ihre Aufgabe vorbereitet. Sportmannschaften stellen sich vor einem Spiel oft noch einmal zusammen und hören noch eine letzte Motivationsansprache. Dann reißen sie die Arme hoch und stürzen sich ins Spiel. Hier lesen wir Jesu „Motivationsansprache". Diese Jünger werden in ihr erstes Spiel geschickt, und um sie anzufeuern, sagt Jesus:

Aber hütet euch vor den Menschen! Denn ihr werdet vor die Richter gezerrt und in den Synagogen geschlagen werden. (…) Wenn ihr verhaftet werdet, macht euch keine Sorgen, was ihr zu eurer Verteidigung sagen sollt (…) Der Bruder wird seinen Bruder verraten, Väter werden ihre Kinder verraten, und Kinder werden sich gegen ihre Eltern auflehnen und sie dem Tod ausliefern. Ja, alle werden euch hassen, weil ihr euch zu mir bekennt. Aber wer bis zum Ende durchhält, wird gerettet werden. (Matthäus 10,17.19.21f)

Na dann mal los.

Wer sagt so etwas? Warum tut Jesus das? Weil er seinen Nachfolgern vermitteln will, dass ihm nachzufolgen keine Erfolgsgarantie ist. Es bedeutet nicht, dass wir ausziehen und mit Ruhm überschüttet werden, wie unsere Welt ihn definiert. Schafe sind keine heroischen Tiere. Jesus beruft seine Freunde unter anderem dazu, die Maßstäbe von Heldentum, Erfolg und Ruhm, wie die Welt sie hat, aufzugeben. „Um das zu tun, werdet ihr sterben müssen. Es wird Widerstand geben. Es wird euch etwas kosten. Für diese Aufgabe ist ein anderer Typ Held gefragt."

Die Gemeinde erfüllt ihren Auftrag immer dann am besten, wenn sie bescheiden in die Welt hinausgeht, wie Schafe unter die Wölfe. Ironischerweise verlor die Gemeinde einen großen Teil ihrer geistlichen Kraft, als sie schon wenige Jahrhunderte nach Jesus zu politischer und finanzieller Macht gelangte. Ein Christusnachfolger, Johannes Chrysostomos, machte sich Gedanken über diesen Vers, in dem es heißt, dass Jesus seine Nachfolger wie Schafe unter die Wölfe schickt, und darüber, dass die Gemeinde diesen Aspekt aus den Augen verlor, je mehr sie an Macht gewann. Er schrieb: „Schämen wir uns also, die wir das Gegenteil tun, die wir uns wie Wölfe auf unsere Feinde stürzen. Solange wir Schafe bleiben, siegen wir. (…) Doch wenn wir zu Wölfen werden, sind wir geschlagen, denn die Hilfe des Hirten weicht von uns: denn er weidet nicht die Wölfe, sondern die Schafe."[35]

> *Die Gemeinde erfüllt ihren Auftrag immer dann am besten, wenn sie bescheiden in die Welt hinausgeht, wie Schafe unter die Wölfe.*

Jesus sagte: „Wie der Vater mich gesandt hat, so sende ich euch" (Johannes 20,21). Als Johannes der Täufer Jesus zum ersten Mal sah, sagte er: „Seht her! Da ist das Lamm Gottes, das die Sünde der Welt wegnimmt!" (Johannes 1,29).

In der Offenbarung erzählt Johannes von seiner Vision, in der er Jesus sieht, den Löwen aus dem Stamm Juda in all seiner Macht. Dann wechselt das Bild und Johannes sieht Jesus als das Lamm, das geschlachtet wurde. Der Löwe von Juda kam auf die Erde und war das Lamm, das geschlachtet wurde. „Ich sende euch aus wie Schafe unter die Wölfe."

Auf meinem Schreibtisch liegt eine kleine Karte mit weisen Worten von einem meiner geistlichen Mentoren: „Strebe nicht nach deinem eigenen Weiterkommen. Lass dich von Gott weiterbringen. Diene anderen."

So geht man wie ein Schaf durch offene Türen.

Klug wie die Schlangen

Jesus gebraucht nicht nur das Bild von den Schafen. Er sagt auch: „Seid klug wie die Schlangen" (Matthäus 10,16; ELB). „Seid so gerissen und clever wie Schlangen." Mir gefällt, dass Jesus auch das gesagt hat. Oft halten Menschen Jesus für einen naiven Träumer mit guten Vorsätzen, der gelassen über die menschlichen Schwierigkeiten und die Realität hinwegglitt. Das stimmt nicht. Unter anderem war ihm wirklich wichtig, dass die Arbeit – *seine* Arbeit – erledigt wurde.

Auch das gehört zu einem Leben aus ganzem Herzen. Man investiert sich voll und ganz, Verstand und Talente eingeschlossen. Jesus wünschte sich Menschen, die ihm nicht nur geistlich hingegeben sind, sondern auch hellwach und bereit, sich der Realität zu stellen. Er wünschte sich Menschen, die auch über Strategie und Taktik und Effektivität nachdenken. Sie sollten Fehlschläge ernst nehmen und versuchen, daraus zu lernen und besser zu werden. Sie sollten die Ärmel hochkrempeln. So ernst, wie es jedem Firmendirektor ist, dass sein Unternehmen Geld verdient, so ernst sollte es Jesu Nachfolgern auch mindestens damit sein, das Reich Gottes auszubreiten. Wenn etwas wirklich wichtig ist, achtet man gut darauf, in wessen Hände man es legt.

Jemand schickte mir einmal ein paar Ergänzungen zu Murphys Gesetz, dass „alles, was schiefgehen kann, auch schiefgehen wird". Eine davon lautete: „Wenn du vor Gericht gehst, denk daran, dass du dich in die Hände von zwölf Menschen begibst, die nicht klug genug waren, sich vor dem Geschworenendienst zu drücken."

Jesus will seine Arbeit in die Hände von Menschen legen, die ebenso realistisch, ernsthaft und effektiv auf einen Erfolg hinarbeiten (mit Gottes Hilfe – alles andere funktioniert nicht), die ausprobieren, bewerten, lernen, klug sind – wie man es in jener Zeit den Schlangen nachsagte. Seien Sie so gewitzt und pfiffig und klug und raffiniert, wie Sie können. Das mag nach außen hin gar nicht beeindruckend sein – ich glaube nicht, dass alle Jünger so geniale Strategen waren wie Paulus. Aber Gott verlangt von mir nicht, Paulus zu sein. Paulus hat er schon. Gott sagt einfach, ich soll „klug wie die Schlangen" sein, so gut ich kann. Toll, dass Jesus das gesagt hat! Viele Menschen würden so einen Satz nicht von ihm erwarten.

Woher wissen wir, welche Türen Gott vielleicht für uns öffnen könnte? Wenn wir klug wie die Schlangen sind. Offene Türen sind zwar geheimnisvoll und abenteuerlich, aber sie gehen in der Regel nicht willkürlich auf. Der Beruf(ung)s-Experte Andy Chan sagt, unsere Berufung im Leben erfordert, dass wir insbesondere zwei Bereiche meistern: Wir müssen uns selbst kennen und die Welt, auf die wir Einfluss nehmen wollen.[36]

Vielleicht können wir uns das Ganze so vorstellen:

Ich kann mich selbst gut oder schlecht kennen, und ich kann die Welt, auf die ich Einfluss nehmen will, gut oder schlecht kennen. Wenn ich mich selbst gut kenne, aber nicht die Welt, dann bin ich ein *Einsiedler*. Ich bin auf meine eigenen Gedanken und Gefühle eingestellt, weiß aber nicht, wie ich sie einsetzen kann, um Gottes Welt zu helfen. Wenn ich zwar mein Umfeld gut kenne, aber nicht mich selbst, bin

> *Offene Türen sind zwar geheimnisvoll und abenteuerlich, aber sie gehen in der Regel nicht willkürlich auf.*

ich ein *Chamäleon*. Ich bin zwar gut auf die Welt um mich herum eingestellt, weiß aber nichts über die Gaben und Werte, die Gott ihr durch mich bringen will, also versuche ich einfach, mich anzupassen. Wenn ich mich selbst und die Welt nicht gut kenne, bin ich ein *Chaot*.

Aber wenn ich mich selbst *und* die Welt sehr gut kenne, bin ich bereit, *Katalysator* zu sein. Das bedeutet es, klug wie eine Schlange zu sein.

Eigenwahrnehmung

Wer bin ich? Laut Andy Chan ist diese Frage die Grundlage für jede berufliche Sondierung und Entwicklung. Wenn Sie genau wissen, wo Ihre Interessen und Stärken liegen (die Dinge, die Sie gut können und die Ihnen am meisten Spaß machen), was Ihre Fähigkeiten, Talente, Persönlichkeitsmerkmale, Ziele und Lebenserfahrungen sind, können Sie anfangen sich vorzustellen, welche Arbeit Ihnen gefallen und etwas bedeuten würde. Vielleicht lernen Sie gern, oder Sie blühen auf, wenn Sie andere Menschen führen oder ein Team aufbauen können. Vielleicht sind Sie kreativ und künstlerisch begabt oder mögen Schönheit. Oder es macht Ihnen Freude, Ordnung ins Chaos zu bringen oder Heilung für leidende Menschen. Vielleicht haben Sie schon eine relativ genaue Ahnung, wo Sie in all diesen Punkten stehen. Doch wahrscheinlich würden Sie davon profitieren, mit weisen, ausgeglichenen, unvoreingenommenen Mentoren zusammenzuarbeiten, um Ihre einzigartige „Machart" genauer kennenzulernen oder bestätigt zu finden. Wer sich selbst kennt, kann mit einem neuen Blick potenzielle Chancen und Projekte bewerten, die er verfolgen sollte – oder vielleicht besser nicht.

Ein wichtiger Aspekt dabei ist, feststellen zu können, wo die eigene Identität angesiedelt ist. Oft sind die Träume und beruflichen Interessen von Menschen motiviert von dem, was in ihren Augen ihre Eltern zufriedenstellt, ihre Freunde beeindruckt, akzeptabel für ihren Ehepartner ist oder einen persönlichen Nutzen bringt (wie Geld, Macht, Einfluss oder Ansehen). Manche Menschen können diese Zusammenhänge benennen; andere brauchen einen Blick von außen ebenso wie den eigenen Blick nach innen. Manche Menschen halten solche inneren Bindungen oft für sie wichtig – bei näherem Hinsehen sind sie ihnen aber eigentlich gar nicht wichtig.

Wenn ich weiß, was mich motiviert, kann ich auch langfristig engagiert bleiben. Wenn ich meine Verletzungen und Schwächen kenne, kann ich wachsen und sie vielleicht sogar überwinden. Wenn ich weiß, mit welchen Menschen ich am besten zusammenarbeite, kann ich mich in ein Team eingliedern und muss kein Einzelkämpfer bleiben. Eigenwahrnehmung bedeutet also, meine Vorlieben, Verletzungen und Partner in Betracht zu ziehen.

Vorlieben sind Dinge, die uns innerlich so bewegen, dass sie uns äußerlich in Bewegung setzen. (Im letzten Kapitel habe ich das mit der Frage „Was ist Ihr Problem?" bezeichnet.) Vielleicht ist es der Hunger in der Welt, oder es sind vernachlässigte Kriegsveteranen, oder vielleicht ist es der Bildungsbereich. Sie sehen, wie kleine Kinder in unterversorgten Schulbezirken aufwachsen, und Sie wissen, dass diese Kinder nie eine Chance auf echtes Lernen haben werden, und es dreht Ihnen das Herz um. Oder Sie sehen Menschen mit AIDS, die nicht nur ausgegrenzt, sondern auch stigmatisiert, alleingelassen und hoffnungslos sind. Oder unverheiratete Mütter. Oder einfach Evangelisation und das Anliegen, dass das Evangelium klar verkündigt wird. Irgendetwas bewegt Sie so sehr, dass Sie sich in Bewegung setzen.

Ein oft übersehener Bereich der Eigenwahrnehmung ist das Bewusstsein der eigenen *Verletzungen*, denn das befähigt uns, anderen Menschen zu helfen. Vor Kurzem unterhielt ich mich mit einem Mann, dessen Sohn hochgradig autistisch ist. Dieser Vater hat eine fantastische Gruppe für Eltern in ähnlichen Situationen aufgebaut. Bei Gott ist kein Schmerz und keine Verletzung vergebens – ganz gleich, ob es sich um eine Suchterkrankung handelt, um eine verbüßte Haftstrafe, eine psychische Krankheit oder Arbeitslosigkeit.

Bleiben noch die *Partner*. Jesus sandte seine Jünger nie allein aus. Er berief zwölf von ihnen, und auf ihren Mini-Missionseinsatz schickte er sie paarweise, sodass sie gemeinsam gehen konnten. Zusätzlich zu Ihren Vorlieben und Stärken und Verletzungen wird es also auch Menschen in Ihrem Leben geben, die Sie bestätigen und anfeuern.

Das alles gehört zur Eigenwahrnehmung. Doch wir müssen auch den konkreten Teil oder Bereich der Welt kennen, auf den wir Einfluss nehmen wollen.

Weltwahrnehmung

Laut Andy Chan wissen Arbeitssuchende oft sehr wenig über die Berufe, für die sie sich angeblich interessieren:

In den letzten zehn Jahren wurden mir oft Berufe wie Thoraxchirurg, Forensiker und Rechtsanwalt genannt. Das überrascht nicht bei so beliebten Fernsehserien wie *Grey's Anatomy*, *CSI* und *The Good Wife*. Es ist ein gutes Beispiel dafür, wie Menschen zutiefst von dem beeinflusst werden, was sie sehen und lesen und in Verstand, Körper, Herz und Geist hineinlassen. Ehrlich gesagt, haben die meisten von ihnen keine Ahnung, was diese Berufe tatsächlich beinhalten und was nötig ist, um sie erfolgreich auszuüben, und ob diese Arbeit mit ihren Interessen, Werten, Stärken, Persönlichkeitsstrukturen und Ambitionen übereinstimmt.[37]

Weise Menschen studieren die Welt *und* sich selbst. Sie informieren sich über Arbeitsmöglichkeiten und Arbeitsplatzbeschreibungen. Sie sprechen mit Menschen, die beruflich oder ehrenamtlich in dem Bereich engagiert sind, der sie interessiert. Sie sammeln kontinuierlich durch Gespräche, Lektüre und Erfahrungen Informationen über solche Möglichkeiten. Sie probieren sich in zeitlich begrenzten Projekten aus und bewerten dann das Ergebnis und ihre eigenen Reaktionen. Sie denken nach.

Dafür sind wir nie zu alt.

Vor Kurzem wurde eine Frau achtzig Jahre alt. Sie wollte keine Geschenke für sich selbst. Aber es bricht ihr das Herz, wenn sie sieht, wie an vielen Orten der Welt Millionen von Frauen tagtäglich zwei oder drei Stunden weit zu einem Brunnen laufen müssen, um Trinkwasser zu holen. In diesem Bereich herrscht große Not in unserer Welt. Also sagte die alte Frau den anderen: „Schenkt mir nichts, sondern helft mir, einen Brunnen zu finanzieren." Inzwischen hat sie drei Brunnen in unterversorgten Teilen der Welt finanziert und arbeitet an einem vierten.

Sie ist achtzig und hopst immer noch.

Es muss kein so dramatisches Projekt sein. Offene Türen gibt es überall. Eine davon befindet sich im Postamt von San Pedro, Kalifornien. Es ist das beste Postamt der Welt. Die Mitarbeiter begrüßen ihre Kunden an der Tür, scherzen mit ihnen, wenn sie in der Schlange stehen, und veranstalten Wettbewerbe, wer den meisten Kunden helfen kann. Übrigens: Dafür werden sie nicht bezahlt. Es ist das einzige Postamt der Welt, in dem nur Ehrenamtliche arbeiten – schon seit fünfzig Jahren.

Offene Türen gibt es überall.

Eine Ehrenamtliche namens Marsha Hebert war in den Vorruhestand gegangen und hatte nach einer sinnvollen Beschäftigung gesucht. „Ich sah das Postamt und dachte: *Das ist genau das Richtige für mich!* Man hat Kontakt mit Menschen, und ich finde, man kann sich damit auch Alzheimer vom Leib halten, weil man ständig denken muss."

Die Ehrenamtlichen tun aber nicht nur der postversendenden Öffentlichkeit einen Dienst. Alle Überschüsse gehen an wohltätige Einrichtungen – Hunderttausende Dollar jedes Jahr.[38]

Keine Tür ist so klein oder gewöhnlich, dass es nicht eine von Gottes offenen Türen sein könnte, solange man nur clever genug ist, sie zu erkennen. Selbst die Tür zu einem Postamt.

Ohne Falsch wie die Tauben

Es gibt noch eine weitere Dimension beim Überschreiten von Türschwellen: „Seid (…) sanft wie die Tauben" (Matthäus 10,16). Tauben sind in der Vogelwelt das, was Schafe in der Tierwelt sind. Sie werden als unschuldige Geschöpfe betrachtet. Jesus schickt uns nicht hauptsächlich wegen der Arbeit, die wir tun können, in die Welt, sondern weil wir sind, wer wir sind. Was die Welt braucht, sind nicht einfach vereinzelte äußere Taten, sondern ein von innen her veränderter Charakter. *Das* möchte Jesus in die Welt schicken.

Ein Freund von mir ist Arzt. Vor einigen Jahren kam eine Patientin zu einer Untersuchung zu ihm – und er übersah eins ihrer Symptome. Ein Jahr später wurde bei ihr Krebs diagnostiziert. Er hätte es schon ein Jahr früher feststellen können, nur hatte er dieses eine Symptom übersehen, das, wie sich herausstellte, vom Krebs verursacht worden war. Wie man sich vorstellen kann, war er zutiefst bestürzt, als er seinen Fehler bemerkte.

Als Allererstes – ohne sich mit irgendjemandem abzusprechen – rief er bei ihr an, stieg ins Auto (nicht vergessen, das ist ein Arzt!), fuhr zu ihrem Haus, setzte sich zu ihr und ihrem Mann auf die Veranda und sagte: „Es tut mir leid. Das hätte mir auffallen müssen, aber ich habe es nicht gesehen. Ich werde tun, was ich kann, um Ihnen zu helfen. Bitte vergeben Sie mir." Raten Sie mal, was die Rechtsabteilung seines Krankenhauses tat, als sie davon erfuhr. Er bekam jedenfalls kein Goldsternchen. Aber es passierte etwas ganz Seltsames. Der Arzt und die Frau und deren Mann weinten zusammen, und der Arzt betete für sie. Eine wirklich außergewöhnliche Geschichte.

Kürzlich gab es eine Studie zu Gerichtsverfahren. Welche Ärzte werden am seltensten verklagt? Die Antwort überraschte mich: Es sind die sympathischen. Das Fachgebiet ist nicht von Bedeutung. In unserer gesetzlichen Welt denken wir oft anders. Doch der Hauptfaktor in der Frage, wer verklagt wird, ist nicht die fachliche Kompetenz, sondern Menschlichkeit. Schlichte, einfache Menschlichkeit.

Die Worte dieses seltsamen Arztes, der seinen Fehler zugab, verbreiteten sich recht weit in seinem kleinen Teil des Landes und haben auch andere Menschen zu Aufrichtigkeit inspiriert. Interessanterweise tat er es aber nicht, um eine Anklage zu vermeiden, sondern weil er ein Nachfolger von Jesus ist. Jesusnachfolger machen solche Dinge. Es gibt nicht immer eine Regel oder Formel für solche Situationen. Doch das bedeutet es, gesendet zu werden und mit ganzem Herzen zu gehen.

Jesus sagt: „Wie der Vater mich sendet, so sende ich euch. Geht wie Schafe unter die Wölfe. Seid so gerissen, pfiffig, clever und klug wie eine Schlange, aber so arglos und sanft wie eine Taube. Erlaubt Gott, an eurem Charakter zu arbeiten, denn ihr tragt nicht hauptsächlich in die Welt hinaus, was ihr tut, sondern wer ihr seid."

Lieber mit dem richtigen Herzen durch die falsche Tür gegangen als mit dem falschen Herzen durch die richtige Tür.

Der Tanz der offenen Tür

Als der Autor und Lehrer Brennan Manning zum Priester geweiht wurde, bekam er folgenden Segen mit auf den Weg:

> Mögen deine Erwartungen alle enttäuscht werden,
> mögen deine Pläne alle durchkreuzt werden,
> mögen alle deine Wünsche zu nichts verwelken,
> auf dass du die Machtlosigkeit und Armut eines Kindes erlebst
> und singen und tanzen kannst
> in der Liebe Gottes des Vaters, des Sohnes und des Heiligen Geistes.[39]

Die Türen, die uns zugänglich sind, mögen uns oft verwirren. Wir denken, unsere Arbeit oder unsere Leistungen oder unsere Familie müssen sich auf eine bestimmte Art und Weise entwickeln – doch so ist es selten. Aber das Leben, so heißt es in diesem Segensspruch, hängt weniger davon ab, durch welche Türen man hindurchgeht – von unseren Erwartungen, Plänen, Wünschen –, sondern davon, wie wir durch sie hindurchgehen.

Wenn Sie durch eine offene Tür gehen, dann gehen Sie mit ganzem Herzen hindurch, mit der Machtlosigkeit und Armut eines Kindes, singend und tanzend in der Liebe Gottes.

Der Segen, den man Brennan Manning mitgab, war der Segen von Jesus. Jesus selbst ging durch (nach menschlichem Ermessen) eine seltsame Tür nach der anderen. Seine Anhänger erwarteten, dass er die Römer stürzt, doch diese Erwartungen wurden enttäuscht. Er wünschte sich, dass ihm das

Kreuz erspart bliebe („Wenn es möglich ist, lass den Kelch des Leides an mir vorübergehen", Matthäus 26,39), doch sein Wunsch wurde ihm verwehrt. Er lehrte seine Nachfolger, dass sie werden müssen wie Kinder, und er selbst ließ sich so völlig auf die Machtlosigkeit ein, dass er „die niedrige Stellung eines Dieners annahm. (…) Er erniedrigte sich selbst und war gehorsam bis zum Tod, indem er wie ein Verbrecher am Kreuz starb" (Philipper 2,7f).

Am dritten Tag nach seiner Kreuzigung ging Jesus durch die letzte offene Tür, die Tür, die zum Sieg über den Tod und zum Triumph der Hoffnung führte – durch die Tür, die zu jener Welt hinter dem Horizont und dem Land ohne Zeit und nach Hause führte. Niemand war dabei und wurde Zeuge dieses Augenblicks. Keiner der Evangelienschreiber hat genau beschrieben, wie Jesus diese Schwelle überschritt, aber ich glaube, ich weiß es. Ich glaube nicht, dass er müde schlurfte. Ich glaube nicht, dass er zu dieser Tür hinaushinkte.

Ich glaube, er hopste.

Vielleicht hopst er immer noch.

7

Was offene *Türen* uns über uns selbst lehren

*W*ir alle haben eine Art persönlichen blinden Fleck.

Wenn sich in einer Gruppe einer schräg benimmt; wenn alle singen, und einer singt schief; wenn jemand eine nervige Angewohnheit hat; wenn jemand zu viel redet; wenn jemand immer angibt; wenn jemand anderen immer zu nah auf den Leib rückt; wenn jemand ein emotionaler Blutegel ist und alle zusammenzucken, wenn sie ihn kommen sehen, weil sie wissen, dass er ihnen das Leben aussaugt – wenn jemand ein Problem hat, wer erfährt es als *Letztes*?

Derjenige, der das Problem hat.

Die Wahrheit ist, dass Sie die Wahrheit über sich nicht kennen. Andere kennen sie. Sie reden darüber – miteinander.

Als wir in Chicago wohnten, ging ich jede Woche mit einem Freund zum Frühstücken in ein bestimmtes Restaurant. Er liebte Waffeln, doch die gab es in dem Restaurant nicht. Wir hatten jede Woche die gleiche Kellnerin; jede Woche fragte er nach Waffeln, und jede Woche sagte sie Nein. Er hatte keine Ahnung, wie nervtötend sein Verhalten war. Ihm war nicht einmal bewusst, was er tat.

Eines Tages explodierte die Kellnerin: „Hör mal, Waffeljunge – wir haben keine Waffeln. Wir machen keine Waffeln, wir servieren sie nicht, und wir setzen sie nicht auf die Speisekarte. Wir hatten letzte Woche keine Waffeln, wir haben diese Woche keine Waffeln, und wir werden auch nächste Woche keine Waffeln haben. Soll ich dir das schriftlich geben?"

Lustigerweise erzählte ich diese Geschichte in unserer Gemeinde, und Dutzende Leute fingen an, in das Restaurant zu gehen und nach Waffeln zu fragen. Am Ende setzten sie Waffeln auf die Speisekarte. Das verwässert jetzt ein bisschen, was ich eigentlich mit der Geschichte sagen wollte: Die Wahrheit über Sie ist, dass Sie nicht einmal wissen, was die Wahrheit über Sie ist.

Fjodor M. Dostojewski schreibt:

Es gibt in den Erinnerungen eines jeden Menschen Dinge, die er nicht allen Menschen aufdeckt, sondern höchstens seinen Freunden. Es gibt auch Dinge, die er auch den Freunden nicht aufdeckt, sondern höchstens sich selbst, und auch das nur unter dem Siegel der Verschwiegenheit. Endlich aber gibt es auch Dinge, die der Mensch sogar sich selbst aufzudecken Scheu trägt, und solcher Dinge sammelt sich bei jedem ordentlichen Menschen eine ziemlich große Menge an.[40]

Eigenwahrnehmung ist unerlässlich, wenn es um das Angebot einer offenen Tür geht. Wenn wir auf die offenen Türen reagieren wollen, die Gott uns gibt, müssen wir nicht nur wissen, was außerhalb von uns vorgeht, sondern auch, was innerhalb von uns vorgeht. Wenn ich mich für eine Tür entscheiden will, muss ich nicht nur meine Umstände richtig beurteilen können, sondern auch mich. Paulus schreibt: „Im Auftrag Gottes warne ich jeden von euch: Seid ehrlich in eurem Urteil über euch selbst und messt euch daran, wie viel Glauben Gott euch geschenkt hat" (Römer 12,3).

Um seine Türen weise auswählen zu können, muss jeder der größte Experte für sich selbst werden. Natürlich nicht auf eine von sich eingenommene Art und Weise. Es besteht ein himmelweiter Unterschied zwischen Eigenwahrnehmung und Selbstverliebtheit. Wir müssen uns bewusst werden, als was für einen Menschen Gott uns erschaffen hat, was unsere Interessen, Werte und Fähigkeiten sind. Und wir müssen uns der Teile unserer Persönlichkeit bewusst werden, die wir am liebsten meiden würden. Wer offene Türen und damit verbundene Chancen in seiner Welt wahrnehmen will, muss sich im Klaren darüber sein, welche Welt in ihm selbst liegt. Und ein Mangel an Eigenwahrnehmung ist ein schweres Handicap, das auch das noch so größte Talent nicht überwinden kann.

> *Wenn ich mich für eine Tür entscheiden will, muss ich nicht nur meine Umstände richtig beurteilen können, sondern auch mich.*

Als Gott der Gemeinde in Philadelphia eine geöffnete Tür gab, teilte er ihnen auch einige Beobachtungen über sie mit: „Du bist nicht stark", sagte er (Offenbarung 3,8). Vielleicht wollten sie das lieber nicht hören. Wir wissen nicht, in welchem Sinn die Gemeinde nicht stark war. Vielleicht war sie zahlenmäßig klein oder finanziell schwach, oder vielleicht hatten ihre Mitglieder einen niedrigen Stand und wenig Bildung. Der Brief an diese Gemeinde ging in insgesamt sieben

Gemeinden herum; somit musste nicht nur die Gemeinde in Philadelphia hören, dass Gott sie nicht für stark hielt, sondern sechs andere Gemeinden hörten es ebenso. Sie mussten diese Wahrheit über sich akzeptieren, wenn sie durch die offene Tür hindurchgehen wollten. Sie würden in Gottes Kraft durch die Tür gehen müssen, nicht in ihrer eigenen.

Gleichzeitig war „nicht stark" nicht die einzige Wahrheit über sie. Gott sagte ihnen auch: „Du hast an meinem Wort festgehalten und meinen Namen nicht verleugnet" (Offenbarung 3,8). Sie hatten wenig Kraft, aber sie hielten auch an Gottes Wort fest und ehrten seinen Namen. Sie hatten ein gehorsames Herz und einen beharrlichen Geist, der ihnen gute Dienste leisten würde. Und mit Gottes Angebot einer offenen Tür kam die ganze Wahrheit über sie – im Negativen wie im Positiven.

Wenn wir offene Türen erkennen und durch sie hindurchgehen, zeigt sich uns daran ein Stück Wahrheit über uns selbst. Wir sind außerdem gezwungen, uns der Wahrheit über uns selbst zu stellen. Um die verschiedenen Aspekte dieser Fragen soll es in diesem Kapitel gehen.

Was sind meine Stärken und Schwächen?

Wenn ich verstehen will, welche Türen Gott mir wahrscheinlich öffnen wird, muss ich ein Gefühl dafür haben, was meine Gaben, Interessen, Stärken und Schwächen sind. Gleich nachdem Paulus gesagt hat, wir sollen uns selbst nüchtern beurteilen, spricht er davon, wie wichtig es ist, zu erkennen, dass wir mit bestimmten geistlichen Gaben beschenkt sind.

Als ich mich für ein Aufbaustudium entscheiden musste, wusste ich, dass ich mich für Psychologie interessierte. Ich wollte wissen, warum Menschen sich so verhalten, wie sie sich verhalten. Also entschied ich mich für ein Sechs-Jahres-Programm, bei dem ich gleichzeitig sowohl meinen Doktor in klinischer Psychologie als auch einen Abschluss in Theologie machen konnte. Ich vermutete, dass ich wahrscheinlich einen großen Teil meines Berufslebens in Therapiesitzungen mit Klienten verbringen würde.

Und dann fing ich an, Therapiesitzungen mit Klienten zu absolvieren.

Meine allererste Klientin war eine Katastrophe. Mein Dozent war Neil Warren, der später Gründer der großen Partnervermittlung eHarmony werden sollte. Neil war an der Universität von Chicago ausgebildet worden, wo Carl Rogers seine bekannte nicht-direktive klientenzentrierte Therapie lehrte. Also erhielten wir die Anweisung, unsere Gesprächsführung entsprechend zu gestalten. In der klientenzentrierten Therapie soll der Therapeut keine Anweisungen und keinen Rat geben und nicht einmal Fragen stellen. Wir sollten einfach die Kommentare des Klienten so umformulieren, dass wir bedingungslose Akzeptanz und positive Aufmerksamkeit vermittelten.

Außerdem wurden unsere Gespräche mitgeschnitten, damit unser Supervisor sich vergewissern konnte, dass wir auf dem richtigen Weg waren.

Eine junge Frau betrat den Raum, der meine „Praxis" darstellte. Sie wollte gar nicht kommen, erzählte sie. Ihr Ehemann hatte sie gegen ihren Willen angemeldet. „Was sollen wir hier machen?", fragte sie mich.

Ich schaute auf das Tonbandgerät.

„Ich höre aus Ihren Worten heraus, dass Sie nicht genau wissen, was als Nächstes kommt", erwiderte ich.

„Ja. Das habe ich doch gerade gesagt. Was ist der Plan?", fragte sie erneut.

Ich schaute wieder auf das Tonbandgerät.

„Ich habe den Eindruck, dass Sie sich unsicher sind, was genau der nächste Schritt sein wird."

So ging es die nächsten fünfzig Minuten weiter.

Das Ganze war so unangenehm für mich, dass ich mich nach der Sitzung in die Unibibliothek verzog und eine Stunde lang Zeitung las, weil ich es nicht ertragen konnte, irgendjemandem zu erzählen oder auch nur darüber nachzudenken, wie schlecht es gelaufen war.

Die Frau kam in den nächsten Wochen noch einige Male zu den Sitzungen. Ich würde Ihnen gern erzählen, dass sie aufblühte. Ich würde Ihnen gern erzählen, dass diese Frau heute … Oprah Winfrey ist.

Doch das ist sie nicht. Am Ende brach sie die Therapie ab.

Und mir wurde klar, dass ich, wenn ich den Rest meines Lebens in einem kleinen Raum verbringen und diese Erfahrung immer wieder wiederholen müsste, doch lieber lebenslänglich in einem sibirischen Gefängnis sitzen würde. Das war kein gutes Zeichen.

Nicht, dass ich Therapie oder den Heilungsprozess, der durch Hilfe von außen stattfindet, nicht als etwas Wertvolles betrachtete. Im Gegenteil. Ich bin dankbar, dass ich selbst dadurch Hilfe erfahren habe. Es ist noch nicht einmal so, dass ich ein schrecklicher Therapeut wäre. Im Lauf meines Aufbaustudiums hatte ich tatsächlich einige Klienten, die die Therapie nicht abbrachen.

Aber ich lernte ziemlich am Anfang etwas, wofür ich noch immer dankbar bin.

Marcus Buckingham sagt, unsere Stärken bestehen nicht einfach nur in dem, was wir gut können, und unsere Schwächen nicht in dem, was wir nicht gut können. In unserem Leben gibt es sicher etwas, das wir gut können, aber es erschöpft uns.

> Wie nennt man das? Etwas, für das man jede Menge Fähigkeiten mitbekommen hat und das man gut kann, doch auf das man keine Lust hat. (…) Das nennt man eine *Schwäche*. Eine Schwäche ist jede Aktivität, nach der man sich schwächer fühlt. Es spielt keine Rolle, wie gut man es kann oder wie viel Geld man damit verdient – wenn es einem alle Energie aussaugt, wäre man doch verrückt, seine berufliche Laufbahn darauf aufzubauen.[41]

Eine der größten Schwierigkeiten für mich war der Gedanke, dass ich das ganze Geld und die ganzen Jahre verschwendete, die ich in das Aufbaustudium investiert hatte. Wirtschaftswissenschaftler sprechen manchmal von den Gefahren von „vergeblichem Aufwand", von der Versuchung, Geld in ein Verlustgeschäft zu stecken, weil wir es nicht ertragen können, uns dem Scheitern zu stellen.

Doch wie viel schlimmer wäre es gewesen, wenn ich die nächsten vierzig Jahre damit verbracht hätte, durch die falschen Türen zu gehen und mein Leben falsch zu verbringen, indem ich in kleinen Räumen saß und schlechte Therapiesitzungen durchführte? Es war besser anzuerkennen, dass ich durch eine falsche Tür gegangen war, als den Rest meines Lebens im falschen Raum zu verbringen.

Der Apostel Paulus sagte: „Denn wir sind Gottes Schöpfung. Er hat uns in Christus Jesus neu geschaffen, damit wir zu guten Taten fähig sind, wie er es für unser Leben schon immer vorgesehen hat" (Epheser 2,10). Mit anderen Worten: Der gleiche Gott, der uns erschaffen hat, hat auch die Türen gemacht, durch die wir hindurchgehen, und die Aufgaben, die wir tun sollen. Im Allgemeinen gibt Gott uns nicht nur die Fähigkeiten, sondern auch das Interesse an dem, was er langfristig von uns verlangt.

Rigorose Eigenwahrnehmung bezüglich unserer Stärken, Schwächen und Interessen ist wichtig, um etwas über die Türen zu lernen, die uns vor die Nase gesetzt sind.

Was motiviert mich?

Ehrlichkeit bezüglich der Türen, durch die ich zu gehen hoffe, konfrontiert mich mit der Wahrheit über meine Motivationen, meine Ambitionen und mein Geltungsbedürfnis. Vor Kurzem erhielt ich die Kopie eines Briefes, den ich vor fünfundzwanzig Jahren geschrieben hatte. Ich hatte ein Buch von Dallas Willard gelesen und ihm geschrieben, wie viel mir dieses Buch bedeutet hatte. Daraufhin lud er mich zu sich ein, und damit öffnete sich die Tür zu einer Freundschaft, die mein Leben veränderte.

Nach seinem Tod im Frühjahr 2013 schickte mir seine Tochter eine Kopie dieses Briefes. Dallas hatte ihn all die Jahre aufbewahrt. Ich bewahre diesen Brief in seinem Buch auf, das mir so viel bedeutet. Auch der Brief bedeutet mir viel – bis auf zwei Buchstaben. Ich hatte ihn mit „Dr. John Ortberg" unterschrieben.

Im Ernst? Ich musste Dallas mit meinem Doktortitel beeindrucken?

Als ich Dallas kennenlernte, öffnete sich mir damit eine Tür des Wachstums, die mir wertvoll ist. Aber es war mir peinlich zu lesen, wie unlauter meine Beweggründe waren, wie ich sogar bei jenem ersten Kontakt Image-Management betrieb.

wenn ich mit Gott gehen will, muss ich bereit sein, mir Wahrheiten über mich anzuschauen, die ich lieber nicht sehen würde

Wenn ich allerdings warte, bis meine Motive lupenrein sind, bevor ich durch eine Tür gehe, dann werde ich nie durch irgendeine Tür gehen. Doch wenn ich mit Gott gehen will, muss ich bereit sein, mir Wahrheiten über mich anzuschauen, die ich lieber nicht sehen würde. In Matthäus 20 lesen wir dazu eine erstaunliche Geschichte:

Auf dem Weg nach Jerusalem nahm Jesus die zwölf Jünger beiseite und sagte ihnen, was mit ihm geschehen würde. „Wenn wir nach Jerusalem kommen", sagte er, „wird der Menschensohn an die obersten Priester und Schriftgelehrten verraten werden. Sie werden ihn zum Tode verurteilen. Dann werden sie ihn den Römern ausliefern, und die werden ihn verspotten, auspeitschen und kreuzigen. Doch am dritten Tag wird er von den Toten auferweckt werden." Später kam die Mutter von Jakobus und Johannes, den Söhnen des Zebedäus, mit ihren Söhnen zu Jesus. Sie kniete respektvoll vor ihm nieder, denn sie wollte ihn um einen Gefallen bitten. „Was möchtest du?", fragte er sie.

Sie antwortete: „Wirst du meinen Söhnen in deinem Reich die Ehrenplätze neben dir geben, den einen rechts und den anderen links von dir?" (Matthäus 20,17-21)

Das ist ein erstaunlicher Moment. Jesus sagt seinen Jüngern, dass er unterwegs in den Tod ist. Matthäus schreibt: „Später kam die Mutter von Jakobus und Johannes ..." Mit anderen Worten: Kurz nachdem Jesus gesagt hatte, er müsse verraten, verurteilt, verspottet, geschlagen und gekreuzigt werden, sagt sie: „Bevor das passiert, kann ich dich kurz um etwas bitten?" *Das ist gutes Timing. Ich kann meine Bitte noch im letzten Moment loswerden.* „Jesus, würdest du mir einen Gefallen tun? Du kennst doch meine Söhne, den Jako und den Hannes. Bevor du gedemütigt und im allergrößten Akt der selbstlosen, aufopfernden Liebe als Märtyrer stirbst, könnte ich für meine Söhne eine Beförderung beantragen? Können sie einen besseren Platz bekommen? Ich weiß, du hast zwölf Jünger und so weiter, aber könntest du dafür sorgen, dass meine Jungs Jünger Nummer 1 und 2 sind?"

Dieses Muster, dass Jesus seine Berufung zum Leiden erklärt und die Jünger nur um ihre eigene Größe besorgt sind, tritt im Matthäus-Evangelium drei Mal auf. Dale Bruner schreibt: „Das Evangelium will, dass Nachfolger Jesu ihre angeborene Begriffsstutzigkeit kennen."

Die Jungs müssen Jesus nicht einmal selbst fragen, weil Mami das für sie erledigt. Sie können einfach daneben stehen und verlegen und bescheiden aussehen, so als wünschten sie sich natürlich, dass dieser Vorfall gar nicht stattfinden würde, aber sie wollen einfach nur Mami glücklich machen. Mami kann sich einreden, dies sei ein völlig uneigennütziger Akt der Mutterliebe. Sie bittet natürlich um nichts für sich selbst. Sie sucht selbstlos das Wohlergehen ihrer Söhne.

Sie hat schon einen Autoaufkleber parat und wartet nur noch auf die Gelegenheit, ihn anzubringen: „Meine Söhne sind Jahrgangsbeste in Jesu Grundschule für Jünger." In der damaligen Welt streichelten Eltern manchmal ihr Ego mit den Leistungen ihrer Kinder. Ist das nicht eine seltsame Kultur? Können Sie sich überhaupt eine Welt vorstellen, in der Eltern so etwas versuchen? Frau Zebedäus ist eine der ersten „Helikopter-Eltern", die zu Hilfe eilt und dafür sorgt, dass ihre Jungs besser dastehen als alle anderen.

Man kann Mutter oder Vater sein und seinen Kindern das Leben aussaugen, indem man versucht, durch ihre Leistungen den eigenen Status zu verbessern. Dabei kann es auch sein, dass man sich einredet, man täte das alles aus Liebe und weil man will, dass sie gut dastehen. Manchmal treibe ich meine Kinder an, durch offene Türen zu gehen, doch es geht mir eigentlich nicht um ihr Vorwärtskommen, sondern um mein Ego.

Genau das geschieht hier. Die Mutter kniet vor Jesus nieder – eine Haltung der Demut und Unterwürfigkeit. Mit anderen Worten: Es ist möglich, sich selbst zu betrügen, sodass man bei einem Akt eines unglaublichen Anspruchdenkens und Geltungsbedürfnisses, die alle anderen erkennen können, selbst meint, man sei und wirke demütig und zurückhaltend.

Meine Begeisterung beim Durchschreiten einer offenen Tür zeigt mir diese Mischung aus dem Wunsch, Gott zu dienen, und dem Wunsch, meinem eigenen Ego zu dienen. Vor nicht allzu langer Zeit las ich eine Online-Rezension, die eine Frau nach einem Besuch in unserer Gemeinde geschrieben hatte.

Sie sagte: „Ich stand ganz hinten und sah, wie der Sprecher die Leute begrüßte. Er fertigte sie nur im Schnelldurchgang ab. Immer wieder schaute er den Leuten über die Schulter und sah schon den Nächsten an. Jemand bat ihn um Hilfe, doch er speiste ihn nur mit leeren Worten ab und half ihm eigentlich kein bisschen."

Als ich das las, war mein erster Gedanke: *Es tut mir leid, dass sie in einer Woche da war, in der jemand anderes als ich gepredigt hat.* Nein. Ehrlich gesagt, war mein erster Gedanke: *Sie kennt mich nicht, wer auch immer diese Frau sein mag. Sie kennt mein Temperament nicht. Sie weiß nicht, wie ich gestrickt bin. Sie weiß nicht, wie voll mein Terminkalender ist. Sie kennt mein Herz nicht. Und außerdem hat sie offenbar beschlossen, mich oder unsere Gemeinde nicht mögen zu wollen, also kann ich ihre Einwände einfach zurückweisen, damit ich mich deswegen nicht schlecht fühlen muss.* Das war mein erster Gedanke.

Ich musste darüber nicht lange strategisch nachdenken. Es war eine instinktive Reaktion. Aber eigentlich weiß ich es besser. *Tue ich wirklich nie das, was sie geschrieben hat? Übe ich tatsächlich immer, oder wenigstens beständig, echte Liebe? Bin ich nicht oft oder fast immer einfach von meinen eigenen Plänen und meinem Wohlbefinden eingenommen? Bin ich wirklich so demütig und frei von Eigenlob, dass Empörung die richtige Reaktion ist? Ist es überhaupt eine gesunde Reaktion?*

Die Wahrheit ist: Ich *will* nicht einmal die Wahrheit über mich wissen. Die Wahrheit über mich ist, dass nur Gott die Wahrheit über mich weiß. Die Wahrheit über die Wahrheit ist, dass die Wahrheit mir wehtun wird, wenn ich mich der

Wahrheit über mich zusammen mit Jesus stelle. Sie wird mir nicht nur wehtun, sondern mich umbringen. Doch dann wird sie mir Leben bringen. Jesus sagte: „Ihr werdet die Wahrheit erkennen, und die Wahrheit wird euch frei machen" – aber zuerst werden wir uns elend mit ihr fühlen.

Die offenen Türen, denen ich nachgehe, zeigen mir die Wahrheit darüber, was ich im Leben wirklich will.

Wie sieht meine typische Reaktion aus?

Wir alle reagieren unterschiedlich auf offene Türen, aber es gibt tendenziell zwei große Kategorien: den Impulsiven und den Zauderer. Manche Menschen sehen zuerst die Risiken und eigenen Unzulänglichkeiten, wenn sie vor neuen Möglichkeiten stehen, und schrecken zurück. Sie brauchen am meisten Mut. Andere lieben offene Türen – doch sie neigen dazu, ohne nachzudenken oder die Kosten zu überschlagen, durch sie hindurchzuspringen. Sie brauchen am meisten Einsicht. Ich habe einmal eine kleine Checkliste aufgestellt. Auf welcher Seite sind Sie eher angesiedelt?

Der Impulsive	Der Zauderer
zupackend	nachdenklich
denkt nicht genug nach	denkt zu viel nach
handelt zu schnell	handelt zu langsam
Lieblingsspruch: Wer bremst, verliert.	Lieblingsspruch: Erst mal die Lage peilen.

Lieblingsbibelvers: „Was du tust, das tue bald."	Lieblingsbibelvers: „Den Seinen gibt's der Herr im Schlaf."
Lieblingssünden: Tatsünden	Lieblingssünden: Unterlas- sungssünden
starker Wille	starker Intellekt
misstraut Schwäche	misstraut Kraft

Beide Typen haben Stärken und Schwächen. Ganz gleich, welcher Kategorie Sie angehören – wenn Sie verheiratet sind, dann wahrscheinlich mit dem Gegenteil von Ihnen. Bei mir trifft das jedenfalls zu. Ich verrate Ihnen nicht, wer von uns welcher Typ ist, aber meine Frau hat einmal ein Haus gekauft, das ich mir noch nicht einmal angesehen hatte. Als wir kein Geld dafür hatten. Nicht, dass das irgendwie problematisch wäre.

Der Schutzheilige der Impulsiven könnte Petrus sein. Er fühlte sich von Natur aus zu offenen Türen hingezogen. Als Jesus ihn aufforderte, ihm nachzufolgen, war er der Erste, der „sofort" mitkam. Er war der einzige Jünger, der aus dem Boot sprang, um auf dem Wasser zu gehen; er verteidigte Jesus, auch wenn es vielleicht strategisch unklug war, einer Tempelwache das Ohr abzuhauen. Er machte oft den Mund auf, ohne nachzudenken – er ermahnte Jesus, nicht von seiner Kreuzigung zu reden; er bot an, Hütten für Mose, Elia und Jesus zu bauen, denn „er wusste nicht, was er redete" (Markus 9,6); er versprach instinktiv, Jesus bedingungslos treu zu sein, obwohl er ihn noch vor Sonnenaufgang drei Mal verleugnen würde.

Ein berühmter Zauderer der Bibel ist Gideon. Wir lernen

ihn kennen, als er „gerade Weizen unten in der Kelter drosch, um ihn vor den Midianitern in Sicherheit zu bringen" (Richter 6,11). Weizen in einer Weinkelter zu dreschen ist, wie einen Löffel Kaffee zu machen – ein Zeichen seiner großen Ängstlichkeit und Furcht.

Als Gott ihn rief, war seine erste Reaktion: „Aber mein Herr, (…) womit kann ich Israel retten? Meine Sippe ist die schwächste im ganzen Stamm Manasse, und ich bin der Jüngste in meiner Familie!" (Richter 6,15).

„Aber, Herr, ich habe keinen Frieden darüber."

Als Zauderer steht man in der Versuchung, Begründungen für seine Passivität zu suchen und zu Gottes offener Tür Nein zu sagen. Bekanntermaßen legte Gideon ein Vlies aus, bevor er Ja zu Gottes Berufung sagte. Das ist eine der am häufigsten missverstandenen Geschichten in der Bibel. Das Vlies war kein Zeichen von Gideons Glauben. Gott hatte ihn bereits berufen – Gideon wusste, was er tun sollte. Das Vlies war ein Ausdruck seines Widerstandes. Gott gewährt Gideon das Zeichen nicht als Bestätigung seines Glauben, sondern als Zugeständnis an seinen Zweifel.

Wenn Sie ein impulsiver Mensch sind, werden Sie Weisheit brauchen. Impulsive Menschen neigen zur Disziplinlosigkeit. Sie können gedankenlos, anderen gegenüber unsensibel oder vom Lustprinzip gesteuert sein. Es fällt ihnen manchmal schwer, auf etwas warten zu müssen. Sie sind leicht zu frustrieren und schnell gelangweilt. Sie sind oft cholerisch. Wenn Sie ein solcher Mensch sind, habe ich ein paar Vorschläge:

↠ Bitten Sie weise Freunde um Rat, bevor Sie mit einer Idee durchstarten.

- Bauen Sie Beziehungen zu Menschen auf, die nicht nur weise sind, sondern auch stark genug, um Rechenschaft von Ihnen zu verlangen.
- Beten Sie, wenn Sie meinen, eine offene Tür zu sehen. Gehen Sie nicht einfach davon aus, dass Ihre Intuition ein göttlicher Befehl ist.
- Informieren Sie sich gründlich über den Bereich, in dem Sie sich engagieren wollen, bevor Sie aktiv werden.
- Wenn ein Projekt endet, dann halten Sie „Manöverkritik", vielleicht zusammen mit weisen Menschen, denen Sie vertrauen, damit Sie selbst ein weiserer Mensch werden, bevor Sie sich ins nächste Projekt stürzen.
- Gehen Sie eine Verpflichtung ein und bleiben Sie dran, auch wenn der nächste Impuls kommt, der viel interessanter aussieht.

Wenn Sie eher zu den Zauderern gehören, brauchen Sie das am meisten, was Sie am wenigsten wollen: eine weitere Herausforderung. Eine weitere offene Tür. Hier einige Vorschläge für Sie:

- Scheitern Sie an etwas. Wenn es passiert, dann erzählen Sie anderen davon. Entdecken Sie, dass Scheitern nicht tödlich ist.
- Versuchen Sie, auch einmal unrecht zu haben. Versuchen Sie, anderen Menschen zu erzählen, dass Sie manchmal unrecht haben.

- Suchen Sie sich ein Projekt, das so groß ist, dass Sie es ohne Gottes Hilfe nicht schaffen können. Verpflichten Sie sich dazu.
- Verbringen Sie Zeit mit impulsiven Typen. Beobachten Sie, wie sie Risiken eingehen, ohne daran zu sterben. Vorbilder im echten Leben sind eine gute Lernhilfe.
- Üben Sie, durch kleine Türen zu gehen. Machen Sie einem Fremden ein Kompliment. Melden Sie sich an Ihrer Arbeitsstelle freiwillig für eine zusätzliche Aufgabe. Schreiben Sie einen Brief an jemanden, den Sie bewundern (ohne Doktortitel in der Unterschrift!).
- Treffen Sie eine Entscheidung, die gut genug statt perfekt ist. Wenn Sie das nächste Mal in einem Hotel sind und der Fernseher hundert Sender hat, dann schauen Sie die erste gute Sendung, auf die Sie stoßen, statt erst alle hundert Sender durchzuzappen, damit Sie beweisen können, dass Sie sich die beste Sendung angesehen haben.
- Haben Sie Angst – und gehorchen Sie Gott trotzdem.

Oft lähmen uns Entscheidungssituationen, weil wir Angst haben, nicht die perfekte Entscheidung zu treffen. Lysa Ter-Keust sagte einmal zu mir: „Gott verlangt keine vollkommenen Entscheidungen, sondern nur Entscheidungen, die ihm vollkommen untergeordnet sind." Wenn wir unsere natürlichen Tendenzen kennen, können wir sie Gott besser unterordnen.

Was ist mir wirklich wertvoll?

Anfang des 16. Jahrhunderts wurde ein junger Adliger namens Ignatius bei der Verteidigung eines Schlosses gegen eine französische Invasion schwer verletzt; sein Bein wurde von einer Kanonenkugel zertrümmert. Während seiner Genesungszeit bat er um einige Liebesromane zum Lesen, doch die einzigen zwei Bücher, die ihm zur Verfügung standen, hatten das Leben von Jesus und geistliches Wachstum zum Thema.

Als er diese Bücher las, lernte er etwas Wesentliches über Gottes Willen. Während er langsam wieder gesund wurde, hatte er Tagträume von seiner Zukunft. Manchmal malte er sich zukünftige Abenteuer bei Hofe aus und stellte sich vor, wie er als glorreicher Soldat Ruhm und Ehre gewann. (Er ließ sich sogar das zertrümmerte Bein noch einmal brechen und neu richten, damit es in den bei Hofe modernen Strümpfen besser aussah.) Diese Tagträume waren für den jeweiligen Augenblick lebhaft und aufregend. Doch mit der Zeit merkte er, dass er, wenn der lebhafte Tagtraum vorüber war, sich bei der Erinnerung daran nur noch schal und leer fühlte. Diese Tagträume von persönlichem Ruhm hinterließen bei ihm einen Nachgeschmack, der nicht zu dem Menschen passte, der zu werden Gott ihn berief.

In anderen Momenten begann er davon zu träumen, Gott zu dienen. Diese Träume waren ebenfalls immer faszinierend. Doch selbst wenn ein solcher lebhafter Tagtraum vorbei war, war er immer noch fröhlich und glücklich, wenn er daran dachte. Diese Tagträume hinterließen nicht den gleichen bitteren Nachgeschmack wie seine Träume von persönlichem Ruhm. Ignatius bemerkte diesen Unterschied und gelangte zu der Schlussfolgerung, dass Gott ihn dazu berief, geistlicher Führer und Leiter zu sein, nicht Soldat.

Seine Gedanken dazu, wie man dieses Bewusstsein entwickeln kann – ein Bewusstsein sowohl für unseren eigenen Geist als auch dafür, wie Gott in unserem Geist wirkt –, wurden irgendwann in einem Buch mit dem Titel *Die geistlichen Übungen* niedergeschrieben und haben seitdem Millionen von Menschen, die im Lauf der Jahrhunderte vor offenen Türen standen, Hilfestellung gegeben.[42] Seine Methode, auf Gottes Wirken in unserem Geist zu hören, ist sogar für Entscheidungen hilfreich, die nichts mit unserer Berufung zu tun haben.

Ein sehr wichtiger Bereich, in dem Gott uns vor offene Türen stellt, sind beispielsweise unsere Freundschaften. So wie Gott uns Türen öffnet, damit wir Einfluss nehmen können, so öffnet er uns auch Türen für Freunde. Doch das Durchschreiten solcher Freundschaftstüren erfordert auch Urteilsvermögen. Es gibt sicher Menschen in unserem Leben, mit denen wir gern zusammen sind, weil sie charmante Dinge über uns sagen. Aber vielleicht ziehen sie uns in Klatsch und Tratsch hinein oder Verbitterung oder Zynismus oder anderes Verhalten, das nicht unsere besten Seiten aus uns herausholt.

> Ein sehr wichtiger Bereich, in dem Gott uns vor offene Türen stellt, sind unsere Freundschaften.

Wenn ich durch eine offene Tür gehe und mich auf verbindliche Beziehungen mit echten, lebendigen Menschen einlasse, prüfe und entdecke ich, ob die Werte, die mir wichtig sind, tatsächlich etwas in meinem Leben zu sagen haben. So wie bei Ignatius und seinen Tagträumen kann ich überlegen, wenn ich einmal nicht mit solchen Menschen zusammen bin, ob die Gemeinschaft mit ihnen das Beste oder das nicht so Gute aus mir herausholt.

Vor nicht allzu langer Zeit waren Nancy und ich mit zwei anderen Ehepaaren zusammen, die wir seit über dreißig Jahren kennen. Wir leben heutzutage in unterschiedlichen Teilen des Landes, aber wir verbrachten einige intensive Tage miteinander. Während dieser Tage drängte ich die Gruppe immer wieder, das Risiko einzugehen und vollkommen ehrlich und transparent miteinander umzugehen. Sie sollten offene Beziehungstüren erkennen und nutzen.

Doch dann stand ich plötzlich im Rampenlicht, und die anderen sagten Dinge wie: „Weißt du, John, Vertrautheit ist gut und gefällt uns. Aber manchmal erzwingst du es einfach. Du musst anscheinend immer derjenige sein, der Fragen stellt oder Leute dazu bringt, auf Fragen zu antworten, statt einfach ein Gespräch zuzulassen. Oder du redest zu viel über das, was du machst. Du willst, dass sich alles um dich dreht." Ich schaute die anderen an. Da kannte ich alle fünf Personen seit über dreißig Jahren und war mit einigen von ihnen seit der achten Klasse gut befreundet.

Ich dachte: *Ich muss mir fünf neue Freunde suchen, die nicht so mit mir reden.*

Danach unterhielten Nancy und ich uns noch lange. Auch dieses Gespräch verlief etwas holprig, und irgendwann sagte Nancy: „Weißt du, John, ich mag deine Freunde sehr, aber manchmal habe ich das Gefühl, ich muss immer in deine Welt kommen und deiner Arbeit Aufmerksamkeit schenken und mit deinen Freunden zusammen sein. Du kommst nicht annähernd so oft in meine Welt." Da merkte ich, dass ich, sosehr ich auch Wahrheit, Ehrlichkeit und Authentizität schätzte, die Wahrheit über mich nicht hören wollte. Die Wahrheit über mich ist nämlich, dass ich mich in Bereichen verändern muss, in denen ich mich nicht verändern will.

Heißt das nun, dass Nancy immer recht hat und ich immer im Unrecht bin, wenn wir ein solches Gespräch führen? Das weiß nur Gott. Aber ich bin Pastor, also bin ich nah bei Gott, also stehen meine Chancen wahrscheinlich viel besser.

Die Wahrheit über mich ist, dass ich nie die Wahrheit über mich erfahren werde, wenn ich nicht einige mir nahestehende Menschen habe, die mich lieben und mutig sind. Und mir ist – nach eingehenderem Nachdenken – bewusst, dass ich Menschen in meinem Leben brauche und will, die mich genug lieben, um schmerzhafte Momente in unserer Beziehung auszuhalten. Der Apostel Paulus schreibt: „Stattdessen lasst uns in Liebe an der Wahrheit festhalten und in jeder Hinsicht Christus ähnlicher werden, der das Haupt seines Leibes – der Gemeinde – ist" (Epheser 4,15). Wen bitten Sie, Ihnen die Wahrheit in Liebe zu sagen? Und bei wem tun Sie das?

In unserer Gemeinde arbeiten wir als Team daran, weil wir dieses Prinzip wirklich von innen nach außen leben wollen. Vor über einem Jahr führten wir eine Übung durch, die sich „Das Goldfischglas" nennt, und dieser Begriff ist auch in unser Vokabular übergegangen. Wir hatten zur Unterstützung einen Coach engagiert. Zunächst mussten alle aus unserem Team sich vorbereiten, indem sie ihre ehrlichsten Beobachtungen übereinander aufschrieben. Das sollte in einer sicheren Umgebung geschehen, und wir sollten total ehrlich sein.

Nach einigen Wochen war der nächste Schritt, diese Beobachtungen unter vier Augen mit dem Coach zu besprechen. Als Nächstes wurden alle diese Punkte – auch einige ziemlich brutale – auf große Papierbögen geschrieben. Dann trafen wir uns, nicht für einen, sondern für mehrere Tage, von morgens bis abends, und jeden Tag stand eine Person in der Mitte des Raumes und musste sich auch die schwierigsten Wahrheiten, Beobachtungen und Bedenken sagen lassen.

Diese Übung nannte sich „Das Goldfischglas", weil ein Goldfisch in transparenter Offenheit lebt. Es gibt nur Glas und Wasser und Licht. Man kann alles sehen. Bei anderen Tieren ist das nicht so. Fledermäuse sind nachtaktiv; Katzen verkriechen sich mit toten Nagern unter dem Bett und sind nicht zu sehen. Katzen und Fledermäuse bevorzugen die Dunkelheit, aber Goldfische leben im Licht.

Das ist also das Goldfischglas. Unser Coach sagte zu mir: „Übrigens, Sie sind der Leiter, also fangen wir bei Ihnen an. Sie müssen zuerst ins Goldfischglas steigen, und Sie bleiben länger dort als alle anderen aus Ihrem Team." Also saß ich mehrere Stunden lang im Goldfischglas.

Vor langer Zeit sagte Jesus, dass wir erst die Balken aus unseren Augen ziehen sollen, bevor wir auf die Splitter in den Augen der anderen zeigen. Und es gibt immer einen Balken. Aus meiner Zeit im Goldfischglas lernte ich viel mehr als aus den (angenehmeren) Stunden, in denen andere darin saßen.

Gott beruft uns zum Abenteuer der offenen Tür. Um anderer willen sollen wir durch diese Türen hindurchgehen.

Auf der anderen Seite werden wir die harte Wahrheit über uns selbst erfahren, und diese Wahrheit ist meist nicht schmeichelhaft. Wir alle – jeder Einzelne von uns – sind aus eigener

Kraft „nicht stark". Doch der Gott, der die Tür öffnet, ist auch der Gott, der uns die Kraft gibt, um hindurchzugehen. Wenn wir gehen, betreten wir nicht nur neues Territorium. Wir werden zu neuen Menschen.

8

Der *Jona*-Komplex

Und das Wort des Herrn geschah zu Jona: „Geh in die Stadt Ninive; biete alle Fähigkeiten und Kräfte auf, die ich dir zur Verfügung gestellt habe, um ein großes Werk in dieser Stadt zu vollbringen, und verkündige mein Wort mit Mut und Leidenschaft. Die Menschen werden darauf hören und das Gute wird siegen und Leben werden sich ändern und eine Stadt wird erneuert werden durch das, was ich mit dir tun will."

Und Jona sprach: „Nein, danke."

Und Jona sprach: „Lass es mal Nahum versuchen. Nahum probiert alles aus."

Und Jona sprach: „Wann fährt das Schiff nach Tarsis ab?"

Gott ist der Gott der offenen Türen. Überall öffnet er Türen und schenkt zahllose Möglichkeiten, der Menschheit im Großen und Kleinen zu dienen und unserem Leben Ewigkeitswert zu verleihen. Wer würde das nicht wollen?

Ich.

Ich sehne mich nach offenen Türen, doch ich weigere mich hindurchzugehen. Ich weiche auf der Schwelle zurück. Ich sehe die Türen erst gar nicht. Oder wenn ich sie sehe, gehe ich nicht hindurch.

Abraham Maslow nannte diese seltsame Tendenz von uns, vor unserer Bestimmung wegzulaufen, den „Jona-Komplex". Es ist ein Ausweichen vor dem Wachstum, eine Abwehrhaltung gegen die Berufung. „Wer bewusst vorhat, weniger zu sein, als wozu er fähig ist, den warne ich, dass er den Rest seines Lebens zutiefst unglücklich sein wird. Er geht seinen eigenen Fähigkeiten aus dem Weg, seinen eigenen Möglichkeiten."[43]

Aus diesem Grund, so Maslow, reagieren wir auch mit gemischten Gefühlen auf andere, die tatsächlich von ganzem Herzen Ja zu Gottes Berufung in ihrem Leben sagen. „Sicher lieben und bewundern wir alle Menschen, die das Wahre, Gute, Schöne, Gerechte, Vollkommene, das letztlich Erfolgreiche verkörpern. Und doch machen sie uns unsicher, unruhig, verwirrt, vielleicht ein wenig eifersüchtig oder neidisch, oder wir fühlen uns ihnen gegenüber minderwertig oder ungeschickt."[44]

Jedes Mal, wenn Gott in der Bibel jemandem eine Tür öffnet, findet ein hässliches Tauziehen statt. Gott ruft, der Gerufene sträubt sich aus irgendeinem Grund, und dann kommt es zu einer Entscheidung. Da die Bibel Gottes Geschichte ist, sagt der von Gott Gerufene am Ende Ja. Manchmal, wie bei dem reichen jungen Mann im Neuen Testament, wird die Tür abgelehnt.

Von allen biblischen Geschichten ist die von Jona das vielleicht berühmteste und anschaulichste Beispiel dafür, dass jemand vor seiner göttlichen Bestimmung davonläuft. Phillip Cary schreibt in seinem wunderbaren Kommentar zu Jona, die Geschichte sei so strukturiert, dass jeder von uns dazu angeregt wird, selbst zu überlegen, wie er Gott antworten will.[45]

Ein Problem an der Jona-Geschichte ist, dass viele von uns meinen, sie würden sie kennen – tun sie aber nicht.

Der Durchschnittsbürger assoziiert Jona für gewöhnlich mit einer anderen Figur; für ihn ist es die Geschichte von Jona und dem Wal. Der Wal heißt Monstro, und Jona läuft vor Geppetto weg und möchte ein richtiger Junge sein und … meistens wissen die Leute ab dieser Stelle nicht mehr so genau, wie die Geschichte geht.

Aber Jona ist in Wirklichkeit „der Schutzheilige der abgelehnten Berufungen".[46] Seine Geschichte ist unvergesslich, weil es in der gesamten biblischen Literatur das eindrücklichste Bild für ein Nein zu Gottes offener Tür ist. In Jonas Geschichte werden uns alle unsere Ausweichmanöver vor Gottes Berufung wie ein Spiegel vorgehalten. Wenn wir uns in diesem Kapitel mit Jona beschäftigen, lernen wir, warum wir in der Versuchung stehen, Nein zu Gott zu sagen, damit wir lernen können, stattdessen Ja zu sagen.

Hinderungsgrund: Angst

„Der Herr schickte Jona, dem Sohn von Amittai, folgende Botschaft: ‚Mach dich auf den Weg und geh in die große Stadt Ninive! Ruf aus, was ich gegen sie vorbringen muss, denn ihre Bosheit stieg bis zu mir hinauf!'" (Jona 1,1f).

Jona war Prophet, nicht Priester. Priester dienten im Tempel. Sie brachten Opfer dar. Sie leiteten den Gottesdienst. Ein Prophet war etwas anderes. Ein Prophet war ein Reformator. Ein Prophet war ein Aktivist – eine Art Quälgeist und Unruhestifter. Propheten zwickten die Leute immer ins Gewissen.

Israel hatte immer viele Priester, aber in der Regel nur jeweils einen Propheten, denn mehr konnte Israel nicht aushalten.

Eines Tages kommt das Wort des Herrn also zu diesem Propheten Jona. Wenn man Gottes Stimme hört, und manchmal kommt das vor, sind es vielleicht nur wenige Worte, doch sie können das ganze Leben verändern.

Als Prophet hat man kein leichtes Leben:

> *„Los, Jona", sprach der Herr, „nun geh*
> *auf schnellstem Weg nach Ninive!*
> *Sag ihr mein Wort! Sei mein Prophet,*
> *weil es dort leider übel steht*
> *Da hilft nur eine kräftige Predigt,*
> *sonst ist die schöne Stadt erledigt!"*
> *Doch Jona wurde blass vor Schreck*
> *und sagte zu sich: „Nichts als weg!*
> *Ich lösch mein Licht, verschließ mein Haus.*
> *Ich mach mich fort. Ich reiße aus."*[47]

Jona war ein Prophet, aber er war ein Prophet für Israel. Er hatte nichts mit anderen Ländern am Hut. Sie hatten nicht die Heilige Schrift und den Tempel. Sie wussten nichts vom „richtigen" Opferdienst. Sie kannten Gott nicht. Gottes Wort kam zu Jona: „Geh nach Ninive und predige." Die Formulierung ist aufschlussreich. Es heißt dort nicht: „Geh nach Ninive und predige *in* der Stadt", sondern: „Geh nach Ninive und predige *gegen* die Stadt!" Das ist eine einschüchternde Aufgabe.

Ninive war die Hauptstadt von Assyrien – im 7. und 8. Jahrhundert v. Chr. *die* Weltmacht. Das Assyrerreich verschlang Länder und Völker, wohin es auch kam. Die Bevölkerung von besiegten Ländern wurde auf Todesmärsche geschickt. Es praktizierte Völkermord als Staatspolitik. Als Israel sich in zwei Teile aufspaltete, gab es das aus zehn Stämmen bestehende Nordreich und das Südreich, zu dem nur zwei Stämme gehörten. Das Nordreich wurde von Assyrien erobert und im Prinzip ausgelöscht.

Ninive war so verhasst, dass der Prophet Nahum es „Stadt des Blutvergießens" nannte (Nahum 3,1). Das war Ninives Titel. „Wehe der Blutstadt! Ganz erfüllt mit Lüge und Gewalttat! Das Rauben hört nicht auf. (…) Haufen von Toten!" Oder lassen Sie sich einmal das auf der Zunge zergehen: „Leichen ohne Ende! Man stolpert über ihre Leichen" (Nahum 3,1.3; ELB).

Nahum sagte den Fall von Ninive voraus: „Es gibt kein Heilmittel gegen deinen Zusammenbruch, deine Verletzung ist tödlich. Alle, die hören, wie es dir ergeht, klatschen in die Hände! Denn wer hat nicht unter deiner ständigen Bosheit gelitten?" (Nahum 3,19). Ninive ist extrem verhasst, nicht nur wegen seiner Grausamkeit, sondern wegen seiner *endlosen* Grausamkeit. Nahum sagte, wenn Ninive zerstört wird, werden die Menschen in die Hände klatschen. Sie werden aufstehen und jubeln.

Was Nahum über Ninive sagte, war starker Tobak, ein hartes Urteil. Aber was meinen Sie, wo Nahum war, als er diese Worte sprach?

Er war in Israel.

Jetzt kommt das Wort des Herrn zu Jona: „Geh nach Ni-

> *Ninive war so verhasst, dass der Prophet Nahum es „Stadt des Blutvergießens" nannte (Nahum 3,1).*

nive. Lern Assyrisch, und sag ihnen ins Gesicht, dass mein Gericht über sie kommen wird."

Jona sagt: „Herr, Nahum durfte sie aus der Ferne provozieren. Könnten wir ihnen nicht, ich weiß nicht, ein Telegramm schicken oder so was?"

Das Wort des Herrn kam zu Jona. Wie geschah das? War es ein brennender Busch? War es eine leise, sanfte Stimme? War es ein Engel? Eine Vision? Ein Traum? Durften Zweifel sein? Das verrät uns der Text nicht.

Wussten die Menschen in Jonas Umfeld davon? Gab es eine Frau Jona? Ging Jona nach Hause und ließ sich von ihr fragen: „Wie war es heute bei der Arbeit?" Und sagte er daraufhin: „Also, ich soll zu den Assyrern gehen und ihnen von Angesicht zu Angesicht das Gericht androhen." Und sie erwiderte: „Du bist doch verrückt!" Das verrät uns der Text auch nicht. Dort heißt es nur, das Wort des Herrn kam zu Jona: „Geh nach Ninive."

Wir wissen aber, dass Gott Jona eine Tür geöffnet hatte, und Jona ging nicht nur nicht hindurch, sondern lief in die andere Richtung davon. Indirekt soll das wahrscheinlich heißen, dass er Angst hatte. „Im Allgemeinen bin ich ziemlich tapfer, nur heute habe ich zufällig Kopfschmerzen", sagt Tweedledum in Lewis Carrols *Alice im Wunderland*.[48]

Gott sagt zu Jona: „Ich habe vor dir eine Tür geöffnet. Sie führt nach Ninive." Jona wäre gegangen, aber er hatte Kopfschmerzen.

Manchmal machen offene Türen keinen Spaß. Manchmal sind sie auch nicht ohne Gefahren. Aber immer geht es um etwas, das über unseren eigenen Nutzen hinausgeht. Oft führen sie nach Ninive.

Ninive ist der Ort, an den Gott uns ruft und an den wir nicht gehen wollen. Ninive bedeutet Schwierigkeiten. Ninive bedeutet Gefahr. Ninive bedeutet Angst. Was sagen wir, wenn Gott zu uns sagt: „Geh nach Ninive; geh an den Ort, an den du nicht gehen willst"? Denn Gott *wird* das früher oder später zu uns sagen.

Nun erhebt sich Jona auf Gottes Wort hin. Er geht von zu Hause weg, aber nicht nach Ninive. Er macht sich auf den Weg nach Tarsis.

Vielleicht läuft das so ab: Ich weiß, dass Gott mich auffordert, nach Ninive zu gehen. Ich weiß, dass ich diese eine Person ansprechen und mit ihr über die Wahrheit reden soll, doch das wäre schwierig. Es wäre unangenehm. Ich möchte mir das nicht antun, also gehe ich einfach nach Tarsis.

Ich weiß, dass Gott mich auffordert, mich in diesem oder jenem Bereich einzusetzen, aber ich will nicht. Es könnte demütigend sein. Es könnte schwierig sein. Es könnte beängstigend sein. Ich möchte es nicht tun, also laufe ich weg nach Tarsis.

Ich weiß, dass Gott mich berufen hat, als Lehrer oder Seelsorger zu arbeiten, etwas aufzubauen, eine Leitungsfunktion zu übernehmen, Menschen einzuladen oder zu spenden, aber ich könnte ja versagen. Es könnte schwer sein. Ich könnte Angst haben. Also steige ich auf ein Schiff nach Tarsis.

Aber: Angst lässt sich nie überwinden, indem man eine Situation meidet. Wir sind dazu geboren, tapfer zu sein. Gott sagt uns das Gleiche, was er auch zu einem ängstlichen Leiter namens Josua sagte: „Sei stark und mutig! (…) Denn ich, der Herr, dein Gott, bin bei dir, wohin du auch gehst" (Josua 1,9). Drei Mal lesen wir im ersten Kapitel, dass Jona davonlief – nicht nur vor seiner Berufung, sondern „er wollte weg vom

Angesicht des Herrn" (Jona 1,3). Doch das Gegenmittel für Angst ist Gottes Gegenwart.

Hinderungsgrund: andere Optionen

Jona geht in die Hafenstadt Jafo, wo er ein Schiff findet, das nach Tarsis segelt. „Er bezahlte die Überfahrt und ging an Bord, um nach Tarsis zu kommen. Er wollte weg vom Angesicht des Herrn" (Jona 1,3).

Ein kleines Detail, das wir heutzutage vielleicht überlesen, ist der Fakt, dass es im Text heißt, Jona *bezahlte* die Überfahrt. Das ist eine große Sache. Geld war zu Jonas Zeiten noch relativ neu. In der Welt des Altertums gab es Tauschhandel und Geld war im Volk Israel ungemein selten. Kaum jemand wäre in der Lage gewesen zu tun, was Jona tat.

Eine große Gefahr an Geld ist, dass Geld es uns leichter macht zu meinen, wir könnten vor Gott weglaufen, weil wir andere Optionen haben.

Jona hatte genug Geld, um die Überfahrt für eine lange Reise aus eigener Tasche zu bezahlen. Er war mobil, er hatte Optionen. Eine große Gefahr an Geld ist, dass Geld es uns leichter macht zu meinen, wir könnten vor Gott weglaufen, weil wir andere Optionen haben.

Dabei muss ich an einen Mann denken, der gerne lehrt und Kindern gern die Möglichkeit zu lernen gibt. Wenn er zugelassen hätte, dass seine Liebe zur Bildung ihm göttliche Türen in seinem Leben zeigt, wäre aus ihm ein wunderbarer Grundschullehrer geworden.

Doch er stammt aus einer äußerst erfolgreichen Familie.

Seinen Eltern wäre es ein wenig peinlich gewesen, wenn er „nur Lehrer" geworden wäre. „Du solltest auch andere Möglichkeiten ins Auge fassen", sagten sie ihm.

Solche „Optionen", mehr Geld zu verdienen und einen Titel mit einem höheren Status zu haben, verhinderten am Ende, was sein Traumberuf hätte sein können. Er verdiente zwar viel mehr Geld, als wenn er Lehrer geworden wäre – aber er verpasste etwas in seinem Leben.

Er wurde Betriebswirt – aber an der Universität von Tarsis.

In der siebten Klasse war in unserer Klasse ein Mädchen, das ich einmal Shirley nennen möchte. Sie war etwas ungeschickt, trug die falsche Kleidung, hatte rote Haare, Sommersprossen und vorstehende Zähne. Niemand setzte sich beim Mittagessen zu ihr, und niemand wählte sie in seine Mannschaft.

Ich hätte all das tun können. Ich hätte ihr Freund sein können. Oder ich hätte mich wenigstens bemühen können, freundlich zu ihr zu sein. Tat ich aber nicht. Wahrscheinlich hatte ich Angst, dass ich andernfalls ebenso abgelehnt werden würde wie sie. Ich war nicht der beliebteste Junge in der Klasse, aber nicht auf der gleichen niedrigen Stufe wie Shirley – und ich war nicht bereit, mein bisschen Status aufzugeben, um mich mit ihr anzufreunden.

Ich flüchtete nach Tarsis.

Tarsis ist in der Jona-Geschichte von Bedeutung, nicht nur, weil es in der entgegengesetzten Richtung von Ninive lag, sondern weil es in vielerlei Hinsicht auch als Stadt das Gegenteil von Ninive war.

Ninive war eine militärisch geprägte Stadt. Tarsis war keine Militärmacht, aber sehr wohlhabend. Es war Vorreiter im

Handel. Seehandel war damals wie neue Technologie und machte einige Menschen reich. Das ist nicht unbedingt etwas Schlechtes, aber Reichtum führt oft auf eine ganz eigene Art zu Gier, Arroganz und Stolz. Der Ausdruck „ein Schiff aus Tarsis" wurde in der Welt des Altertums damit zu einem Synonym für Wohlstand.

Es kommt im Alten Testament übrigens an mehreren Stellen vor. Jesaja sagt: „Denn zu einer von ihm festgelegten Zeit wird der Herr, der Allmächtige, alles Hochmütige, Stolze und Erhabene erniedrigen. (…) alle großen Schiffe von Tarsis (…) Die Überheblichkeit des Menschen wird erniedrigt und der Hochmut der Männer gedemütigt werden" (Jesaja 2,12.16f).

Ein ähnliches Bild kommt in Hesekiel vor: „Die Schiffe von Tarsis waren deine Karawanen, die dir Tauschwaren brachten. (…) Die Könige auf Erden wurden durch deine vielen Güter reich. Jetzt bist du zerschmettert, vom Meer ins tiefe Wasser gestürzt. Deine Güter und alle, die bei dir waren, sind versunken" (Hesekiel 27,25.33f).

Die Schiffe von Tarsis wurden zu Symbolen von Wohlstand, wirtschaftlicher Unabhängigkeit, Macht und Gier. Ist es schwer, sich Menschen vorzustellen, die so verblendet waren, dass sie meinten, Technologie, Wohlstand und ein ausgeklügeltes Wirtschaftssystem könnten ihnen Sicherheit geben?

Jona flüchtete auf die Wall Street. Jona flüchtete nach Silicon Valley. Jona geht an Bord des Schiffes von Tarsis. Zu diesem Schiff sind schon lange Menschen unterwegs. Jona denkt, er könne sich so in Sicherheit bringen, doch was aus menschlicher Sicht sicher aussieht, ist vielleicht in Wirklichkeit gar nicht sicher. Vielleicht ist der einzig sichere Ort Gottes Wille für unser Leben, selbst wenn das bedeutet, sich für die Tür nach Ninive zu entscheiden, diesem beängstigenden Ort, an den wir nicht gehen wollen.

Hinderungsgrund: Blindheit

Jonas Schiff sticht in See. Ihm wird sich eine andere Tür öffnen, doch sie wird sehr versteckt sein.

„Doch der Herr ließ einen heftigen (wörtlich: „großen") Wind auf dem Meer aufkommen, der zu einem Sturm wurde": Hier steht das gleiche Wort („groß"), mit dem Ninive beschrieben wurde – doch nun tut Gott große Dinge. Er sendet einen großen Wind und einen großen Sturm, „sodass das Schiff zu zerbrechen drohte. Aus Angst schrien die Seeleute zu ihren Göttern und warfen Ladung über Bord, um das Schiff leichter zu machen" (Jona 1,4f).

Wir haben es hier mit professionellen Seeleuten zu tun. Sie verfallen nicht leicht in Panik, aber jetzt haben sie panische Angst. In der Welt des Altertums, als das Leben noch kurz war, konnte eine lange Reise wie diese Jahre dauern. Es war vielleicht die eine große Chance auf Reichtum, die man hatte. Die Seeleute warfen alle ihre Hoffnungen ins Meer, und jeder betete zu seinem eigenen Gott. In ihrer Welt hatte jeder Stamm und jede ethnische Gruppe ihre eigenen Götter. Wir meinen manchmal, „multikulti" erfunden zu haben, doch diese Mannschaft ist aus vielen Kulturen bunt zusammengewürfelt, und hier zeigt sich ein lebhafter religiöser Pluralismus. Jeder betete zu seinem eigenen Gott.

Bei ruhiger See ist es den Menschen egal, welchen Namen

irgendein Gott trägt. Aber bei Sturm ändert sich alles; da hofft man, dass es einen dieser Götter wirklich gibt.

In der Zwischenzeit verpasst Jona die große offene Tür seines Lebens, denn er schläft unter Deck. Wenn ich diesen Teil der Geschichte lese, muss ich daran denken, wie ich einmal mit meiner Tochter auf einer Wal-Beobachtungstour war.

In der Zwischenzeit verpasst Jona die große offene Tür seines Lebens

Ich liebe Wale, aber Schiffe nicht so sehr. Ich werde seekrank. Als ich also mit Mallory zur Wal-Beobachtung fuhr, nahm ich mehrere Tabletten gegen Seekrankheit, bevor ich an Bord ging, und gab Mallory auch etwas zur Vorbeugung.

Die Medikamente machten mich so müde, dass ich einschlief und buchstäblich aufs Deck sabberte. Alle beobachteten uns. Am Ende trank ich literweise Kaffee, und Mallory bekam Tee, damit wir einigermaßen wach wurden, und endlich tauchte ein Wal auf. Wir sahen seinen Schwanz, und ich sagte: „Hey, Mal, schau mal, ein Wal!" – und schlief prompt wieder ein. Erst im Hafen wachte ich wieder auf.

Jona schläft auch ohne Medikamente tief und fest in einem vom Sturm gebeutelten Schiff, und der Kapitän ist verblüfft. Er sagt zu Jona: „Wie kannst du nur schlafen? Was denkst du dir nur?" Der Bibeltext drückt es sehr schön aus: „Was ist mit dir, du Schläfer? Steh auf! Ruf zu deinem Gott! Vielleicht denkt dieser Gott an uns und wir gehen nicht unter!" (Jona 1,6).

Das ist eine unglaubliche Ironie. Der heidnische (nicht jüdische) Schiffskapitän ruft den Mann Gottes zum Gebet auf. Der Heide tut, was Propheten tun – er startet einen Gebetsaufruf. Der Prophet tut, was Heiden tun – er schläft, obwohl Gebetszeit ist. Gott führt offenbar etwas im Schilde.

Jona gesteht zunächst gar nichts, also werfen die Seeleute das Los, um festzustellen, wo das Problem liegt – und das Los sagt, es ist Jona.

Also fragen die Seeleute ihn: „Was ist bei dir los?" Jona antwortet: „Ich bin ein Hebräer, und ich bete den Herrn an, den Gott des Himmels, der Meer und Land geschaffen hat" (Jona 1,9). Das machte ihnen Angst. Wörtlich heißt es in dem Text: „Und die Leute fürchteten sich mit großer Furcht." (Hier haben wir wieder das Wort „groß".) Das ist ein wenig zweideutig: Vielleicht hatten die Seeleute einfach große Angst, oder sie hatten rettende Angst: „‚Was hast du da getan?', jammerten sie." (Sie wussten, dass Jona auf der Flucht vor Gott war, denn das hatte er ihnen bereits erzählt; Vers 10.)

Dieser Einschub verrät uns, dass hier etwas Wunderbares passiert, und der Schreiber gibt uns mit seiner Wortwahl einen Hinweis darauf. In der hebräischen Heiligen Schrift werden hauptsächlich drei Wörter als Bezeichnung für Gott verwendet. *Elohim* war das allgemeine Wort, das bei uns meist mit „Gott" übersetzt wird. Dieses Wort konnte jeden Gott jedes Volkes bezeichnen. *Adonai* wird oft mit „Herr" übersetzt; in der Welt des Altertums war es ein allgemeiner Höflichkeitstitel für eine Person in einer Machtposition. JHWH war der heiligste Name, denn es ist der Name, mit dem Gott sich selbst seinem Volk offenbart hat. Er war so heilig, dass die frommen Juden ihn irgendwann gar nicht mehr aussprachen. In den meisten unserer Bibelübersetzungen wird JHWH mit dem Wort „Herr" in Kapitälchen wiedergegeben. Das ist keine allgemeine Bezeichnung, sondern bezieht sich einzig und allein auf den Gott Israels.

In dieser Geschichte beteten die Seeleute alle zu ihrem jeweiligen *Elohim*. Doch Jona erzählt ihnen von JHWH – dem Gott, der Menschen seinen Namen sagt, der gekannt werden will, der Meer und Land erschaffen hat. Das war für alle Nichtjuden unmissverständlich.

Und genau das ist der Grund für den Einschub im Text. Die Seeleute wussten bereits, dass Jona vor seinem Gott wegläuft. Sie nehmen an, dass es einfach irgendein Stammesgott Israels ist. Aber dann erfahren sie, dass es einen großen Gott gibt. Sie erfahren seinen Namen. Sie sehen seine Macht. Und sie fürchten sich mit großer Furcht.

Auf diesem Schiff nach Tarsis mitten im Sturm lernen sie Jonas Gott kennen. Einer der Gründe, warum sie Jona glauben werden, ist, dass er als Versager, als Schwachkopf, als „Fehlgriff" zu ihnen kommt. All die Jahre war er Prophet gewesen. Hier wird die größte Massenbekehrung unter Heiden stattfinden, die Jona je erlebt hat, und Gott gebraucht ausgerechnet sein Versagen, um diese Menschen zum Glauben zu bringen. Ganz gleich, was dieses Buch sonst noch ist – es ist jedenfalls keine Geschichte über einen menschlichen Plan. Es ist eine „geöffnete" Tür, und wir sind nicht die Öffner.

Manchmal laufe ich vor Ninive weg, und es öffnet sich eine Tür auf einem Schiff nach Tarsis. Manchmal gehe ich nicht durch eine offene Tür, weil ich nicht sehe, dass sie da ist.

Chuck Colson fällt in Ungnade und landet im Gefängnis, und ihm öffnen sich Türen, die sich ihm im Weißen Haus nie geöffnet haben. Helen Keller ist schwerstbehindert, doch genau aus diesem Grund öffnet sich ihr eine Tür, um Millionen Menschen zu helfen. Eine Sonntagsschullehrerin namens Rosa Parks soll sich in einem Bus ganz nach hinten setzen, doch ihre stille Weigerung öffnet eine Tür zum Gewissen einer ganzen Nation.

Eine Frau in unserer Gemeinde sagte zu einem achtjährigen Jungen, der am Ostermorgen herausgeputzt im Gottesdienst saß: „Du siehst ja schick aus. Hast du die Sachen zu Ostern bekommen?"

Nein, erklärte der kleine Kerl. Er hatte sie zur Beerdigung seines Vaters bekommen, der erst vor wenigen Wochen gestorben war.

Wie sich herausstellte, hatte diese Frau ihren Vater ebenfalls mit acht Jahren verloren. Sie kniete vor dem Jungen nieder, nahm ihn in die Arme und sprach mit ihm als der einzige Mensch in seiner Welt, der genau wusste, wie er sich fühlte.

Wie viele Türen gibt es in meiner Umgebung – Menschen, die sich allein fühlen, eine Inspiration brauchen, unter Ablehnung oder entsetzlichen Schuldgefühlen leiden –, die nur darauf warten, dass ich auf sie aufmerksam werde?

Hinderungsgrund: Schuldgefühle oder Minderwertigkeitskomplexe

Die Seeleute fragen Jona: „Was können wir nur mit dir tun, damit das Meer um uns herum zur Ruhe kommt?" ‚„Nehmt mich und werft mich ins Meer', sagte Jona, ‚dann wird es sich um euch herum beruhigen. Denn ich weiß, dass dieser schreckliche Sturm meinetwegen über euch gekommen ist'"

(Jona 1,11f). Jona hört auf wegzulaufen, aber er denkt, aufgrund seines Fehlers sei seine Geschichte vorbei.

In einem Buch mit dem Titel *God's Yes Was Louder than My No: Rethinking the African American Call to Ministry* wird die Geschichte von Arthur Kemp erzählt. Seine Familie hatte ihm schon in sehr jungen Jahren prophezeit, dass er einmal Prediger werden würde, und er merkte schon früh sehr deutlich, dass Gott zu ihm sagte: „Weide meine Lämmer." Er erkannte das als Berufung zum Predigtdienst, doch er stieg auf ein Schiff nach Tarsis.

Die nächsten zehn Jahre seines Lebens verbrachte er mit dem Versuch zu beweisen, wie unwürdig er war. „Ich war fest entschlossen, ein so schlechter Mensch wie möglich zu sein und mich unwürdig zum Pastorenamt zu machen."[49] Er hatte nicht viel für Alkohol übrig, aber er fing an zu trinken. Er war kein Spieler, aber er lernte es zu sein. Er wurde Drogendealer und Zuhälter – alles nur, um vor seiner Berufung zu fliehen.

Gottes Ja ist lauter als mein Nein

Für ihn bedeutete Tarsis, auf der Straße zu leben und jegliche Selbstachtung zu verlieren. Doch dann ging er eines Abends zu einem Gebetstreffen, und der Sturm brach los. Er weinte: „Ich muss predigen! Ich muss predigen!", und der Pastor sagte ihm, er würde keinen Frieden haben, bis er es tat.

Gottes Ja ist lauter als mein Nein.

Doch Jonas Nein ist ziemlich laut. Er sagt den Seeleuten, sie sollen ihn über Bord werfen.

Erstaunlicherweise weigern sich die Seeleute. „Doch die Männer ruderten mit aller Kraft, um zum Ufer zurückzukehren. Aber das Meer war zu stürmisch, und sie schafften es nicht" (Jona 1,13). Ihr Leben stand auf dem Spiel, aber sie wollten das Leben dieses fremden Hebräers nicht opfern. Das ist erstaunlich, weil wir es hier mit der hebräischen Heiligen Schrift zu tun haben. Diese Seeleute auf dem Schiff von Tarsis haben mehr Erbarmen mit dem hebräischen Propheten, legen mehr einfache Menschlichkeit an den Tag, als der hebräische Prophet sie im Hinblick auf die Menschen in Ninive merken ließ.

Man muss wirklich gut aufpassen, bevor man darüber urteilt, wer die „Guten" und wer die „Bösen" sind, wer auf Gottes Seite steht und wer nicht.

Nun halten die Seeleute ein Gebetstreffen ab. „Da riefen sie zum Herrn: ‚Ach Herr', baten sie, ‚lass uns nicht wegen dieses Mannes umkommen. Und mach uns nicht für den Tod eines Unschuldigen verantwortlich. Denn du hast es doch so gewollt und danach gehandelt, Herr'" (Jona 1,14).

Drei Mal nennen sie ihn JHWH. Der Schreiber gibt uns einen Wink mit dem Zaunpfahl, nur für den Fall, dass wir Leser ein bisschen schwer von Begriff sind.

Dann bringen sie Jona an die Reling.

Stellen wir uns einmal diesen Moment vor. Ein schrecklicher Sturm, verängstigte Seeleute, ein entlaufener Prophet, ein kenterndes Schiff. Jona wird ins Meer geworfen – und plötzlich ist es an Deck ganz ruhig. Der Sturm hat sich gelegt.

„Die Seeleute wurden von tiefer (oder ‚großer') Ehrfurcht vor dem Herrn ergriffen." Hier haben wir wieder das Wort „groß". „Sie brachten ihm Opfer" – ein Akt der Anbetung – „und schworen ihm zu dienen" – ein Akt der Hingabe und Ergebenheit (Jona 1,16).

Dieses heidnische Schiff wird zu einem Ort der Anbetung.

Das Schiff von Tarsis wird zu einem Tempel des lebendigen Gottes. Das war nicht Jonas Plan. Die Seeleute auf diesem Schiff sind keine Komparsen in dieser Geschichte. Es ist keine Nebensächlichkeit in einer Geschichte über Ninive. Gottes Geschichte ist so groß, dass es auch eine Geschichte über Tarsis ist. Jona dachte, er könnte Gottes Pläne durchkreuzen – doch es stellt sich heraus, dass Gott auf eine Art und Weise wirkt, die Jona sich nicht einmal im Traum vorstellen kann.

Jonas geschlossene Tür für Gott wird zu Gottes offener Tür für die Seeleute.

Vielleicht könnte man die Geschichte bis hierher so zusammenfassen:

Gott sagt: „Geh!"
Jona sagt: „Nee."
Gott sagt: „Wind und Wellen."
Jona sagt: „Muss ich mich jetzt stellen?"
Der Kapitän sagt: „Warum läufst du fort?"
Jona sagt: „Werft mich über Bord."
Die Seeleute sagen: „Alles geht schief!"
Sie warfen Jona ins Meer, und er sank sehr tief.
Doch in Gottes Plan war's für den Propheten Jona noch lange nicht zu spät.

Hinderungsgrund: versäumtes Gebet

Wir haben diese Geschichte schon viel zu oft gehört. Also stellen wir uns einmal vor, wie es wäre, sie zum allererstern Mal zu hören. Jona sinkt ins Meer, doch Gott schickt einen großen Fisch, der Jona verschlingt.

Jona verbringt drei Tage und drei Nächte in diesem Fisch. Wenn Ihnen das nicht ein bisschen lustig vorkommt, dann fehlt Ihnen vermutlich ein Stück Humor … aber den brauchen Sie für ein Leben mit offenen Türen.

Das Wort „schicken" könnte auch mit „bestellen" im Sinne von „beauftragen" übersetzt werden. Es ist ein befehlendes Wort. Es ist das, was ein König tut, wenn er einen Botschafter oder Boten ernennt. Aber hier wird es für einen Fisch verwendet. Gott sagt: „Hey, Fisch." Der Fisch sagt: „Ja, Herr?" Gott sagt: „Schwimm los und hol Jona. Weitere Befehle folgen bei Bedarf. Besonders wichtig: schlucken, nicht kauen! Ich sag dir, wo du ihn absetzen sollst." Der Fisch sagt: „Okay, Herr." Dieser Fisch befolgt Befehle besser als Gottes Prophet!

Das Wort, das in der Geschichte immer wieder mit Gott in Verbindung gebracht wird, ist „groß". Am Anfang sagt Gott zu Jona: „Geh in die *große* Stadt Ninive", denn Gott hat ein großes Herz. Er hat ein großes Herz für die große Stadt. Dann läuft Jona in die entgegengesetzte Richtung davon, also heißt es in der Bibel, Gott schickt einen *großen* Wind, der zu einem *großen* Sturm führt. Dann bekehren sich diese heidnischen Seeleute durch *große* Angst. Dann schickt Gott einen Fisch für Jona – und er wird als *großer* Fisch beschrieben.

Jona auf der anderen Seite baut richtig Mist. Wenn das Schlüsselwort für Gott in diesem Buch *groß* ist, ist es für Jona *hinunter*.

Gott sagt: „Geh nach Ninive", und Jona geht *hinunter* nach Jafo. Dann geht er an Bord eines Schiffes *hinunter* nach Tarsis. Dann im Schiff geht er *hinunter* unter Deck, wo er einschläft. Dann wird er im Sturm *hinunter* ins Wasser geworfen. Dann wird er von dem Fisch *hinunter*geschluckt. Jona ist ganz unten angekommen.

Für einen Israeliten konnte er gar nicht tiefer sinken. Das Meer war ein Ort großer Angst, großen Schreckens. Ein Ort des Todes.

Als Jona Jafo verließ, hatte er nicht unbedingt einen Fisch als Transportmittel im Sinn. Aber er erhält eine Gelegenheit, etwas über die seltsame, beunruhigende, fröhliche Gnade Gottes zu lernen.

Einem geschenkten Wal schaut man nicht ins Maul.

Im Bauch des Fisches betet Jona. Er sagt: „In meiner Not rief ich zum Herrn, und er antwortete mir. Ich schrie zu dir aus dem Totenreich, und du hörtest meine Stimme!" (Jona 2,3).

Jona betete nicht über seinen Ruf nach Ninive oder seine Flucht nach Tarsis oder den Sturm auf dem Schiff. Er redete überhaupt nicht mit Gott, bis er im Bauch eines Fisches landete.

Warum betete Jona im Fisch?

Weil er nichts Besseres zu tun hatte.

Gott bringt Jona ganz nach unten an einen Ort der Verzweiflung, in einen Fisch im Meer. Die einfache Wahrheit ist, dass Jona sich an Gott wendet, weil er keine andere Möglichkeit hat. Das ganze erste Kapitel der Jona-Geschichte berichtet von menschlichem Handeln. Jona macht Pläne. Jona hat Ressourcen. Jona kommt weiter … und es endet in einer Katastrophe. Und dann kommt der Sturm, und Jonas Geschichte gerät ins Stocken.

Offene Türen beginnen mit Gebet.

Im zweiten Kapitel der Jona-Geschichte gibt es kaum Handlung, nur Gebet. Und dann passiert Erfreuliches.

Wenn der Apostel Paulus sich eine offene Tür wünschte, fing er erst einmal an zu beten. Offene Türen beginnen mit Gebet.

Wenn ich mir ein Abenteuer mit Gott wünsche, kann ich heute anfangen, um offene Türen zu beten. „Gott, bitte öffne mir heute Türen der Ermutigung, der Gelegenheiten, der Möglichkeiten, der Großzügigkeit. Gott, bitte mach diesen Tag zu einem Tag der offenen Tür."

Ich muss nicht warten, bis ich ganz unten angekommen bin.

Interessanterweise gibt es in der Bibel noch eine Schiffbruch-Geschichte – mit Paulus, in Apostelgeschichte 27. Man kann sie beinahe als das genaue Gegenteil von Jonas Geschichte betrachten. Jona flieht vor seiner Berufung, in der gefährlichen Hauptstadt Assyriens predigen zu müssen; Paulus reist seiner Berufung entgegen, in der gefährlichen Hauptstadt des römischen Reiches predigen zu dürfen. Jonas Anwesenheit auf dem Schiff bringt die Seeleute in Gefahr; Paulus' Anwesenheit auf dem Schiff ist ihre Rettung. Paulus bittet Gott um offene Türen, während er in Sicherheit ist; Jona bittet Gott um Sicherheit, als er ganz unten angekommen ist.

Jona betet, Gott hört, Gott öffnet eine Tür, und Jona wird gerettet, doch was danach passiert, ist so albern, so komisch, dass ich es eigentlich gar nicht erwähnen würde. Aber es steht in der Bibel, also müssen wir darüber reden.

Jona wird am dritten Tag befreit. Der dritte Tag ist in der Bibel ein ganz üblicher Zeitrahmen für Gottes Rettung, also würde der Leser erwarten, dass Jona irgendwie ganz dramatisch gerettet wird. Eine Erscheinung des Engels Gabriel vielleicht, eine Heimfahrt in einem feurigen Wagen, eine augenblickliche Entrückung. Irgendwie so etwas.

Aber nicht in dieser Geschichte.

„Da befahl der Herr dem Fisch, Jona am Strand auszuspucken" (Jona 2,11). Liegt es an mir, oder hätten ein paar Einzelheiten weniger auch ausgereicht? Das klingt irgendwie nach der Sechste-Klasse-Version der Geschichte.

Falls Sie sich fragen, warum die Bibelübersetzer kein würdevolleres, „kirchlicheres" Wort gewählt haben als „auszuspucken": Das liegt daran, dass das hebräische Wort noch drastischer ist.

Der Schreiber wollte ganz sicherstellen, dass der Leser versteht, was hier passiert. Jona wurde nicht von einem Engel abgesetzt. Der Wal machte sozusagen Lebensmittelweitwurf …

Jona landet auf dem Strand. Nicht als tragische Figur umhüllt von Leid. Nicht als heroische Figur eingehüllt in Ruhm. Nein, als lächerliche Figur, bedeckt mit Krabbencocktail und Fischtatar.

Alle Geschichten lassen sich in zwei große Kategorien einteilen: Entweder ist eine Geschichte eine Tragödie – die Freude verliert, das Leben verliert, die Hoffnung verliert; oder eine Komödie – die Freude gewinnt, das Leben gewinnt, die Hoffnung gewinnt.

Die Geschichte von Jona ist eine Komödie.

Jona sinkt immer tiefer, aber dann passieren lustige Dinge. Jona rennt nach Westen, als Gott ihm sagt, dass er nach Osten gehen soll. Ein Prophet, der es besser wissen sollte, meint, vor Gott fliehen zu können, indem er nach Tarsis segelt. Ein heidnischer Kapitän ruft den Mann Gottes zum Gebet auf. Heidnische Seeleute, die im Altertum nicht gerade für ihre Frömmigkeit bekannt waren, bekehren sich zum Gott Israels. Jona denkt, er muss ertrinken, und Gott schickt ihm einen Fisch – wie ein Taxi genau im richtigen Moment.

Und falls der Leser es immer noch nicht kapiert hat, bringt der Autor jetzt auch noch eine Szene mit Mageninhalt.

Wenn Menschen ganz tief sinken, hat Gott etwas Großes im Sinn, und aus Gottes Perspektive sind der Tod und das Grab kein Problem. Menschliche Rebellion und Sturheit sind auch kein Problem für ihn.

Gott lacht darüber. Gott lacht über den Tod und über das Grab. Jona wird an Land gespien.

Eines Tages werden wir verstehen, dass die Freude gewinnt. Jona ist ein Buch der Freude. Es ist im edelsten, wunderbarsten Sinn des Wortes komisch, denn zwischen allen Zeilen dieses Buches gibt es noch einen weiteren Protagonisten.

Wir erfahren in 2. Könige 14, dass Jona aus einer Stadt namens Gat-Hefer stammt, das nur wenige Kilometer von Nazareth entfernt liegt. Später sollte ein anderer Prophet aus Nazareth kommen, im Boot einschlafen, während alle anderen panische Angst hatten, und den Sturm mit seinem Wort stillen.

Jonas Name bedeutet „die Taube", ein Name, der bedeutet: „wurde einem geliebten Menschen gegeben". Ein anderer Prophet sollte ebenfalls ins Wasser gehen, aus dem Wasser steigen und sehen, wie eine Taube vom Himmel herabkam, während eine Stimme vom Himmel ihn „geliebter Sohn" nannte.

Jesus sagte gegen Ende seines irdischen Lebens, dass er dieser elenden Welt nur ein Zeichen zu geben hatte, und er nannte es das „Zeichen des Jona": „So wie Jona drei Tage und drei Nächte im Bauch des großen Fisches verbracht hat, so wird der Menschensohn drei Tage und drei Nächte im Herzen der Erde sein" (Matthäus 12,40).

Die ersten Christen versammelten sich an einem Ort, den man „Katakomben" nannte. Es waren Gräber, unterirdische Begräbnisstätten. Die erste von Jesus inspirierte Kunst befand sich nicht in großen Kathedralen oder auf riesigen Fresken, sondern es waren Bilder, die auf die Wände der Gräber, der versteckten Katakomben, gezeichnet oder in sie hineingeritzt oder -gemeißelt waren. Die dort am häufigsten zu findende alttestamentliche Figur ist nicht Abraham, Mose oder David.

Die Wende in der Geschichte kommt, als Jona sich im Gebet an Gott wendet.

Es ist Jona.

Warum? Weil die ersten Christen den Witz verstanden.

Die Freude gewinnt.

Und die Wende in der Geschichte kommt, als Jona sich im Gebet an Gott wendet. Er wendet sich an Gott, weil ihm nichts anderes übrig bleibt. Doch Gott ist nicht stolz. Er nimmt sogar diejenigen an, die als letzte Rettung zu ihm kommen. „Klopft an, und die Tür wird euch geöffnet werden" (Matthäus 7,7).

Hinderungsgrund: mangelnde Liebe

Jonas Geschichte endet aber nicht auf diesem Ton, sondern mit einem seltsamen, ungelösten, disharmonischen Akkord. Aus gutem Grund.

Eine vielleicht ins Reich der Legenden gehörende Geschichte über Johann Sebastian Bach erzählt, dass seine Frau einmal, während er im Bett lag, Cembalo spielte und einen unaufgelösten Septakkord aushielt. Das störte ihn so sehr, dass er nicht schlafen konnte. Wir wissen nicht, warum sie das tat. Sie hatte zwanzig Kinder – vielleicht hatte sie keine Zeit zum Üben. Vielleicht wusste sie, dass es Johann stören würde, und sie wollte sich an ihm dafür rächen, dass sie zwanzig Kinder bekommen musste. Am Ende stand er auf, setzte sich ans Cembalo und spielte die passende Auflösung zu dem Akkord, damit er endlich schlafen konnte.

Das disharmonische Wort in der Jona-Geschichte ist das Wort *böse*. Gott beauftragt Jona, gegen Ninive zu predigen, „denn ihre Bosheit stieg bis zu mir hinauf" (Jona 1,2).

Etwas stimmt nicht in Gottes Welt. Es hält Gott nachts wach. Jona will aus einem bestimmten Grund nicht nach Ninive gehen: Er mag die Menschen dort nicht.

Gott öffnet eine Tür vor Jona, aber es geht nicht in erster Linie um Jona. Jona soll ein Transportmittel von Gottes Liebe sein und sie anderen Menschen bringen. Sein Mangel an Liebe führt dazu, dass er in die andere Richtung flüchtet.

Es ist die Liebe, die Eltern dazu bringt, aufopfernd Verantwortung für ein kleines Leben zu übernehmen.

Es ist die Liebe, die das „Scherflein der Witwe" gibt, die nicht über Fehler Buch führt, die das Eheversprechen hält, auch wenn es schwer ist, die dem trauernden Freund zuhört.

Der wahre Grund, warum Jona nicht durch Gottes offene Tür geht, ist einfach: Liebesversagen.

Er geht also nach Ninive, als ihm klar wird, dass die Alternative darin besteht, eine lebende Sushi-Bar zu werden. Er predigt, aber seine Predigt ist vielleicht die dürftigste in der ganzen Bibel: „Ninive wird in 40 Tagen zerstört werden!" (Jona 3,4).

Das ist vielleicht die schlechteste Predigt aller Zeiten. Jona erwähnt weder Gott noch Buße noch Barmherzigkeit. Kein anschauliches Beispiel, keine praktische Anwendung, kein erbaulicher Kommentar. Jona gibt sich keine Mühe. Er leiert seine Botschaft herunter.

Doch dann geschieht etwas ganz Seltsames. Die Menschen hören auf ihn. Sie beginnen zu reagieren. Ihre Reaktion ist so umfassend, dass alle Buße tun, vom König bis zum ärmsten und schwächsten Bürger, und selbst die Tiere gehen in Sack und Asche.

Das sagt uns, dass unsere Eignung oder Nichteignung nie ein Problem ist, wenn Gott eine Tür öffnet. „Ich weiß, dass du nicht stark bist …"

Gott sieht Ninives Umkehr, und Mitleid erfüllt ihn. „Als Gott sah, dass sie von ihren schlechten Wegen umgekehrt waren, bedauerte er, dass er ihnen Unheil angedroht hatte, und verschonte sie" (Jona 3,10).

Jona sieht all das, und man sollte meinen, dass er begeistert ist. „Doch Jona wurde darüber sehr böse und zornig" (Jona 4,1).[50]

Jona kann es nicht ertragen. Jetzt kann *Jona* nicht schlafen. Er sieht, wie Ninive Buße tut und von Gott Vergebung empfängt, und er sagt: „Das ist böse." Und nicht nur böse: „*sehr* böse". Man könnte auch übersetzen: „Das ist ein großes Übel." Dies ist die einzige Stelle in der ganzen Geschichte, dass diese beiden Wörter zusammenkommen, und das hat seinen Grund. Was für Gott groß ist – nämlich die Gnade für Ninive –, ist ein großes Übel für Jona.

Jona beklagte sich beim Herrn: „Ach Herr, habe ich das nicht schon gesagt, bevor ich von zu Hause aufbrach? Deshalb bin ich ja fortgelaufen nach Tarsis! Ich wusste, dass du ein gnädiger und barmherziger Gott bist, dass du geduldig und voller Gnade bist, weil du das Unheil bedauerst. So mach nun meinem Leben ein Ende, Herr! Ich will lieber sterben, als zu leben." (Jona 4,2f)

Genau genommen hat Jona „zu Hause", im ersten Kapitel, nichts dergleichen gesagt. Dort war aus seinem Verhalten indirekt zu schließen, dass er aus Angst weglief. Jetzt ist er in seiner Erinnerung bequemerweise ein Held der Gerechtigkeit. Er behauptet, schon immer gewusst zu haben, dass Gott weich werden würde.

Offenbar ist mir vielleicht nicht einmal klar, warum ich zu Gottes offenen Türen Nein sage. Vielleicht erinnere ich mich ganz falsch an die Situation, und zwar so, dass ich mutiger aussehe, als ich tatsächlich war. Es kann sein, dass ich Hilfe von Gott und Menschen brauche, die mich gut kennen, um zu erkennen, warum ich am Jona-Komplex leide.

Noch ein weiteres Merkmal macht Jona einzigartig unter den Propheten: Ihm fehlt es an Mitgefühl. Jeder andere Prophet appelliert nicht nur im Namen Gottes an die Menschen, sondern auch im Namen der Menschen an Gott. Der Kummer der Menschen macht anderen Propheten Kummer. Sie identifizieren sich mit den Menschen, denen sie Gottes Gericht ankündigen müssen.

Nicht Jona.

Gottes Gericht anzukündigen fiel ihm leicht. Er will vor der

Tür weglaufen, weil er die Menschen, zu denen ihn die Tür führen wird, nicht liebt.

Ein Mangel an Liebe macht es mir leicht, Gottes offene Tür abzulehnen.

Hinderungsgrund: ein falsches Gottesbild

In diesem Gebet passiert noch etwas anderes, das den ersten Lesern sofort aufgefallen wäre: „Ich wusste, dass du ein gnädiger und barmherziger Gott bist" (Jona 4,2).

Jona zitiert hier die berühmteste Selbstbezeichnung Gottes in der Geschichte Israels, bei der Gott sich Mose auf dem Berg Sinai offenbarte.

Genau genommen sagte Gott damals über sich selbst, er sei „barmherzig und gnädig, langsam zum Zorn und reich an Gnade und *Treue/Wahrheit*" (2. Mose 34,6; ELB).

Ich werde Gott nie genug vertrauen, um durch offene Türen zu gehen, wenn ich ihn für untreu halte.

Jedem Israeliten, der diese Geschichte las, wäre Jonas Auslassung sofort ins Auge gesprungen. Das wäre genauso, als würde bei einer Trauung der Bräutigam sagen: „Ich nehme dich zur Frau, in guten wie in schlechten Tagen, in Gesundheit und Krankheit, in Reichtum."

Jona lässt die *Treue* oder *Wahrheit* aus. Jona greift Gottes Charakter an. Er glaubt, dass Gott nicht zuverlässig ist. Ich werde Gott nie genug vertrauen, um durch offene Türen zu gehen, wenn ich ihn für untreu halte.

Doch Gott erwidert nichts weiter als: „Ist es recht, dass du deshalb zornig bist?" (Jona 4,4).

Darauf antwortet Jona nicht. Jona straft Gott mit Schweigen. Offenbar hat Jona schwedische Vorfahren.

Jona läuft wieder weg, nach Osten aus der Stadt hinaus, und wartet hoffnungsvoll darauf, dass die Stadt in Schutt und Asche gelegt wird.

Und Gott, der Herr, ließ einen Rizinusstrauch wachsen, der sich über Jonas Kopf ausbreitete und ihm Schatten gab. Das linderte sein Unbehagen und Jona freute sich sehr über den Busch. Doch Gott ließ auch einen Wurm kommen. Am nächsten Morgen bei Tagesanbruch fraß sich der Wurm durch den Busch, sodass dieser vertrocknete. Nachdem die Sonne aufgegangen war, schickte Gott einen sengenden Ostwind. Die Sonne brannte auf Jonas Kopf, bis er matt wurde und sich den Tod wünschte. „Ganz sicher ist es besser, dass ich sterbe, als dass ich lebe", rief er.

Da sprach Gott zu Jona: „Ist es richtig von dir, wegen des Rizinusstrauchs so zornig zu sein?"

„Ja", antwortete Jona, „zornig bis zum Tod!" (Jona 4,6-9)

Hier geht es um etwas Tiefgreifenderes als einen Sonnenbrand. Propheten waren damals eine Art „Aktionskünstler". Weil Menschen Worte oft ignorieren, ließ Gott die Propheten seine Botschaft in schockierenden Vorführungen demonstrieren. Der Prophet war immer der Schauspieler und Israel das Publikum.

Ausgenommen hier.

In diesem kleinen Schauspiel steht Gott auf der Bühne. Er schickt eine Pflanze, einen Wurm und den Wind. Jona ist das Publikum. Was geschieht hier? Gott will Jona retten.

Denn Jona ist nach Osten aus der Stadt gegangen. „Osten" war die Richtung, in der sich Israels Feinde befanden – östlich von Eden nach dem Sündenfall, und auch der mörderische Kain ging nach Osten.

Gott sendet Schatten. Das ist für einen Israeliten ein bedeutungsschweres Bild.

In Psalm 17,8f heißt es: „Gib mir Zuflucht unter dem Schatten deiner Flügel. Beschütze mich vor den gottlosen Menschen, die mich vernichten wollen, und vor meinen Feinden, die mir von überall her nachstellen."

Schatten bedeutet, unter Gottes Schutz zu stehen. Buchstäblich heißt es im Text, der Schatten solle Jona „vor Bösem retten".

Als die Pflanze wächst, steht wörtlich im Text: „Und Jona freute sich mit großer Freude über die Pflanze." Für Jona geht es nicht nur um körperlichen Schutz. Wenn die Pflanze wächst, heißt das für Jona, dass Ninive eingeht. Gott wird sein Volk beschützen. Gott wird die Feinde seines Volkes vernichten. Darum freut sich Jona „mit großer Freude" über die Pflanze. Er freut sich über die Vernichtung der Menschen, die er hasst. Ninive geht unter.

Aber Gott hat nicht die gleichen Kategorien wie wir, und er denkt nicht: *Die Menschen in dieser Kategorie sind genau mein Ding. Ich mag diese Art von Menschen. Aber auf die Menschen in der anderen Kategorie kann ich ohne Probleme verzichten.* Menschen sind Gott wichtig. Depressive

Menschen. Gebildete Menschen. Geschiedene Menschen. Menschen mit anderen politischen Ansichten, als wir sie haben. Sie alle sind Gott wichtig. Konservative und liberale Menschen. Muslime. Atheisten. New-Age-Anhänger. Jede Hautfarbe. Asiaten. Latinos. Kaukasier. Afroamerikaner. Homosexuelle. Alte. Menschen sind Gott wichtig. Jeder einzelne von ihnen.

Gott sagt zu Jona: „Dir tut es leid um den Busch, obwohl du nichts getan hast, um ihn entstehen zu lassen. (…) Ninive aber hat über 120000 Einwohner, die nicht zwischen links und rechts unterscheiden können, ganz zu schweigen von den vielen Tieren. Sollte ich eine so große Stadt nicht schonen?" (Jona 4,10f).

Die Geschichte endet einfach damit, dass Jona dasitzt. Macht Sie das nicht auch ein bisschen wahnsinnig? Ist das nicht ein lausiges Ende für diese Geschichte? Warum sollte ein Autor so etwas schreiben?

Ein anderer Geschichtenerzähler hat genau das Gleiche getan. Jesus beendet das Gleichnis vom verlorenen Sohn so, wie das Buch Jona endet: Ein Rebell wird durch Gnade gerettet, und ein liebevoller Vater appelliert an eine selbstgerechte beleidigte Leberwurst.

Das liegt nicht daran, dass der Erzähler sich kein anderes Ende ausdenken könnte.

Der Grund ist, dass es in dieser Geschichte nicht um Jona geht. Es geht um uns und unsere Antwort an Gott.

Ein großer Künstler weiß, dass Menschen eine unaufgelöste Geschichte nicht einfach hinter sich lassen und abtun können. Sie müssen sie einfach für sich auflösen. Wie Bachs Akkord hält die Spannung sie wach.

Es gibt eine Tür, auf der Ihr Name steht. Jetzt, in diesem Moment. Und sie ist offen.

Was werden Sie tun?

9

Gott sei Dank für verschlossene *Türen*

„Jedes Mal, wenn Gott eine Tür schließt, regt das irgendjemanden irgendwo auf."

„Jedes Mal, wenn Gott eine Tür schließt, meint jemand, es besser zu wissen, und will den Platz mit Gott tauschen."

„Jedes Mal, wenn Gott eine Tür schließt, führt er etwas im Schilde."

Baseballmanager sagen, dass zu den besten Einkäufen die gehören, die nie gemacht werden. Ganz ähnlich sind einige der besten Gebete diejenigen, die nicht erhört werden. Einige der besten Türen sind diejenigen, die nicht geöffnet werden.

In der Bibel gibt es ebenso viele geschlossene wie offene Türen: Die Tür zum Garten Eden wurde nach dem Sündenfall verschlossen. Die Tür zur Arche wurde als Gerichtshandlung verschlossen. Die Tür zum verheißenen Land blieb Mose verschlossen, und David die Tür zum Tempelbau.

In dem Brief an die Gemeinde in Philadelphia in der Offenbarung heißt es, dass es in der Macht Gottes steht, nicht nur

Türen zu öffnen, die niemand schließen kann, sondern auch Türen zu schließen, die niemand öffnen kann.

Aber im Allgemeinen mag ich geschlossene Türen nicht, und ich verstehe sie nicht.

Wenn jemand fragen würde: „Was ist die größte Motivation zum Beten?", würde die Antwort wohl lauten: „Erhörte Gebete." Wenn wir beten und Gott antwortet; wenn wir ein Problem haben und Gott gibt uns ganz klare Wegweisung; wenn jemand seit Jahren körperlich oder seelisch krank ist und Menschen beten und es geschieht Heilung; wenn wir ängstlich sind und Frieden bekommen; wenn wir eine Idee brauchen und erhalten sie; wenn die Gebete um die Rettung einer Ehe erhört werden oder wenn ein weggelaufenes Kind nach Hause kommt oder wenn jemand eine Arbeit bekommt oder eine Wohnung findet, dann wollen wir nur noch mehr beten.

Wenn jemand fragen würde: „Was demotiviert Menschen beim Beten am meisten?", dann wäre die Antwort wohl: „Unbeantwortete Gebete." Jemand würde gern heiraten und betet jahrelang darum, den richtigen Menschen kennenzulernen, aber es geschieht einfach nicht. Jemand hat mit Depressionen zu kämpfen und bittet Gott um Hilfe, aber die Depressionen bleiben. Jemand wird im Beruf betrogen oder ihm wird Unrecht angetan, und er bittet Gott um Gerechtigkeit, aber die Gerechtigkeit siegt nicht.

Eine verschlossene Tür, die mich im ersten Moment frustriert, stellt sich oft später als Anlass zur Dankbarkeit heraus.

Kein Geschöpf der Erde will vor einer Tür stehen, die sich einfach nicht öffnet. Verschlossene Türen entmutigen uns. Sie tauchen bei der Arbeit auf oder in einer Beziehung, in unserer finanziellen Situation oder bei unserer Ausbildung oder sogar in unserem Einsatz für Gott. Eine Gelegenheit, die wir uns gewünscht haben, verschließt sich, unser Leben fühlt sich beeinträchtigt an – und dem Himmel ist das egal.

Und doch ...

Sicher ist es gut, dass Gott allein die Macht hat, Türen so zu schließen, dass sie nicht mehr geöffnet werden können. Eine verschlossene Tür, die mich im ersten Moment frustriert, stellt sich oft später als Anlass zur Dankbarkeit heraus. Dann ertappe ich mich tatsächlich dabei, wie ich sage: „Gott sei Dank für verschlossene Türen":

↠ Für das Mädchen, das mir einen Korb gegeben hat – sonst hätte ich meine Frau nicht kennengelernt.

↠ Für die Uni, die mich abgelehnt hat – sonst hätte ich nicht die Arbeit bekommen, die ich so sehr liebe.

↠ Für die Manuskripte, die höflich von Verlagen abgelehnt wurden – sonst hätte ich nie gelernt, durchzuhalten und zu wachsen.

↠ Für die Arbeit, die so entsetzlich schwierig war – weil das neue Entschlossenheit bei mir bewirkt hat.

↠ Für das Versprechen eines schnellen Erfolges, aus dem nichts wurde – weil ich dadurch lernte, die Realität demütiger zu akzeptieren.

↠ Für das Gebet, das jahrelang nicht erhört wurde – denn unterwegs habe ich mehr gelernt, als es eine sofortige Gebetserhörung bewirkt hätte.

↠ Für die augenscheinlich großartige finanzielle Chance, die ich verpasst habe – weil ich davor bewahrt wurde, mit einer Organisation in Kontakt zu kommen, die von Grund auf ungesund war.

Ich danke Gott für diese verschlossenen Türen. Aber nicht für *alle* verschlossenen Türen. Es gibt immer noch viele, die mir nicht passen und die ich am liebsten eintreten würde, wenn ich könnte. Und es gibt auch zweideutige Türen. Jesus selbst sagte, als er darüber sprach, wie notwendig Beharrlichkeit im Gebet ist: „Klopft an, und die Tür wird euch geöffnet werden" (Matthäus 7,7). Aber er sagte nicht, *welche* Tür. Er sagte nicht, wie laut wir klopfen müssen oder wie lange wir weitermachen sollen. Woher weiß ich, an welche verschlossenen Türen ich immer weiterklopfen soll? Woher weiß ich, ob ich an dieser Arbeit, dieser Frau, dieser Universität oder diesem Traum dranbleiben sollte? Woher weiß ich, ob ich loslassen und weitergehen soll?

Die gute Nachricht ist, dass es auf diese Frage eine einfache Antwort gibt. Die schlechte Nachricht ist, dass diese Antwort lautet: „Ich weiß es eben nicht."

Vielleicht werden wir es in diesem Leben nie ganz sicher wissen. Gott hat größere Dinge für uns geplant, als „es ganz sicher zu wissen". Aber wenn wir verstehen, warum manche Türen nicht geöffnet werden sollten, kann es uns helfen, unsere Unterscheidungsfähigkeit zu trainieren. In diesem Kapitel werden wir uns anschauen, was Gott vielleicht mit den verschlossenen Türen in unserem Leben vorhaben könnte.

An die falsche Tür geklopft

Manchmal bleiben Türen verschlossen, weil wir das Falsche wollen.

Eines Tages sind Petrus, Jakobus und Johannes mit Jesus auf einem Berg, und sie sehen, wie er verklärt wird. Er geht mit Mose und Elia umher, und Petrus sagt: „Rabbi, wie wundervoll ist es hier! (…) Wir wollen drei Hütten bauen – eine für dich, eine für Mose und eine für Elia" – so als ob alle drei auf der gleichen Stufe stehen (Markus 9,5). Petrus „wusste nicht, was er redete, denn er und die beiden anderen Jünger fürchteten sich sehr" (Vers 6). Offenbar war ihm nie der Gedanke gekommen, dass er auch einfach schweigen könnte. Stattdessen äußert er diese Bitte, und es ist eine schlechte Idee, denn Jesus sagt: „Nein. Wir haben noch mehr Arbeit zu erledigen. Das ist die falsche Bitte."

Ein andermal wollen Jakobus und Johannes ihre himmlischen Plätze aufbessern, also lassen sie ihre Mutter vor Jesus niederknien und um die Plätze 1A und 1B in der ersten Klasse bitten. Jesus sagt ihnen, dass es im Reich Gottes nicht funktioniert, wenn man über die eigene Mutter Eigenwerbung betreibt. Hier lautet die Antwort also nein.

Wieder ein anderes Mal kommen sie in ein samaritisches Dorf, das sie nicht willkommen heißt – keine Überraschung angesichts der ethnischen Spannungen zwischen Samarien und Israel. Jakobus und Johannes wollen Feuer vom Himmel herunterbeten, um das Dorf zu atomisieren.

Jesus sagt: „Ich weiß die Geste zu schätzen, aber …"

Überall in der Bibel finden wir verschlossene Türen, wenn die Bitte falsch war. In vier Fällen bitten vier verschiedene

Personen – Mose, Jeremia, Elia und Jona – Gott, er möge ihr Leben nehmen. In jedem Fall sagt Gott: „Nein, nein, nein, nein." Meinen Sie nicht, dass die vier froh über Gottes Nein waren, als ihre düstere Stimmung sich verzogen hatte?

Gott sei Dank, dass er manchmal Nein sagt.

Es gibt einen Country-Song von Garth Brooks, der sich mit dieser Frage beschäftigt. Dieser Song heißt „Unanswered Prayers" („Nicht erhörte Gebete") und war vor einiger Zeit sogar die Nr. 1 in den US-Charts. Er war bei einem Football-Spiel in seiner alten Schule und sah eine Frau wieder, nach der er in seiner Schulzeit ganz verrückt war. Damals betete er, dass Gott sie ihm als Ehefrau geben möge. Das geschah nicht, und jetzt, viele Jahre später, sieht er sie wieder und fragt sich: *Was habe ich mir nur gedacht?*

Einige von Gottes größten Geschenken sind unbeantwortete Gebete

Leise flüstert er: „Danke, Gott! Danke, Gott!" Die Hauptzeile in diesem Song ist: „Einige von Gottes größten Geschenken sind unbeantwortete Gebete."

Vor einiger Zeit war ich bei einem Klassentreffen und sah eine Frau wieder, nach der ich damals ganz verrückt gewesen war. Jetzt, viele Jahre später, wurde wieder das gleiche Gebet geflüstert: „Danke, Gott!" Ich wusste, dass es geflüstert wurde, weil ich hörte, wie sie es flüsterte!

Ein leicht ernüchternder Gedanke: Vielleicht sind wir das unbeantwortete Gebet von jemandem.

Es gibt etwas Besseres

Manchmal bleibt eine Tür geschlossen, weil später noch etwas Besseres auf uns wartet – wir können es nur nicht sehen.

Ein junger Mann aus armen Verhältnissen träumte von einem besseren Leben für sich und seine Familie als die mühselige Existenz, die er in seiner Kindheit hatte. Er sparte so viel Geld, wie er konnte, und verschuldete sich hoch, um ein Lebensmittelgeschäft zu eröffnen. Sein Geschäftspartner hatte ein Alkoholproblem, und der junge Mann endete so tief in der Schuldenfalle, dass er seine finanziellen Defizite als „die Staatsverschuldung" bezeichnete. Er gab den Traum auf, je ein erfolgreicher Geschäftsmann zu werden, und brauchte über zehn Jahre, um seine Schulden abzubezahlen.

Dann studierte er Jura, ging in die Politik, und 1860 wurde Abraham Lincoln zum amerikanischen Präsidenten gewählt. Lincoln war ein großer Shakespeare-Fan, und sein Lieblingszitat stammt aus *Hamlet*: „Das lehr uns, dass eine Gottheit unsre Zwecke formt, wie wir sie auch entwerfen."[51] Er war in seinem eigenen Leben davon überzeugt, aber auch bezüglich der Nation, die er führte. Seine gesamte zweite Antrittsrede ist eine erstaunlich tiefgründige Betrachtung darüber, wie Gott im Bürgerkrieg auf geheimnisvollere und tiefere Art und Weise wirkte, als irgendein Mensch es sich vorstellen kann. Was für ein Verlust wäre es gewesen – nicht nur für ihn, sondern auch für eine ganze Nation –, wenn die Türen des kleinen Lebensmittelladens, den er in New Salem eröffnet hatte, nicht geschlossen worden wären.

Gott behält sich immer das Recht vor, Nein zu sagen. Das ist ein grundlegender Aspekt seines Wesens, aber auch des

Gebets, denn Gott weiß besser, was zu einem besseren Ende führt. Jede Macht und Kraft, auf die Menschen Zugriff haben, wird von uns früher oder später für zerstörerische Zwecke eingesetzt. Das gilt für die Macht des Wortes, für finanzielle und politische Macht, aber beispielsweise auch für die Atomkraft.

Stellen Sie sich vor, dass wir im Gebet Zugriff auf eine übernatürliche Kraft hätten, die immer alles so lenken würde, wie wir es wollen. Es wäre eine Katastrophe. Jeder, der meint, geschlossene Türen seien ein Gegenbeweis gegen die Kraft des Gebetes, hat wohl nicht besonders tiefgründig über das Beten nachgedacht.

Gebet ist kein Zauberspruch, sondern ein Gespräch mit einer Person – einer sehr weisen Person. Manchmal sagt Gott Nein – danken wir ihm dafür!

Das vielleicht häufigste Gebet der Welt ist: „Herr, verändere sie. Verändere ihn. Mach ihn so, wie ich ihn haben will. Mach, dass sie macht, was ich will."

Vielleicht beten Sie schon sehr lange so.

Es ist gut, Gott darum zu bitten, die Menschen in unserem Leben zu formen. Doch wenn ich so bete, ist mein *eigentliches* Gebet: „Gott, ich möchte mich nicht mit meiner eigenen Unreife auseinandersetzen, also bitte gestalte den anderen zu jemandem um, der meine Macken ausgleicht und mein Ego streichelt!" Und oft hat Gott etwas Besseres im Sinn. Oft gebraucht Gott den anderen schwierigen Menschen, um *mich* zu verändern.

Frederick Buechner zog nach New York, um Schriftsteller zu werden, nur um feststellen zu müssen, dass er kein einziges Wort schreiben konnte. Er versuchte, in der Werbeagentur seines Onkels zu arbeiten, aber er hatte nicht das Zeug dazu. Er versuchte, zur CIA zu gehen, aber er hatte nicht den nötigen Mumm. Er verliebte sich in eine Frau, die sich nicht in ihn verliebte. Er schrieb: „Es klingt alles wie eine hirnverbrannte Farce, wenn ich es hier so aufschreibe. Jede Tür, die ich zu öffnen versuchte, schlug mir ins Gesicht. Gleichzeitig war es aber auch eine Art Pilgerreise."[52]

Es war eine Erfahrung der verschlossenen Türen, weil er von dem, was er sich wünschte, enttäuscht war. Es war ein Fortschritt, weil es dazu führte, dass er Gott fand – oder von ihm gefunden wurde. Und in seinem Glauben schrieb er Worte, die Millionen anderer in ihrem Glaubensleben inspiriert haben. Doch diese Tür hätte sich niemals geöffnet, wenn sich viele andere Türen nicht zuerst geschlossen hätten.

Wachstum erforderlich

Eines Tages betete ich um Chancen in der Leiterschaft, aber meine Gedanken wanderten immer wieder zu einem Mann, auf den ich wütend war. Ich erinnerte mich an ein ganz seltsames Gebet aus 2. Könige. Als einige Jungen Elisa verspotten, verflucht Elisa sie im Namen Gottes. Schließlich tauchen Bären auf, die die Jungen zerfleischen … Ich dachte: *Das wäre doch ein Gebet für diesen Kerl!*

Mir wurde bewusst, dass meine Wut der Elefant im Gebetskämmerlein war, und solange ich daran festhielt, konnte ich nicht mit offenen Händen vor Gott beten. Ich konnte die Beziehung nicht so ändern, wie ich es wollte, aber es ist ein großer Unterschied, ob ich an einem Groll festhalte oder ihn Gott ausliefere. Ich wünschte mir offene Türen der Leiterschaft, aber ich musste lernen, inmitten einer schwierigen Beziehung zu wachsen.

Im Neuen Testament wird ein Zauberer namens Simon erwähnt, der so beeindruckt war von der geistlichen Vollmacht des Apostels Petrus, dass er ihm Geld anbot, um die gleiche Vollmacht zu bekommen. Aber er wollte diese Vollmacht nicht, um anderen zu helfen, sondern um sie zu beeindrucken.

Seine Bitte wurde ihm verwehrt. Warum?

Vielleicht war sein Herz zwei Nummern zu klein.

Paulus bat Gott, das wegzunehmen, was Paulus als „Dorn im Fleisch" bezeichnete. Mehrmals.

Er bekam nicht mehr als eine verschlossene Tür.

Aber diese verschlossene Tür brachte ihm ein größeres Geschenk als den entfernten Dorn. Paulus lernte zu verstehen, dass die Gnade nicht darin bestand, sein Problem loszu sein, sondern dass ihm damit Leben geschenkt wurde. Der schmerzhafte „Dorn" brachte auch etwas Wunderbares in Paulus' Geist hervor. Der „Dorn", der in irgendeiner Verbindung zu Paulus' Schwäche stand, sollte ihn befähigen, immer besser ein Kanal für Gottes Kraft sein zu können. Die „Problemtür" blieb verschlossen, damit die Tür der „Gnadenstärkung" geöffnet werden konnte.

In welchen Bereichen müssen wir vielleicht wachsen?

→→ Vielleicht müssen wir großzügiger und unabhängiger von finanziellem Besitz werden. In diesem Fall kann es sein, dass sich finanzielle Türen schließen.

→ Vielleicht müssen wir demütiger werden. In diesem Fall kann es sein, dass sich Türen für große Wünsche schließen.

→ Vielleicht müssen wir uns in Geduld üben. In diesem Fall kann es sein, dass sich die „Sofort!"-Tür schließt.

→ Vielleicht müssen wir lernen, unsere Feinde (oder auch nur unsere schwierigen Freunde) zu lieben. In diesem Fall kann es sein, dass sich die „Herr, verändere ihn/sie!"-Tür schließt.

Oft kann es sein, dass die Tür mit der Aufschrift „Gehen" verschlossen ist, weil eine Tür mit der Aufschrift „Wachsen" weit offen steht. Ich muss es Gottes Souveränität überlassen, welche Türen er öffnet und schließt.

Gott hat andere Pläne

Israel war das Volk Gottes und träumte davon, eine große Nation zu werden – doch es erlebte nichts weiter als eine verschlossene Tür. Es wurde besiegt und ins Exil verschleppt. Es betete darum, dass ihm dieses Leid erspart blieb. Was, wenn Gott Ja gesagt hätte? Was, wenn Israel eine Weltmacht mit viel Geld und großen Armeen geworden wäre, nie ins Exil gemusst und seinen Glauben für sich behalten hätte? Was, wenn nie Propheten gekommen wären, die von einem anderen, einem besseren, einem geistlichen Königreich träumten, in das die gesamte Menschheit eingeladen werden konnte? Als sich die Türen der militärischen, politischen, wirtschaftlichen und geografischen Größe schlossen, öffnete sich eine kleine, unbemerkte Tür zu einem anderen Volk mit einem anderen Auftrag, das nach einer anderen Größe strebte – und damit wurde die Welt ungleich mehr verändert, als es durch eine Weltmacht je hätte geschehen können.

Dietrich Bonhoeffer wollte nichts als ein stilles Leben in Studium und Lehre. Diese Tür wurde ihm verschlossen. Er sollte in einem theologischen Seminar im Untergrund arbeiten, im Konzentrationslager enden und schließlich sein Leben opfern. Er konnte nicht wissen, dass er dadurch ein Vermächtnis hinterlassen würde, das die Herzen von vielen Generationen auf der ganzen Welt berührte.

> *Viele Türen, die für uns groß aussehen, sind für Gott klein, und viele Türen, die für uns klein aussehen, sind sehr groß für ihn.*

Vor Jahren zogen Nancy und ich nach Chicago. In vielerlei Hinsicht war das wie eine verschlossene Tür für Nancy. Erstens ist Nancy gebürtige Kalifornierin, und Chicago ist definitiv nicht Kalifornien. Aber zweitens (und das war der schwerwiegendere Grund) kam unser Alternativangebot von einer Gemeinde in Kalifornien, die uns beiden einen Posten anbot – und in Chicago gab es keinerlei Angebot für Nancy.

Als wir unsere Entscheidung trafen, konnte sie nicht wissen, dass sie binnen eines Jahres bei Willow Creek angestellt sein, Lehrpastorin werden und am Ende einen Arbeitszweig leiten würde, der ein einmaliges Abenteuer war: Dort hatte sie Gelegenheit, junge Leiter zu schulen, die lebenslange Freunde und beständige Dienstpartner werden würden. Sie wusste nicht, dass sie ein Netzwerk von Freunden und Chancen nicht nur in Chicago, sondern auf der ganzen Welt aufbauen würde.

248

Viele Türen, die für uns groß aussehen, sind für Gott klein, und viele Türen, die für uns klein aussehen, sind sehr groß für ihn. Das gehört zur großen Umkehrung im Reich Gottes: Die Ersten werden die Letzten sein, der Größte wird der Diener sein, der Niedrigste wird erhöht.

Nicolas Herman war enttäuscht von seinem Traum, ein großer Soldat zu werden. Stattdessen nahm er eine unbedeutende Arbeit als Küchenhilfe in einer nicht militärischen Organisation an. Doch er probierte aus, wie sehr er sich in seiner Arbeit von Gott abhängig machen konnte. Nach seinem Tod wurde ein Buch zusammengestellt, das heute den Titel *Der Wandel vor Gott: Gespräche und Briefe über die Vergegenwärtigung Gottes im praktischen Leben* trägt. Darin ist seine Lebensgeschichte unter seinem Ordensnamen „Bruder Lorenz" aufgezeichnet. Es wurde zu einem der meistgelesenen Bücher der Geschichte. Zu seinen Lebzeiten wusste fast jeder, wer gerade Papst war, aber fast niemand kannte Bruder Lorenz. Heute weiß kaum noch jemand, wer damals Papst war, aber die Welt feiert die Erinnerung an Bruder Lorenz.

Selbst in der menschlichen Bosheit kann Gott wirken und unerwartet Gutes hervorbringen. An ihrem dreizehnten Geburtstag erhält ein einsames Mädchen ein rot-weiß ≤kariertes Poesiealbum, das sie als Tagebuch nutzt. Enttäuscht von ihrem Mangel an Freunden beschließt sie, dass ihr Tagebuch ihre beste Freundin sein soll, der sie ihre tiefsten Gedanken und Gefühle anvertraut, die niemand sonst in ihrem Verstand und Herzen vermuten würde. Sie verbringt ihr Leben hinter verschlossenen Türen und stirbt zwei Jahre später. *Das Tagebuch der Anne Frank* ist eines der wertvollsten literarischen Geschenke des 20. Jahrhunderts. Nach dem Krieg wurde es gefunden und ihrem Vater übergeben – dem einzigen Überlebenden der Familie. Durch die Menschlichkeit und Hoffnung, die sich in diesem Tagebuch ausdrücken, hat Anne dreißig Millionen Leser in siebenundsechzig Sprachen inspiriert – nur eine Handvoll Autoren des 20. Jahrhunderts haben ebenso viele Leser. Was nach einem kleinen, vom Bösen ausgelöschten Leben aussah, wurde zu einem unauslöschlichen Licht.

Jennifer Dean schreibt:

Stellen Sie sich etwas Großes vor. Einen Berg? Einen Baum? Halten Sie sich das Bild von etwas, das Sie „groß" nennen würden, vor Ihr inneres Auge. Jetzt stellen Sie sich vor, dass es aus winzigen Atomen zusammengesetzt ist. Atome bestehen aus noch winzigeren Neutronen und Protonen. Neutronen und Protonen bestehen aus Elementen, die so klein sind, dass sie nicht einmal mit dem stärksten Mikroskop sichtbar sind.

Es gibt nichts „Großes". Alles, was wir „groß" nennen, ist nur eine riesige Menge „Kleines".

Kleines und Kleines und Kleines zusammengenommen wird am Ende zu etwas Großem. Es gibt kein „Groß" ohne eine riesige Menge Kleines.

Die Natur, wie Gott sie erschuf, ist das Bild des unsichtbaren Himmelreichs. (...) Im Leben von Gottes Reich ist „klein" wichtig. „Klein" ist der Schlüssel zu „groß".[53]

In Gottes Reich ist Klein das neue Groß. In Gottes Reich führt der Weg nach oben hinunter, und der Weg zum Leben führt ins Sterben. Mutter Teresa riet den Menschen immer, nicht große Dinge für Gott zu tun, sondern kleine Dinge mit großer Liebe.

Sie und ich wissen nicht, welche Türen Gott öffnen wird, damit unser kleines Leben Auswirkungen über uns selbst hinaus bekommt. Bis zum Augenblick unseres Todes – und manchmal nicht einmal dann – wissen wir nicht, wer von unserem Handeln beeinflusst wird. Darum sind wir dazu aufgefordert, nie zu verzweifeln, ganz gleich, wie klein unser Leben aussieht oder wie viele Türen, durch die wir unbedingt hindurchgehen wollten, sich scheinbar geschlossen haben. Wir sind eingeladen, so zu leben, als würden unsere kleinsten guten Taten irgendwie durch Gottes Gnade Ewigkeitswert haben.

Gott kennt sich aus mit verschlossenen Türen

Gott weiß, wie schmerzlich verschlossene Türen sind – viel besser, als je ein Mensch es wissen wird. Gott hat jedem Menschen den Schlüssel zur Tür des eigenen Herzens gegeben, und Gott wird sich nicht gewaltsam Zugang verschaffen. „Siehe, ich stehe vor der Tür und klopfe an …" (Offenbarung 3,20). Nicht nur wir hoffen, dass Gott uns eine Tür öffnen wird; auch Gott hofft, dass wir ihm eine Tür öffnen.

Wir sind also nicht allein mit unserem Kummer über eine verschlossene Tür. Gott spürt ihn auch.

Ich bekam einen Brief vom Vater eines achtjährigen Mädchens, das unter einer lebensbedrohlichen, belastenden Krankheit leidet. Er schrieb: „Jeden Tag bete ich um ihre Heilung. Jeden Tag bete ich darum, die Situation verstehen zu können. Jeden Tag bitte ich Gott: ‚Gott, kannst du nicht mich statt meines kleinen Mädchens krank machen? Lass mich leiden.' Ich bin so wütend auf Gott. Ich versuche, mich an ihm festzuhalten, aber ich bin so wütend. Warum schweigt der Himmel bei dem einen Gebet, für das ich mir am dringendsten Erhörung wünsche?"

Sie kennen das auch oder etwas Ähnliches. Oder Sie werden eines Tages in einer ähnlichen Situation sein. Ich kann Ihnen keine Erklärung geben, die alle Antworten liefert, denn niemand hat alle Antworten. Ich kann Sie nur auf eine Person hinweisen. Ich kann Ihnen nur sagen, dass im Herzen des Evangeliums ein unbeantwortetes Gebet steht. Jesus kniete im Garten Gethsemane und betete: „Mein Vater! Wenn es möglich ist, lass den Kelch des Leides an mir vorübergehen. Doch ich will deinen Willen tun, nicht meinen" (Matthäus 26,39).

Das ist das verzweifeltste Gebet aller Zeiten, gebetet von der weisesten Person, die jemals auf dieser Erde lebte, aus dem reinsten Herzen, das je schlug – ein Gebet um Rettung aus dem ungerechtesten Leiden, das je irgendjemanden traf. Und als Antwort darauf gab es nichts als Schweigen. Der Himmel blieb ungerührt. Der Kelch des Leidens wurde nicht von Jesus genommen. Die Tür blieb verschlossen.

Aus diesem ungewollten, unverdienten Leid entstand die Hoffnung der Welt, die die Menschheitsgeschichte völlig verändert hat. Denn die letztgültige Antwort auf jedes menschliche Leid, auch das Leid von unbeantworteten Gebeten, ist ein von Sünde beflecktes, blutdurchtränktes Kreuz, an dem der Sohn Gottes selbst litt. Niemand hat alle Antworten, aber ich musste diese Woche denken: *Was, wenn alle diese schweren Gebete mit einem Ja beantwortet würden?*

Was, wenn Paulus von seinem „Dorn im Fleisch" geheilt worden wäre? Was, wenn ein noch imposanterer Mensch aus ihm geworden und er noch mehr gereist wäre, wenn er sich am Ende seiner großen Stärke gerühmt hätte und seine großen Begabungen die Bewegung der jungen Kirche zu einem Monument menschlicher Größe hätten werden lassen?

> *Jesus bat in Gethsemane darum, nicht gekreuzigt zu werden. Was, wenn Gott Ja gesagt hätte?*

Was, wenn aus Israel statt dem „Volk des Buches" eine große Militärmacht oder ein reiches Volk geworden wäre?

Jesus bat in Gethsemane darum, nicht gekreuzigt zu werden. Was, wenn Gott Ja gesagt hätte? Was, wenn Jesus dieser Leidenskelch erspart geblieben wäre? Was, wenn es kein Kreuz gegeben hätte, keinen Tod, kein Grab, keine Auferstehung, keine Sündenvergebung, keine Ausgießung des Heiligen Geistes, keine Geburt der Kirche?

Ich weiß nicht, warum manche Gebeten mit Ja und andere mit Nein beantwortet werden. Ich kenne den Kummer eines Neins, wo man sich mehr als alles andere in der Welt ein Ja wünschte. Aber ich weiß das *Warum* nicht. Ich weiß nur, dass am Kreuz Gottes Nein zu seinem einzigen Sohn zu Gottes Ja zu jedem Menschen wurde, der je gelebt hat.

Das Versprechen über alle Türen hinaus

In der Nacht vor seinem Tod versuchte Jesus, seinen Jüngern zu erklären, dass es eine Weile lang schlimm stehen würde, so als hätte der Himmel seine Türen verschlossen, doch dass sie nicht aufgeben sollten, weil es noch nicht das Ende sei.[54] Es ist eine ergreifende Szene, aber an einem Punkt zeichnet Johannes ein Bild von der Dummheit der Jünger, das regelrecht komisch ist. Jesus sagte:

„Schon sehr bald werdet ihr mich nicht mehr sehen. Dann, nach einer weiteren *kurzen Zeit*, werdet ihr mich wieder sehen."

Da fragten die Jünger einander: „Was meint er damit: ‚Ihr werdet mich nicht sehen und dann werdet ihr mich wieder sehen'? (…) Und was heißt ‚*eine kurze Zeit*'? Das verstehen wir nicht."

Jesus merkte, dass sie ihn gern gefragt hätten. Deshalb sagte er: „Ihr fragt euch, was ich gemeint habe? Ich sagte, dass ich sehr bald fort sein werde und ihr mich nicht mehr sehen werdet. Dann, nach einer weiteren *kurzen Zeit*, werdet ihr mich wieder sehen." (Johannes 16,16-19; eigene Hervorhebung)

„Ja", antworten sie. „Genau das wollen wir wissen."

Das ist der Jünger-Nachhilfekurs, nicht der Kurs für Fortgeschrittene. In ihrer Ungeduld wollen die Jünger sofort alle Türen geöffnet und alle Fragen beantwortet haben. „Nicht jetzt" bedeutet für sie: nie. Aber für Gott – und eines Tages im Licht der Ewigkeit auch für uns – ist es nur „eine kurze Zeit". Johannes betont das, damit wir verstehen, was danach geschieht.

Jesus macht den Jüngern ein wunderbares Versprechen: „Jetzt seid ihr traurig, aber ich werde euch wiedersehen, und dann werdet ihr euch freuen, und niemand kann euch diese Freude nehmen. Wenn es so weit ist, werdet ihr mich um nichts mehr bitten (oder: nichts mehr fragen) müssen" (Johannes 16,22f).

„Am Ende gewinnt die Freude", sagt Jesus, „und an dem Tag werdet ihr mich nichts mehr fragen."

Was würde es bedeuten, keine Fragen mehr zu haben? Warum verspricht Jesus das?

Die Jünger piesackten Jesus ständig mit Fragen. Ist Ihnen das schon einmal aufgefallen? Gehen Sie einmal die Evangelien durch. Ständig heißt es: „Hey, Jesus! Kann ich an deiner rechten Seite sitzen?" „Hey, Jesus! Wie oft muss ich diesem Kerl vergeben?" „Hey, Jesus! Warum wurde dieser Mann blind geboren?" „Hey, Jesus! Wieso konnten wir diesen bösen Geist nicht austreiben?" „Hey, Jesus! Was bedeutet dieses Gleichnis?" „Hey, Jesus! Sollen wir Feuer vom Himmel fallen lassen, damit die Samariter verbrennen?" „Hey, Jesus! Wer von uns ist der Größte?" „Hey, Jesus! Was meinst du mit ‚eine kurze Zeit'?" Immerzu heißt es: „Hey, Jesus!"

Als wir unser erstes Kind bekamen und es sprechen lernte, musste ich feststellen, dass ich kein bisschen auf den ständigen Ansturm von Fragen vorbereitet war, der aus diesem kleinen Mund kam. „Warum? Warum? Warum?" Die Fragen hatten kein Ende. Nach einer Weile konnte ich es nicht mehr ertragen, und meine Frau, die ständig mit dem Kind zu Hause war, litt noch mehr darunter. Es hörte nie auf! Ich war all diese Fragen so leid.

Einmal saßen wir zu dritt im Auto, meine Frau, Laura und ich. Laura war etwa zwei Jahre alt, und plötzlich hatte ich eine Idee. Ich beschloss, den Spieß umzudrehen, also drehte ich mich zu Laura um und begann, ihr Fragen zu stellen. „Hey, Laura. Warum ist das Gras grün? Hey, Laura. Warum ist der Himmel blau? Hey, Laura? Warum scheint die Sonne? Hey, Laura. Warum fährt das Auto? Hey, Laura. Wo kommen die Babys her?" Ein verwirrter, beunruhigter Ausdruck trat in ihr kleines Gesicht, und Nancy war begeistert. „Mach weiter, John! Gleich weint sie! Gleich weint sie!

Daran musste ich denken, als ich über diesen Bibeltext nachdachte und überlegte, ob Jesus wohl manchmal all die Fragen leid war. „Hey, Jesus. Hey, Jesus. Hey, Jesus." Denn hinter allem steckt doch die eine große Frage. *Warum?* Jeder Mensch auf der Welt hat diese Frage.

Warum? Warum hat dieser kleine sechsjährige Junge einen Hirntumor? Warum gab es in Boston einen Bombenanschlag? Warum? Hey, Jesus, warum gab es in Texas eine Naturkatastrophe, und unschuldige Menschen sind gestorben? Hey, Jesus, warum ist mein Kind weggelaufen? Hey, Jesus, warum ist meine Ehe kaputtgegangen? Hey, Jesus, warum habe ich diese schrecklichen Depressionen, die nicht verschwinden, egal, was ich mache?

Jesus sagt: „Freunde, ich will euch eines sagen. Eine kurze Zeit lang werdet ihr mich nicht sehen, und alles wird schlimm aussehen. Ihr werdet in dieser Welt schreckliche Dinge erleben. Krebs. Hunger. Krieg. Hass. Entsetzliche Ungerechtigkeit. Körper, die von Dingen beeinträchtigt sind, von denen sie nie hätten beeinträchtigt werden sollen. Betrug. Missbrauch. Gewalttaten.

Dann, nach einer kurzen Zeit ... Euch wird es wie eine lange Zeit erscheinen, aber gemessen am Maßstab der Ewigkeit ist es nur eine kurze Zeit. Nach einer kurzen Zeit, nach einer ganz kurzen Zeit, komme ich wieder, und ihr werdet mich wieder sehen, und ich werde alles in Ordnung bringen, und die Welt wird neu geboren werden, und die Schmerzen dieser Geburt werden vergessen sein, und die Freude wird gewinnen."

Die Freude gewinnt.

Diesseits der verschlossenen Tür haben wir viele Fragen. Warum öffnet sich die Tür nicht? Warum kann ich das nicht haben? Warum muss ich leiden? Eines Tages, auf eine Art und Weise, die keiner von uns verstehen kann, werden wir für die verschlossenen Türen so dankbar sein, wie wir es jetzt schon für die offenen Türen sind.

Ja, an jenem Tag ... *an jenem Tag*. Nicht heute. Vielleicht auch nicht morgen, aber „an jenem Tag", sagt Jesus, „werdet ihr mich nichts mehr fragen." Das wird ein guter Tag sein!

Rudolf Bultmann formulierte es so: „Es ist das Wesen der Freude, dass alle Fragen verstummen und nichts mehr einer Erklärung bedarf."[55]

Dann werden wir Gottes Güte sehen. Dann wird diese Welt neu geboren werden. Dann werden Sünde, Schuld, Schmerz, Leid und Tod besiegt sein. Dann wird es keine Fragen mehr geben. Wenn Sie versucht sind, ungeduldig zu werden, und wenn Sie sich fragen, wann das geschehen wird – ich kann's Ihnen sagen.

Nach kurzer Zeit.

Nach ganz kurzer Zeit.

10

Die *Tür* in der Mauer

*I*m 20. Jahrhundert wurden zwei Geschichten geschrieben, die auf Englisch den gleichen Titel tragen: *The Door in the Wall* („Die Tür in der Mauer").

Eine davon stammt von Marguerite de Angeli und erhielt die Newbery-Medaille für Kinderliteratur. Der zehnjährige Sohn eines Ritters im Mittelalter wird krank und bleibt durch die Krankheit gelähmt. Er wird durch ein grausames Feindesheer von seinen Eltern getrennt und von einem Mönch namens Bruder Lukas versorgt. Er schämt sich wegen seiner Beine und ist enttäuscht – die anderen nennen ihn „Robin Crookedshanks" („Robin Krummbein"). Er hat das Gefühl, dass sein Leben unbedeutend bleiben wird, weil er nicht arbeiten kann und keine Chance hat, seinen Mut zu zeigen oder glorreiche Taten zu vollbringen. Doch der Mönch nimmt ihn mit in sein Kloster, bringt ihm Lesen und Schwimmen und Schnitzen bei und lehrt ihn, um den Glauben zu beten, dass immer noch ein gutes, schönes Leben vor ihm liegt. „Vergiss nie", sagt der Mönch, „du musst der Mauer nur weit genug folgen, und du wirst die Tür darin finden."

> *Vergiss nie, du musst der Mauer nur weit genug folgen, und du wirst die Tür darin finden.*

Am Ende der Geschichte ist es seine Behinderung, die zu seiner großen Chance wird. Seine krummen Beine führen dazu, dass der Feind ihn unterschätzt. Sein widerstandsfähiger Geist, den er aufgrund seines Handicaps entwickelt hat, lässt ihn nicht aufgeben. Er allein findet die Tür in der Festungsmauer. Entgegen allen Erwartungen wird er zum Retter, der sich durch die nichts ahnenden feindlichen Linien stehlen und seinen Lieben helfen kann. Sein Glaube an die Worte des alten Mönchs lässt ihn durchhalten.

Die andere Geschichte stammt von H.G. Wells, der wohl am besten für seine Science-Fiction-Werke wie *Krieg der Welten* bekannt ist. In Wells' Geschichte ist das Versprechen einer Tür in der Mauer nur ein grausamer Scherz. Ein Mann wird sein Leben lang von der Erinnerung an eine Tür geplagt, die in einen verzauberten Garten führt, der alles enthält, wonach er sich je gesehnt hat. Sein Leben lang sucht er vergeblich nach dieser Tür. Am Ende der Geschichte wird sein Leichnam gefunden – er ist in eine Baustelle hinter einer Mauer gestürzt, in der sich eine Tür befand, die genau wie die Tür aussah, nach der er gesucht hatte.

Wir alle kennen diese Mauer. Die Mauer – das sind unsere Probleme, unsere Begrenzungen, unsere Enttäuschungen und am Ende unser Tod. Die große Frage im Leben ist, ob das Universum eine Tür in der Mauer hat. Vielleicht ist das Leben so, wie Wells es darstellte.

Doch unsere Geschichten können auch einer anderen Möglichkeit nicht entfliehen. Im tiefsten Sinn sind Türen nicht einfach Übergänge oder auch Chancen in unserem Leben. Türen haben mit dem Eintritt in eine andere Realität zu tun.

In dem Film *Die Monster AG* geht es ständig um Türen.

Durch Türportale gelangen die Monster in die Zimmer von Kindern und jagen ihnen Angst ein, denn aus der Angst der Kinder bezieht die Monsterfabrik ihre Energie. Eine Tür bleibt „aktiv", und ein kleines Mädchen namens Buh gelangt in die Fabrik. Die Tür geht in beide Richtungen auf. Die andere Welt dringt in diese ein. Und am Ende beschließen die Monster, die Kinder lieber zum Lachen als zum Schreien zu bringen, denn Freude stellt sich als stärker als Angst heraus.

Die Bibel erzählt die seltsamen Geschichten von Männern und Frauen, die an eine andere Welt glauben: dass der Garten, nach dem wir uns sehnen, wirklich existiert; dass Leid und Tod nicht das letzte Wort haben dürfen; dass wir eine andere Welt sehen werden oder sehen werden, wie diese Welt in Ordnung gebracht wird. Dieser Glaube lässt sie – und uns – inmitten von Leid und Enttäuschung durchhalten. „Was ist nun also der Glaube? Er ist das Vertrauen darauf, dass das, was wir hoffen, sich erfüllen wird, und die Überzeugung, dass das, was man nicht sieht, existiert. Aufgrund dieses Glaubens hat Gott unseren Vorfahren in der Schrift seine Anerkennung ausgesprochen" (Hebräer 11,1f). Und in der Welt des Altertums, in der die Götter oft furchterregend und monströs waren, verbreitete sich die Botschaft eines Gottes, der zu seinem Freund Abraham sagte: „Du wirst noch sehr viel erleben!", und ihm auftrug, seinen Sohn Isaak – „Lachen" – zu nennen, denn Gott will, dass Freude stärker als Angst ist.

Ich glaube, dass es eine Tür gibt. Ich glaube es, weil das Leben selbst ein Geschenk an uns ist. Es ist eine „geöffnete" Tür, weil Gott derjenige ist, der sie öffnet. Ich kann es nicht erzwingen. Das ist eines der großen Gesetze des Universums: „Das Leben gibt uns seine Geschenke oft nur, wenn wir uns nicht zu sehr darum bemühen. Ich denke an Dinge, wie Freunde zu bekommen oder Schlaf oder originelle Ideen oder in einem Vorstellungsgespräch einen guten Eindruck zu machen oder im Leben glücklich zu werden. Wenn man sich bei diesen Dingen zu sehr anstrengt, stellt man sich selbst ein Bein. Der Glaube an Gott ist selbst viel mehr ein Geschenk und eine Entdeckung als eine bewusste Errungenschaft."[56] „Vergiss nie, du musst der Mauer nur weit genug folgen, und du wirst die Tür darin finden."

Doch es fällt uns schwer, das nicht zu vergessen. Wir sind (weiß Gott) „nicht stark". Unsere Beine sind krumm und ermüden schnell.

Deshalb werden wir hier, am Ende unserer Türen-Entdeckungsreise, nach Hilfe Ausschau halten, wie wir bei der Suche nach Türen durchhalten können, wenn die Mauer unüberwindbar scheint. Wir werden die Hauptgründe betrachten, warum Menschen in der Versuchung stehen, die Suche aufzugeben. Und wir werden daran denken, dass wir nicht aufhören dürfen zu suchen.

„Ich bin nicht stark genug"

Manchmal stehe ich in der Versuchung, die Suche nach göttlichen Gelegenheiten zur Zusammenarbeit mit Gott aufzugeben, wenn mich das Bewusstsein meiner eigenen Unzulänglichkeit überwältigt. Zum Beispiel versuche ich, über einen Bibelvers über Liebe nachzudenken („Die Liebe ist geduldig und freundlich. Sie ist nicht neidisch oder überheblich, stolz oder anstößig"; 1. Korinther 13,4f). Mein nächster Gedanke ist, wie ich anderen diesen Vers effektiv nahebringen kann, und mein nächster Gedanke ist, wie beeindruckt die Leute von meiner Predigt sein werden und wie ich diesen Vers über Liebe benutzen kann, um richtig erfolgreich dazustehen.

Dabei fällt mir eine andere Tür ein, die in der Bibel erwähnt wird. Gott sprach mit Kain, als Kain von Neid und Hass versucht wurde: „Warum bist du zornig, und warum hat sich dein Gesicht gesenkt? Ist es nicht so, wenn du recht tust, erhebt es sich? Wenn du aber nicht recht tust, lagert die Sünde vor der Tür. Und nach dir wird ihr Verlangen sein, du aber sollst über sie herrschen" (1. Mose 4,6f; ELB).

Die „Tür" hier könnte man die „Tür der Versuchung" nennen. In jedem Moment, in dem ich in Versuchung gerate, verspricht Gott, da zu sein und mir einen Fluchtweg zu ermöglichen. Manchmal denke ich daran und schließe die Tür der Versuchung – und manchmal nicht.

Ich bekam einen Anruf von einer wirklich unleidlichen Nachbarin. Kennen Sie solche Anrufe? Was sie sagte, fand ich unfair, beleidigend und voreingenommen. Ich muss mit solchen Situationen immer vorsichtig umgehen, weil ich Pastor bin und nie weiß, ob die betreffende Person nicht einmal in meiner Gemeinde landet. Aber trotzdem … es ärgerte mich einfach.

Ich konnte spüren, wie ich innerlich anfing zu kochen. Dann erinnerte ich mich an das, was Jesus sagte: „Liebe deinen Nächsten" (Matthäus 22,39). Ich sagte: „Okay, Jesus. Meine Nachbarin braucht Geduld und Liebe. Ich werde Nancy bitten, sie anzurufen."

Ich unterhielt mich in einem Restaurant mit dem Kellner an meinem Tisch. Der Mann hat zwei Jobs, bei denen er jeweils nur den amerikanischen Mindestlohn bekommt. Nicht einen, sondern *zwei* Mindestlohn-Jobs, nur um einigermaßen über die Runden zu kommen und seine Mutter zu unterstützen. Ich wollte gar nichts besonders Großzügiges tun. Dann erinnerte ich mich an das, was Jesus sagte: „Sammelt keine Reichtümer hier auf der Erde an (...) Sammelt eure Reichtümer im Himmel" (Matthäus 6,19f). Die Situation dieses Mannes wurde zu einer offenen Tür für eine kleine Geste und ein rasches Gebet.

Die Tür zum Himmel steht in jedem Augenblick offen, selbst zu den ungewöhnlichsten Zeiten. Einmal steckte ich im dichten Berufsverkehr, hatte es aber sehr eilig. (Je eiliger man es hat, umso langsamer fließt der Verkehr.) Schlimmer noch war, dass ein Mann alle auf dem linken Standstreifen überholte, obwohl das nicht erlaubt ist. Das ist keine Fahrspur, sondern der Standstreifen. Er tat, als gehörte ihm die ganze Straße, und dann wollte er auch noch vor mir auf die Ausfahrt einscheren.

Zu allem Überfluss schaute ich ihn auch noch an. Ich wollte nicht, aber ich wusste, dass es nicht richtig wäre, ihn zu ignorieren. Er schaute mich an und tippte auf seine Uhr, so als würde ich seine Zeit verschwenden. Und Jesus hatte auch für diese Situation die richtigen Worte: „Geh weg von mir, Satan!"

Jesus hat die richtigen Worte für jeden Anlass. Das ist das Wunderbare an ihm.

Manchmal denke ich daran und höre auf ihn. Aber oft tue ich es nicht. Dann schreie ich meine Familie an. Ich setze mich an die erste Stelle. Ich bringe Menschen nur Wertschätzung entgegen, weil sie mir nützlich sind. Ich bemühe mich, Menschen zu beeindrucken, die ich beeindruckend finde. Ich mache mich zum Held meiner Geschichten. Ich begehre. Ich beneide.

Und dann schaue ich in den Spiegel und bin bereit, mich aufzugeben.

Ich stand im Supermarkt an der Schlange und bemerkte eine Frau vor mir, die so angezogen war, dass meine Hormone ein wenig verrücktspielen würden, wenn ich sie einfach beobachtete und meiner Fantasie freien Lauf ließ. Ich hatte immer gedacht, dass ich mit dem Pastorenberuf automatisch für solche Dinge immun werden würde, aber bisher haben meine Hormone die Info noch nicht bekommen.

Und dann kam mir wie aus dem Nichts ein Gedanke: *Was würde ich jetzt tun, wenn mein Freund Dallas Willard hier mit mir in der Schlange stünde?* Dallas hatte einen enormen positiven geistlichen Einfluss auf mich und auf viele andere. Er war vor Kurzem gestorben und ich dachte oft an ihn. Mehr als die meisten anderen Menschen, die ich kenne, hatte er die Kunst gemeistert, Schönheit in allen Menschen zu sehen, aber im Großen und Ganzen ohne falsches Begehren, das aus Menschen Objekte macht.

Ich wusste, dass ich diese Frau nicht anstarren würde, wenn Dallas hier neben mir stehen würde. Und ich wusste, dass mir zwar einerseits ein kleiner, flüchtiger Kick gefallen würde, aber eigentlich – viel tiefer in meinem Herzen – wollte ich mehr leben wie Dallas. Ich wollte das unrechte Begehren nicht unterdrücken, sondern frei davon sein.

Und ich erinnerte mich daran, dass – viel wichtiger als Dallas – in gewissem Sinn Jesus neben mir stand. Ich dachte daran, dass Dallas genau das sah und lehrte und lebte und dass ich ihn aus diesem Grund so gernhatte und mich so zu ihm hingezogen fühlte. Wenn ich Dallas genau anschaute, merkte ich, dass seine Art zu leben die bessere ist.

Also schaute ich weg. Die Tür schloss sich.

„Die Sünde lauert vor deiner Tür", sagt Gott zu Kain, „aber du musst sie beherrschen." Wie macht man das? Seltsamerweise nicht mit aller Gewalt. Wenn ich mich aus reiner Willenskraft dazu bringen will, nicht neidisch zu sein, nicht zu vergleichen oder abzulehnen, dann hilft mir das wenig. Aber es gibt einen anderen Weg.

Mitten in einem wunderbaren Abschnitt in seinem Brief an die Philipper, in dem Paulus davon schreibt, dass unser Denken von Angst befreit ist und wir voller Freude sein dürfen und erfüllt mit allem, was wahr und ehrbar und gerecht und lobenswert ist, steht die folgende großartige Verheißung: „Ihr werdet Gottes Frieden erfahren, der größer ist, als unser menschlicher Verstand es je begreifen kann. Sein Friede wird

> *Gottes Frieden wird eure Herzen und Gedanken im Glauben an Jesus Christus bewahren" (Philipper 4,7)*

eure Herzen und Gedanken im Glauben an Jesus Christus bewahren" (Philipper 4,7).

Ich muss an dieser Tür nicht allein Wache stehen. Gott hilft mir, wenn ich ihn darum bitte.

Im gleichen Brief schreibt Paulus noch etwas ganz Wunderbares. Er sagt, er selbst sei auch noch nicht am Ziel angekommen. „Ich bin noch nicht alles, was ich sein sollte, aber ich setze meine ganze Kraft für dieses Ziel ein. Indem ich die Vergangenheit vergesse und auf das schaue, was vor mir liegt, versuche ich, das Rennen bis zum Ende durchzuhalten und den Preis zu gewinnen, für den Gott uns durch Christus Jesus bestimmt hat" (Philipper 3,13f).

„Die Vergangenheit vergessen": Eine der großen Aufgaben des geistlichen Lebens besteht darin zu lernen, woran man sich erinnern und was man vergessen soll. Ich soll vergessen, was hinter mir liegt – meine Schuld, meine Unzulänglichkeit, meine Schwäche, mein Bedauern. „Ich weiß, dass du nicht stark bist", sagt Gott.

Ich soll mich daran erinnern, dass ich weitergehen muss. „Vergiss nie, du musst der Mauer nur weit genug folgen, und du wirst die Tür darin finden."

„Gott ist nicht gut genug"

Der nächste Grund, warum ich versucht sein könnte, die Suche nach der Tür aufzugeben, ist die Angst, dass Gott mich aufgibt. Das ist die Logik des Mannes, der im Gleichnis von Jesus sein Talent vergeudet. Der Mann sagt zu seinem Herrn: „Ich weiß, du bist ein strenger Mann" (Matthäus 25,24).

Ich vergesse, welchen Preis Gott gezahlt hat, um die Tür des Himmels für mich zu öffnen.

Im ersten Jahr unserer Ehe reisten meine Frau und ich nach Schweden, um etwas über die Geschichte der Familie meines Großvaters zu erfahren, die er uns – in echter schwedischer Manier – nie erzählt hatte.

Wir besuchten die alte Kirche, zu der die Familie Ortberg vor einem Jahrhundert gehörte, und stückelten durch die Lektüre der Kirchenbücher die Familiengeschichte zusammen. Als mein Großvater neun Jahre alt war, starb seine Mutter. Sie hatte Schwefel eingenommen; das bedeutete, entweder wollte sie Selbstmord begehen oder ein Kind abtreiben. So oder so war ihre Todesursache für die Kirche nicht vertretbar. Sie durfte nicht auf dem Kirchenfriedhof begraben werden. Meine Urgroßmutter wurde außerhalb des kleinen eingezäunten Kirchhofs begraben; ihr neunjähriger Sohn durfte die Stelle nicht wissen und konnte so das Grab seiner Mutter nicht besuchen. Sie befand sich draußen vor dem Tor.

Mein Großvater verließ Schweden und kam in die Vereinigten Staaten, lernte dort seine Frau kennen und gründete eine Familie. Dafür bin ich dankbar, denn andernfalls wären mein Vater und später ich nicht geboren worden. Mein Großvater arbeitete unter anderem als Hausmeister in der Highschool, die mein Vater besuchte. Ich kannte ihn nur als alten Mann – er war dreiundneunzig, als er starb –, und in gewisser Weise hatte er wohl sein Leben lang draußen gestanden und hineingeschaut.

In vielerlei Hinsicht geht es uns allen so. Die Bibel beginnt mit dem Bild eines Lebens ohne Türen, bei dem ein Mann und eine Frau ein uneingeschränkt vertrautes Verhältnis zu Gott und zueinander hatten, ohne Scham und ohne Tod. Doch wir leben nicht mehr dort. Als Reaktion auf die Sünde erscheint nun in der Bibel die erste „Tür": „Nachdem er sie aus dem Garten vertrieben hatte, stellte Gott, der Herr, Cherubim auf, die mit einem flammenden, blitzenden Schwert den Weg zum Baum des Lebens bewachen" (1. Mose 3,24). Die erste Tür ist eine verschlossene Tür. Wir stehen draußen vor dem Tor.

Die Cherubim, die das Tor nach Eden bewachen, sind ein kleines Bild im Tempel: Dort standen die Cherubim auf der Bundeslade und bewachten das Allerheiligste. Das war der heiligste Teil des Tempels, den nur einmal im Jahr eine Person betreten durfte.

Es ist ein Bild für die Suche nach der unauffindbaren Tür, auf der wir alle sind. Wir alle stehen draußen vor dem Tor. Doch Gott will nicht, dass irgendjemand draußen steht. Gott versucht immer, verlorene Söhne und Töchter nach Hause zu bringen. Die Tür zum Vaterhaus steht immer offen.

Und irgendwie nahm Jesus unser „Außenseiterdasein" auf sich. Im Hebräerbrief heißt es sogar: „So litt und starb auch Jesus außerhalb der Stadttore, um sein Volk durch sein vergossenes Blut zu heiligen" (Hebräer 13,12).

Als Jesus starb, zerriss der Vorhang im Tempel, der vor dem Allerheiligsten hing, in zwei Teile. Die Gegenwart Gottes war nun durch Jesus jedem zugänglich, der es wollte. Das ist die größte Tür, die Tür zum Himmel, die Tür, nach der wir seit Eden suchen, die Tür, vor deren Öffnung wir alle hoffnungslos draußen standen und hineinschauten.

Die Sünde ist ein Raum ohne Türen. Es hat seinen Grund, warum Jean-Paul Sartre, der bekanntermaßen schrieb: „Die Hölle, das sind die anderen", seiner Beschreibung der Hölle den Titel *Geschlossene Gesellschaft* gab.

Doch es gibt immer eine Tür.

Wer hat die Tür offen gelassen?

Ich versichere euch: Ich bin das Tor zu den Schafen. (…) Ja, ich bin das Tor. Wer durch mich hineingeht, wird gerettet werden. Wo er auch hinkommt, wird er grüne Weiden finden. Ein Dieb will rauben, morden und zerstören. Ich aber bin gekommen, um ihnen das Leben in ganzer Fülle zu schenken. (Johannes 10,7.9f)

Jesus selbst ist die Tür. Das hat kein anderer Mensch je über sich gesagt – nicht Buddha, Konfuzius oder Mohammed, nicht Cäsar oder Napoleon. Jesus hat es gesagt.

Jesus selbst ist die Tür.

Durch Jesus – die Tür, den Weg, die Pforte – ist „oben" zu uns nach unten gekommen. „Ich habe eine Tür für dich geöffnet." Jesus wurde zum Außenseiter, damit wir hineingebeten werden können. Jesus verließ sein Zuhause, damit wir nach Hause kommen können. Als der Jünger Johannes ein junger Mann war, hörte er seinen Freund Jesus sagen: „Ich bin die Tür." Als Johannes ein alter Mann war, erhielt er eine große Vision von seinem Freund: „Als ich dann aufschaute, sah ich im Himmel eine Tür offen stehen" (Offenbarung 4,1). Jesus hat die Tür offen gelassen.

Wir alle sind auf der Suche nach einer Tür, die wir nicht erreichen können, und wir suchen oft auf die falsche Art und Weise danach. Es gibt ein Zitat, das manchmal G.K. Chesterton zugeschrieben wird, dessen Quelle aber unbekannt ist: „Immer wenn ein Mann an die Tür eines Bordells klopft, ist er eigentlich auf der Suche nach Gott."

Ein Bordell ist ein skandalöser Ort. Doch Jesus schockiert die Leute, indem er skandalöse Frauen in den Wirkungsbereich seiner rettenden Liebe einlädt. Wenn Jesus an die Tür eines Bordells klopfte, war es kein Mensch auf der Suche nach Gott, sondern Gott auf der Suche nach den Menschen.

Gott ist gut genug. Gott ist *besser* als gut genug. Gottes Güte ist Grund genug, sich weiter an der Mauer entlangzutasten, bis wir die Tür finden.

„Die Welt ist nicht sicher genug"

Wir gehen durch offene Türen, um Freiheit und Abenteuer und Leben zu finden, doch wir meiden sie, wenn wir Angst haben. Wir treten durch die Tür, um Sicherheit und Ruhe zu finden. Türen sind die wichtigsten Teile einer Stadt- oder Hausmauer. Sie sind nötig, aber auch angreifbar und daher bewacht.

Darum waren die wichtigsten Worte im Leben des Volkes Israel „Torworte". Sie stehen in 5. Mose 6,4-5: „Hört, ihr Israeliten! Der Herr, unser Gott, ist der einzige Herr. Ihr sollt den Herrn, euren Gott, von ganzem Herzen, von ganzer Seele und mit eurer ganzen Kraft lieben." Diese Verse nennt man das *Sch'ma* nach ihrem ersten hebräischen Wort, das „Höre!" bedeutet.

Die Israeliten sollten sich an diese Worte erinnern und über sie reden, wenn sie ein- und ausgingen. Sie sollten sie auf die Türpfosten ihrer Häuser und auf ihre Tore schreiben. Daraus wurde die *Mesusa*, von Hand geschriebene, dicht aufgerollte Pergamentrollen, die in kleine Behälter gesteckt und an der Tür angebracht werden. Zweiundzwanzig Zeilen, die die ersten beiden Abschnitte des *Sch'ma* enthalten. Auf der Rückseite des Pergaments steht ein einzelnes Wort: *Schaddai* – Allmächtiger. Die drei Konsonanten in diesem Wort gelten als Akronym für „Wächter der Türen Israels".

Es sollte eine Erinnerung daran sein, dass Gott jederzeit über sie wacht. Auf Hebräisch war der Satz „Wenn ihr kommt und wenn ihr geht" eine allumfassende Beschreibung des gesamten Lebens eines Menschen. Das ist so ähnlich, wie wir vielleicht zu jemandem sagen: „Ruf mich Tag oder Nacht an", wenn wir ihm vermitteln wollen, dass wir ihm jederzeit zur Verfügung stehen.

Dieser Punkt ist wichtig, weil ich oft meine, wissen zu müssen, wie eine Sache ausgeht, um angstfrei sein zu können. Doch das stimmt nicht. Nicht das, was auf der anderen Seite der Tür ist, gibt mir das nötige Vertrauen, um hindurchzugehen, sondern derjenige, der mit mir geht.

Ich will Ihnen noch ein anderes Geheimnis über offene Türen verraten. Was wir uns am meisten wünschen, ist nicht das, was hinter der Tür liegt. Wir wünschen uns am meisten den, der sie öffnet. Wenn wir durch die geöffnete Tür gehen, gehen wir immer mit ihm. Er empfängt die Menschen an der Türschwelle. Die Faszination einer offenen Tür liegt nicht in den neuen Umständen oder der neuen Arbeitsstelle oder dem neuen Ort oder der neuen Errungenschaft. Bei ihm zu sein ist das, was unseren momentanen Standort zu einem wunderbaren Ort macht.

Im Talmud gibt es eine Geschichte, dass einmal ein König dem berühmtesten Rabbi seiner Zeit, Rav, eine Perle schickte. Rav schickte eine einfache Mesusa zurück. Der König war wütend über den großen Wertunterschied, doch Rav erklärte ihm: „Das Geschenk, das du mir geschickt hast, ist so wertvoll, dass es bewacht werden muss. Doch das Geschenk, das ich dir geschickt habe, wird dich bewahren." Dazu zitierte er Sprüche 6,22: „Bei deinem Gehen leite sie dich, bei deinem Liegen behüte sie dich, und wachst du auf, so rede sie dich an!" (ELB).[57]

Israel sollte sich daran erinnern, dass es durch an die Türpfosten gestrichenes Blut eines Opferlammes in der großen Nacht des Auszugs aus Ägypten vor Gericht und Tod bewahrt wurde. Allein das Durchschreiten einer Tür, von der Sicherheit des Hauses hinaus in eine Welt voller Gefahren, wurde zu einer heiligen Erinnerung an Gottes liebevollen Schutz.

Gottes Gegenwart und Macht machen uns sicherer, als jeder rein menschliche Schutz es könnte. Dieses Versprechen steht hinter einem der großen Bilder des Alten Testaments:

> Öffnet euch, ihr ehrwürdigen Tore und ihr uralten Türen,
> damit der König der Herrlichkeit einziehen kann.
> Wer ist der König der Herrlichkeit?
> Es ist der Herr, stark und mächtig,
> der Herr, mächtig im Kampf. (Psalm 24,7-8)

Weil die Tore der angreifbarste Teil in alten Stadtmauern waren, ließen sie sich nicht leicht öffnen. Einmal geöffnet, konnte jeder Feind sie stürmen und die Stadt einnehmen. Doch in diesem Fall sollten die Tore geöffnet werden, denn in diesem Fall kam die Sicherheit höchstpersönlich in die Stadt.

Aus menschlicher Sicht ist der große Feind der Tod, unser letzter, fürchterlicher Gegner. In der Welt des Altertums wurde stoische Gelassenheit, nicht Hoffnung, angesichts des Todes als die bewundernswerteste und angemessenste Tugend betrachtet. Der Mann (in der damaligen Welt immer ein Mann), der seine innere Furcht und Ängstlichkeit beherrschte, wurde „Überwinder" genannt.

Gottes Gegenwart und Macht machen uns sicherer, als jeder rein menschliche Schutz es könnte

Paulus wählte seine Worte sehr bedacht: „Wer wird uns scheiden von der Liebe Christi? Bedrängnis oder Angst oder Verfolgung oder Hungersnot oder Blöße oder Gefahr oder

272

Schwert? (…) Aber in diesem allen sind wir mehr als Überwinder durch den, der uns geliebt hat" (Römer 8,35.37; ELB). „Mehr als Überwinder" ist mehr als eine Phrase. Es ist eine Behauptung, ein Versprechen. Der letzte Kampf ist nicht, dass ich gegen meine Kämpfe vor dem unausweichlichen Todesurteil überwinde, sondern dass Christus den Tod bezwingt.

Die Mauer ist nicht alles. Gehen Sie nur weiter. Es wird eine Tür kommen. Sie werden sie an der Aufschrift „Mehr als Überwinder" erkennen.

„Der Weg ist nicht klar genug"

„Klopft an, und es wird euch geöffnet werden", sagte Jesus.

Er sagte aber nicht, wie lange wir anklopfen müssen. Er sagte auch nicht, wie wir todsicher die richtige Tür auswählen. Er gab uns keine Formel, um die richtige Entscheidung zu berechnen. Mose betete auf der gesamten vierzigjährigen Wüstenwanderung und kam trotzdem nicht ins Gelobte Land. Paulus bat Gott, ihm den „Dorn im Fleisch" wegzunehmen, doch das geschah nicht. Vielleicht stehe ich in der Gefahr, die Suche nach der Tür aufzugeben, weil ich nicht weiß, wo ich suchen soll.

Es gibt einen alten Spruch für Reisende: Die Scheinwerfer eines Autos reichen nur fünf Meter weit, aber diese fünf Meter bringen einen bis nach Hause. Gott weiß, wie viel Klarheit gut für uns ist – nicht zu viel und nicht zu wenig. Wir folgen nicht der Klarheit, sondern *Gott*.

Bob Goff schreibt davon, dass er unbedingt Rechtsanwalt werden wollte, um im juristischen Bereich Einfluss zu nehmen. Er wusste, an welcher Hochschule er Jura studieren wollte. Das einzige Problem war, dass er dort nicht angenommen wurde.

Also ging er ins Büro des Dekans, stellte sich vor, erklärte seine Situation und beschrieb, wie sehr er an dieser Uni studieren wollte, obwohl er abgelehnt worden war.

„Ich verstehe", sagte der Dekan. „Einen schönen Tag noch."

Bob beschloss, weiter anzuklopfen. „Sie haben die Macht, mein Leben zu verändern. Sie müssen nichts weiter sagen als: ‚Gehen Sie die Lehrbücher kaufen', und ich könnte an Ihrer Hochschule studieren."

Der Dekan lächelte. „Einen schönen Tag noch."

Bob beschloss, im Büro des Dekans zu campen. Es waren noch fünf Tage bis Semesterbeginn. Wenn der Dekan morgens kam, war Bob schon da. „Vier Worte. ‚Kaufen Sie die Lehrbücher.' Verändern Sie mein Leben."

Lächeln. „Einen schönen Tag noch."

Bob gab nicht auf. Er lernte den Tagesablauf des Dekans kennen – wann er kam, wann er nach Hause ging, wann er Mittagspause machte, wann er ins Fitnessstudio ging. Jedes Mal, wenn er ihn sah, erinnerte er ihn: „Vier Worte. Verändern Sie mein Leben."

Am Tag des Semesterbeginns wusste Bob, dass es „sein" Tag werden würde. An diesem Tag sah er den Dekan ein Dutzend Mal. Jedes Mal die gleiche Botschaft: „Sagen Sie mir einfach, dass ich die Lehrbücher kaufen gehen soll."

„Einen schönen Tag noch."

Dann kam Tag zwei des Semesters. Bob geriet bereits in Rückstand, obwohl er nicht einmal aufgenommen worden war. Am fünften Tag begann Bob sich Sorgen zu machen. Spät am Nachmittag hörte er Schritte. Inzwischen kannte er den Schritt des Dekans und seinen Tagesplan auswendig. Der Dekan sollte sich um diese Uhrzeit eigentlich nicht außerhalb seines Büros aufhalten.

Er schaute Bob in die Augen, zwinkerte und sagte die vier Worte, die sein Leben veränderten: „Kaufen Sie die Lehrbücher."

Bob kaufte die Lehrbücher.

Sein Dienst für Gott war bemerkenswert. Unter anderem war er im internationalen diplomatischen Dienst und lehrte an einer juristischen Fakultät. Doch über seinen Studienbeginn schrieb er Folgendes:

Ich hörte einmal, wie jemand sagte, dass Gott ihm die Tür zu einer Gelegenheit verschlossen hatte, auf die er gehofft hatte. Ich fragte mich aber immer, wenn wir etwas tun wollen, das gut und richtig ist, ob Gott uns diesen Wunsch tief ins Herz legt, weil er es für uns will und es ihm Ehre macht. Vielleicht gibt es Situationen, in denen wir meinen, eine Tür wäre zugegangen – doch Gott will, dass wir sie eintreten, statt die Umstände falsch zu deuten. Oder vielleicht sollen wir nur lange genug draußen sitzen bleiben, bis jemand uns sagt, dass wir reinkommen können.[58]

Stellen Sie sich vor, Bob Goff hätte das Büro des Dekans am vierten Tag verlassen. Denken Sie immer daran: Folgen Sie der Mauer. Nur geben Sie nicht auf.

Bei einem großen Konzert in Berlin sang Ella Fitzgerald den Song „Mack the Knife" („Mackie Messer"). Sie sang ihn zum ersten Mal und vergaß mittendrin den Text. Ella beschloss weiterzusingen. Sie erfand ihren eigenen Text, und die Worte reimten sich und passten zur Musik. Das Ganze war eine solche Glanzleistung, dass sie einen Grammy dafür gewann.

Mary Cahill war eine Mutter aus einem Vorort irgendwo in den USA. Als jemand sie aufforderte, über das zu schreiben, was sie kannte, witzelte sie, sie müsste ihr Buch *Carpool* („Fahrgemeinschaft") nennen. Erneut zum Schreiben herausgefordert, setzte sie sich hin und schrieb den Roman *Carpool: A Novel of Suburban Frustration* („Fahrgemeinschaft: Ein Roman über Vorstadtfrust"). Nachdem das Manuskript neun Mal abgelehnt worden war, verkaufte sie es an den großen Verlag Random House. Es kam auf die Auswahlliste des „Literary Guild"-Buchklubs, und Viacom kaufte die Filmrechte.

Oft sind uns die offenen und verschlossenen Türen unseres Lebens ein Geheimnis. Paulus wollte seinen Dienst in der Provinz Asien fortsetzen, doch „der Heilige Geist hatte es ihnen untersagt" (Apostelgeschichte 16,6). Dann wollte er in die Provinz Bithynien gehen, „doch auch das ließ der Heilige Geist nicht zu" (Vers 7). All das ohne Erklärung – bis Paulus eine Vision hatte: Ein Mann aus Mazedonien bat ihn: „Komm herüber und hilf uns" (Vers 9). Also tat er das.

Und so kam die Botschaft von Jesus nach Europa. Durch eine offene Tür. Aber zuerst gab es unbegründete verschlossene Türen.

Paulus begann, das Evangelium zu predigen, doch dadurch bekam er Schwierigkeiten mit Menschen, die fürchteten, eine beträchtliche Menge Geld zu verlieren, also wurden Paulus und Silas ins Gefängnis geworfen. In der Nacht gab es ein Erdbeben, das das Gefängnis erschütterte, und „alle

Tore sprangen auf" (Apostelgeschichte 16,26). Ich bin mir ziemlich sicher, dass ich sie an Paulus' Stelle gleich als von Gott geöffnete Türen verstanden hätte und hindurchgegangen wäre. Doch Paulus ging nicht hindurch. Er versicherte dem Gefängniswärter sofort: „Tu dir nichts an! Wir sind alle hier!" (Vers 28), denn wenn der Wärter seine Gefangenen verloren hätte, wäre sein eigenes Leben verwirkt gewesen. Und diese für das Evangelium geöffnete Tür im Herzen des Gefängniswärters und seiner Familie wäre anders nie aufgegangen.

Was für ein bemerkenswertes Leben. Als für Paulus Türen verschlossen aussahen, wartete er, bis sich eine größere Tür auftat. Als Türen zur Freiheit offen zu sein schienen, ging er nicht hindurch, um Raum für eine größere Tür zu lassen.

Gott gibt uns oft gerade genug Klarheit, um den nächsten Schritt in seiner Nachfolge zu gehen. In Apostelgeschichte 12 lesen wir, dass Petrus verhaftet und zum Tode verurteilt wurde. Die Gemeinde betete inständig für ihn. In der gleichen Nacht wurde ein Engel zu Petrus gesandt, der ihn aus seinen Ketten befreite und aus dem Gefängnis führte. Sie „erreichten das Eisentor zur Straße, das sich wie von selbst vor ihnen öffnete" (Apostelgeschichte 12,10). Was für eine wunderbare Formulierung. Ein Eisentor, das für einen Augenblick einen eigenen Willen zu haben schien.

Petrus ging zu dem Haus, in dem sich alle Jünger versammelt hatten und für ihn beteten. Er klopfte ans Tor, und eine Frau namens Rhode kam, um zu öffnen. „Als sie seine Stimme erkannte, war sie so durcheinander vor Freude, dass sie ohne die Tür zu öffnen wieder zu den anderen zurücklief. ‚Petrus steht vor der Tür!', rief sie" (Vers 14). Der Rest der Geschichte ist zu gut, um ihn nicht auch hier zu zitieren:

„Du bist von Sinnen", meinten die anderen. Und als sie darauf beharrte, kamen sie zu dem Schluss: „Es muss wohl sein Engel sein." Petrus hatte weiter geklopft. Als sie schließlich die Tür öffneten und ihn sahen, waren sie außer sich vor Staunen. (Apostelgeschichte 12,15-16)

Gott ist ein Gott der offenen Türen.

Jahrhunderte kamen und gingen. Generationen von Menschen fanden oder übersahen die offenen Türen, die Gott ihnen vorsetzte.

Und heute geht es um Ihre Zeit. Heute geht es um Ihre Tür.

Wer weiß schon, was heute vor Ihnen liegt? Wer könnte Ihre Ermutigung gebrauchen? Wie könnten Sie jemandem durch Ihre Einsichten helfen, welches Problem könnten Sie lösen, was könnten Sie Neues lernen, welchen Dienst könnten Sie anbieten? Vielleicht können Sie der Gerechtigkeit zum Sieg verhelfen, Unterdrückung beenden, einem anderen seine Last leichter machen, die Würde eines Menschen stärken.

Sie könnten etwas mit Ewigkeitswert tun.

Die Bibel beginnt mit einer Tür, die verschlossen wird – die Tür nach Eden, nach der wir unser Leben lang suchen. Am Ende zeigt die Bibel uns das von Gott erlöste Leben. Es ist ein Bild einer Stadt, die von überragendem Glanz, voll strahlender Freude und moralischer Schönheit ist. Es wird ein Ort unendlicher Möglichkeiten vor einem liebenden Gott sein, wo diejenigen, die hier auf der Erde auch in den ganz kleinen Dingen treu waren, die Verantwortung für ganze Städte erhalten werden.

Noch ein Letztes. In der Welt des Altertums gab es immer

Mauern mit Toren, und die Tore mussten bewacht und verschlossen werden, denn Gefahr und Tod waren nie weit.

In der Stadt, die kommen soll, wird es zwölf Tore geben, jedes aus einer einzelnen Perle gemacht. Daher kommt übrigens der Ausdruck „Perlentore", auch wenn die Bibel von etwas spricht, das keine Auster produzieren kann.

Die Zahl Zwölf erinnert den Leser an die Zahl der Jünger und damit an die Zahl der Stämme Israels. Das bedeutet, es ist Raum für alle.

Es gibt ein Tor für Sie.

„Die Völker der Erde werden in ihrem Licht leben, und die Könige der Welt werden kommen und ihre Herrlichkeit in die Stadt bringen. Ihre Tore bleiben geöffnet, denn es gibt dort keine Nacht mehr" (Offenbarung 21,24-25).

Die letzte Tür ist eine offene Tür.

Sie steht immer noch offen.

„Vergiss nie, du musst der Mauer nur weit genug folgen, und du wirst die Tür darin finden."

Nachwort

Ich lernte das Geheimnis der offenen Türen durch einen Griechisch-Dozenten mittleren Alters mit roten Haaren und knochigen Fingern kennen. Sein Name war Gerald Hawthorne.

Als ich mich im College für einen Griechischkurs anmeldete, wusste ich nicht, dass sich damit eine Tür in eine Gedankenwelt öffnete, die mein Leben verändern und meine Berufung prägen würde. Ich wusste nicht, dass ich dort Freunde gewinnen würde, die noch heute an meiner Seite stehen, oder einen Mentor, der mein Gefühl für meine Berufung herausfordern und lenken würde. Ich wusste nicht, dass ich hinter dieser Tür die Frau finden würde, die ich eines Tages heiraten sollte, oder den Beruf, den ich ausüben würde, oder den Menschen, der aus mir wurde. Ich wusste nur, dass mein Freund Kevin mir erzählt hatte, er habe gehört, Dr. Hawthorne dürfe man sich als Dozent nicht entgehen lassen. Außerdem dachte ich, Altgriechisch wäre besser als Spanisch, weil niemand merkt, wenn man es falsch ausspricht.

Wir wissen nie, wohin die Türen führen, durch die wir gehen. Manchmal wissen wir nicht einmal, dass eine Tür existiert. Manchmal ist die Tür ein reines Geschenk.

Man sollte nicht meinen, dass ein Griechischkurs früh um acht drei Mal die Woche ein packendes Erlebnis ist – und damit völlig danebenliegen. Keiner kam zu spät; nicht weil es fürs Zuspätkommen Strafen gab, sondern weil Dr. Hawthorne den Kurs mit fünfminütigen Andachten begann, die lebensveränderndes Potenzial hatten.

Und eines Tages waren diese fünf Minuten dem Geheimnis der offenen Tür gewidmet.

Schreibe diesen Brief dem Engel der Gemeinde in Philadelphia. Das ist die Botschaft dessen, der heilig und wahrhaftig ist und der den Schlüssel Davids hat. Was er öffnet, kann niemand schließen, und was er schließt, kann niemand öffnen. Ich weiß alles, was du tust, und ich habe eine Tür für dich geöffnet, die niemand schließen kann; denn du bist nicht stark, aber hast an meinem Wort festgehalten und meinen Namen nicht verleugnet. (Offenbarung 3,7-8)

Er begann seine Ausführungen mit einer kleinen Grammatiklektion. Dr. Hawthorne hatte eine Vorliebe für Grammatik. Er liebte die Rationalität und Ordnung der Sprache. Wenn wir uns darüber beklagten, wie schwierig Griechisch zu lernen sei, sagte er oft, dass es so etwas wie unregelmäßige griechische Verben gar nicht gäbe. Ich wusste nicht einmal, was ein unregelmäßiges Verb war – für mich klang das nach einem Verb mit einem Verdauungsproblem. Aber Dr. „Jerry" Hawthorne erkundete liebend gern die Nuancen der Sprache, um den Reichtum unter der Oberfläche zu finden.

In diesem Abschnitt erwähnte er zunächst ein besonderes Merkmal der Perfektform im Griechischen. Sie beschreibt eine vergangene, abgeschlossene Handlung, die aber Auswirkungen auf die Gegenwart hat. Ein schönes Beispiel dafür ist 1. Korinther 15,3-5, wo eine ganze Reihe von Verben in der Aorist-Form einfache Ereignisse der Vergangenheit beschreibt:

Christus starb;

Christus wurde begraben;

Christus wurde von Petrus gesehen;

Christus erschien den Zwölfen – und so weiter.

Doch inmitten all dieser Sätze in der einfachen Vergangenheitsform steht ein Satz im Perfekt, der die Auferstehung von Jesus Christus beschreibt: Er wurde von den Toten auferweckt und ist immer noch der Auferstandene. Die Auswirkung der damaligen Auferstehung ist, dass Jesus Christus heute lebt.

Die gleiche Zeitform ist hier in Offenbarung 3,8 verwendet – die Tür wurde geöffnet und steht jetzt offen.

Es gibt eine Tür, die für Sie offen steht. Im Geheimnis der göttlichen Vorsehung wurde sie vielleicht schon vor langer Zeit geöffnet, doch sie steht bis heute offen. Die Folge ist, dass es in diesem Augenblick unzählige Möglichkeiten gibt. Das ist eine verblüffende Wahrheit des Lebens, für die wir meist blind sind.

Jerry sagte allerdings, dass aus diesem Abschnitt etwas noch Spannenderes zu lernen ist.

Das Adjektiv ist nicht einfach nur ein Perfektpartizip, sondern ein Partizip Perfekt *Passiv* – nicht einfach eine „offene Tür", sondern eine „*geöffnete* Tür". „Haben Sie das verstanden?", fragte er uns ganz aufgeregt. „Können Sie den Unterschied hören?"

Wie bereits erwähnt, vermieden viele Schreiber des Neuen Testaments, da sie aus dem frommen Judentum stammten, den heiligen Namen Gottes, um ihn nicht ehrfurchtslos zu gebrauchen. Diese Tendenz nennt man manchmal den „göttlichen Passiv", und diese Passivstruktur wurde oft gebraucht, um ein Handeln Gottes zu bezeichnen, ohne das Wort „Gott" zu verwenden.

Diese Tür, von der der lebendige Herr der Gemeinde hier spricht, ist nicht einfach eine offene Tür, wie eine Tür vielleicht von einem achtlosen Jungen aus Versehen offen gelassen wurde, sondern eine von Gott geöffnete Tür. Es ist eine Tür, die Gott selbst bewusst, mit Bedacht, mit einem Ziel im Sinn und mit Absicht vor uns geöffnet hat.

Das sind also die wunderbaren Gedanken, die mit diesem eindrücklichen Bild von der Tür verbunden sind. Jesus steht neben uns und fordert uns dazu auf, etwas Enormes zu erkennen: „Schaut, ich habe eine Tür vor euch gesetzt, die Gott weit aufgemacht hat. Da ist sie. Sie ist mein Geschenk an euch und direkt vor eurer Nase." Eine Tür!

Diese Tür ist, um die Worte meines geliebten Lehrers zu wiederholen, ein Symbol für „unbegrenzte Möglichkeiten, etwas Lohnenswertes zu tun; große Durchbrüche zu neuen, unbekannten Abenteuern eines bedeutsamen Lebens; bisher ungeahnte Chancen, Gutes zu tun und unser Leben mit Ewigkeitswert zu leben".[59]

Dann erzählte Jerry von seinem eigenen Leben als einer Reihe geöffneter Türen.

Er hatte die Gelegenheit, an einer Hochschule zu studieren, an der er das Gefühl hatte, wesentlich weniger begabt als andere Studenten zu sein. Er sagte oft, er sei – wie Winnie Puuh – ein Bär mit sehr wenig Gehirn. Jedes Mal, wenn einer seiner Studenten etwas Herausragendes tat, sagte er: „Das ist wieder mal ein Beispiel dafür, dass der Schüler seinen Lehrer übertrifft." Er sagte das, obwohl er vier Jahrzehnte lang der beliebteste Dozent am Wheaton College war und obwohl sein Kommentar zum Philipperbrief einer der besten überhaupt ist.

Er hatte Angst, überhaupt zu studieren, weil er befürchtete, nicht klug genug zu sein. Doch dann, erzählte er, fiel ihm dieser Bibeltext ein. Ihm fiel auf, dass Jesus nicht nur sagte: „Schaut, ich habe euch eine von Gott geöffnete Tür gegeben", sondern auch: „Schaut mal, ich weiß, dass ihr nicht stark seid."

Diese Worte vermittelten ihm: „Schau mal, ich gebe dir keine geöffneten Türen, ohne dir auch den Mut und die Kraft zum Hindurchgehen zu geben. Wenn du deine wenige Kraft aufgebraucht hast, dann nimm einfach meine. Also hör auf, dir Sorgen um deine Fähigkeiten zu machen. Hör auf, deine Schwäche als Ausrede dafür zu benutzen, dass du dich von dieser Chance zurückziehst und abwendest. Denk daran, es sind die Schwachen, die stark werden können. Vergiss nicht, dass meine Kraft in deiner Schwachheit zur Vollendung kommt."

Nach seinem Abschluss bekam Jerry das Angebot, am Wheaton College Griechisch zu lehren. Wieder überfiel ihn das Gefühl, nicht gut genug zu sein, doch als er betete, spürte er, wie der auferstandene Herr sagte: „Schau mal, ich habe dir diese von Gott geöffnete Tür gegeben, und ja, ich weiß, dass du nur wenig Kraft hast. Aber vergiss nicht, dass mir alle Macht gegeben ist. Also lass dir diese Gelegenheit nicht entgehen!"

John Masefields rührend ungeschicktes Gedicht von einem einsamen, ängstlichen jungen Mann in einem fernen Land fiel ihm ebenfalls ein:

Ich sah Blumen wachsen auf steinigem Boden
und Menschen mit hässlichen Gesichtern gütige Dinge tun.
Ich sah, wie das schlechteste Pferd das Rennen gewann.
Also vertraue auch ich.

Wie Masefields junger Mann, so erzählte Jerry, legte er seine Hand vertrauensvoll in die Hand seines Herrn und trat durch die Tür, die Gott für ihn geöffnet hatte, hinein in den „fröhlichsten, herausforderndsten, aufregendsten Beruf, den man sich vorstellen kann".

Dann sagte Jerry: „Wenn ich aus all diesen Lebenserfahrungen, von denen mir viele Angst einjagten, ein Fazit ziehen sollte – wenn ich Ihnen heute eine Lektion mitgeben will, ganz gleich, wie alt Sie sind, dann wäre dies: Unser Gott ist ein Gott der offenen Türen, der Türen zu grenzenlosen Möglichkeiten, die sich uns unser Leben lang immer wieder eröffnen. Manches davon mag uns viel zu groß erscheinen, und manches sind ganz kleine freundliche Taten (die in Wirklichkeit in unserer zunehmend harten, gleichgültigen, gefühllosen Welt ganz groß sind)."

Bei offenen Türen geht es nie einfach nur um uns selbst. Weil Dr. Hawthorne durch diese Türen ging, wurde das Leben von Hunderten Studenten verändert – meins eingeschlossen. Er war der Lehrer und Mentor jenes Freundeskreises, den ich am Anfang dieses Kapitels erwähnte. Er forderte uns heraus, lehrte uns, glaubte an uns und trieb uns an. Gegen Ende meines Studiums nahm er mich beiseite und sagte: „John, ich denke, Sie sollten nach Kalifornien gehen und am Fuller-Seminar studieren." Ich hatte mein Leben lang in Illinois gelebt. Ich wollte eigentlich gar nicht nach Kalifornien. Die Leute dort fand ich exzentrisch, und ich würde meine Familie vermissen.

Ich bewarb mich am Fuller-Seminar für einen Studiengang in klinischer Psychologie und Theologie. Dr. Hawthorne sagte: „Wenn Sie angenommen werden, sollten Sie es meiner

Meinung nach als eine Tür betrachten, die Gott Ihnen geöffnet hat. Seien Sie bereit, den Ort zu verlassen, an dem Sie sich wohl- und sicher fühlen, und gehen Sie an einen Ort, an dem Sie lernen, wachsen und gefordert werden können. Nehmen Sie alles, was Sie über Psychologie und Theologie lernen können, und schauen Sie, ob aus Ihrem Leben ein Abenteuer im Dienst für Gott werden kann."

Also ging ich.

Ich hatte keine Ahnung, was das bedeuten würde. Ich hatte keine Ahnung, dass ich einen lausigen Therapeuten abgeben würde, dass meine Klienten am Ende der Therapie emotional noch unreifer wären als am Anfang. Aber das hätte ich nie herausgefunden, wenn ich nicht durch diese Tür gegangen wäre. Ich war so froh, dass ich es schnell herausfand und nicht erst nach dreißig oder vierzig Jahren therapeutischer Kunstfehler.

Gleichzeitig lernte ich einen Pastor namens John F. Anderson kennen. („Das F steht für Frederick", sagte er immer ganz bescheiden, wie in „Frederick the Great – Friedrich der Große".) John lud mich ein, in seiner Gemeinde zu arbeiten, der First Baptist Church in La Crescenta, zunächst nur für ein paar Stunden pro Woche. Ich hatte keine Ahnung, dass ich mich da mit jemandem traf, dessen Glaube an mich mein Leben verändern würde. Denn als ich zum ersten Mal durch die Türen jener Gemeinde ging, trat ich in eine Berufung ein und nicht nur in ein Gebäude.

Pastor Anderson war ein weiterer großer Türöffner in meinem Leben. Er und seine Frau Barb öffneten ihr Haus für mich, denn Freundschaft ist auch eine offene Tür. Von John lernte ich, dass Dienst Freude machen sollte. Als ich einmal mit ihm im Stadtzentrum von Los Angeles unterwegs war, ging er mitten in einen Park und verkündete sehr würdevoll, er sei sehr erfreut, dass so viele Leute in den Park gekommen seien und dass ich, sein junger Kollege, eine feurige Predigt halten würde. Das tat ich prompt auch – mit meiner besten baptistischen Kanzelstimme. Ich erinnere mich an viele Situationen bei John und Barb, die so lustig waren, dass wir auf dem Wohnzimmerboden lagen und lachten.

John ließ mich predigen, und am Anfang passierte es einmal, dass ich nach fünf Minuten auf der Kanzel in Ohnmacht fiel. In der Gemeinde gab es ein Podium aus Marmor, und ich kippte einfach um! Hinterher entschuldigte ich mich bei John, vor allem weil es eine Baptistengemeinde war – keine charismatische, wo man noch Pluspunkte sammelt, wenn man bei der Predigt umfällt. „Ich verstehe, wenn du mich nie wieder predigen lässt." Er antwortete: „Sei nicht albern", und schickte mich wieder auf die Kanzel.

Ich fing schon in jungen Jahren an, Vorträge zu halten, und ich tat es gern, aber ich hatte auch Angst davor. Nach meinem Ohnmachtsanfall auf der Kanzel fragte ich mich, ob mir diese Tür verschlossen bleiben würde.

Bei meiner nächsten Predigt kippte ich wieder aus den Latschen. Ich war überzeugt, dass es damit zu Ende sei, doch John sagte: „Nein, das ist nicht das Ende. Du wirst nächste Woche wieder predigen, und ich werde dich so oft predigen lassen, bis du nicht mehr in Ohnmacht fällst oder den Löffel abgibst." Und so war es. Mir fiel auf, dass er einen Teppich aufs Podium legen ließ – einen schönen, dicken, weichen Flauschteppich. Aber ich predigte weiter.

Vor nicht allzu langer Zeit erhielt ich einen Brief von dieser Gemeinde, in dem ich gebeten wurde, zu ihrem fünfundsiebzigsten Jubiläum zu predigen. John ist schon lange im Ruhestand, und der aktuelle Pastor schrieb: „Man erinnert sich hier noch gut an Sie ..." Das war schmeichelhaft, bis ich las: „... als den ohnmächtigen Pastor." Also beschloss ich, hinzufahren und zu ihrem fünfundsiebzigsten Jubiläum zu predigen. Und ich habe beschlossen, um der guten alten Zeiten willen noch einmal in Ohnmacht zu fallen. Ich hoffe, sie haben den Flauschteppich noch.

Ich wusste natürlich nicht, dass ich durch diesen Umzug, durch diese Gemeinde Nancy kennenlernen würde. Ich hatte immer gedacht, wenn ich je heirate, würde es eine Frau aus dem Mittleren Westen der USA sein, und ich würde mich mit ihr im Mittleren Westen niederlassen. Doch mich heiratete Nancy, eine junge Frau aus Kalifornien, und wir bekamen kalifornische Kinder und haben einen kalifornischen Hund und arbeiten in einer kalifornischen Gemeinde. Ich muss Ihnen sagen, dass ich dankbarer für dieses Leben bin, als ich mit Worten ausdrücken kann. Ich bin unendlich dankbar, dass Gott bei mir ist und schon so oft bei mir war, obwohl ich versage und so unzulänglich bin.

Als Dr. Hawthorne in den Ruhestand ging, gab das College ein Bankett zu seinen Ehren. Wir, seine Studenten, erzählten davon, dass es zu den besten Augenblicken in unserem Leben gehörte, wenn wir den College-Gottesdienst schwänzten (die Hochschulleitung war nicht begeistert davon), um mit Jerry zu reden und zu beten und zu lachen und zu lernen, denn in diesen Augenblicken öffneten sich unseren Gedanken und Herzen unglaublich viele Türen.

„Ich will gar nicht in dem Sinn in den Ruhestand gehen", sagte Jerry, „dass ich von Türen zurücktrete, die Gott vor mir geöffnet hat. Ich will nicht sagen: ‚Lasst mich ausruhen, lasst mich in Frieden, ich habe meine Arbeit getan, ich habe genug. Rechnet nicht mehr mit mir. Ich will nur noch in meiner Hängematte liegen.'"

Er wurde zum großen Ermutiger für das ganze College, von der Studentenschaft über den Lehrkörper bis hin zur Verwaltung. Er ermutigte ehemalige Studenten in ihrer Arbeit. Er lehrte in Gemeinden.

Er nahm sich auch noch ein Mammutprojekt vor: einen Kommentar zum Kolosserbrief zu schreiben. Doch dieses Mal begann sich eine Tür langsam zu schließen. Sein Gedächtnis fing an, ihn im Stich zu lassen. Wir trafen uns immer noch zum Frühstück wie in alten Zeiten, aber er vergaß Pointen von Witzen und Namen. Manchmal knurrte er einfach, wenn ihm die Worte entfielen. Doch der Kummer über das Vergessen konnte nicht seinen Wunsch besiegen, bei denen zu sein, die ihm lieb und teuer waren.

Man möchte meinen, Offene-Tür-Menschen wären vor allem solche mit von Natur aus widerstandsfähigem Temperament oder solche, denen Selbstvertrauen und Optimismus in den Genen steckten. Das stimmt nicht. Jerry war einer der Menschen, die sein Leben lang mit Selbstzweifeln und Angst zu kämpfen haben. Doch auch das gehörte zu seiner Begabung. Er war sich seiner Unvollkommenheit so bewusst, dass Menschen bei ihm Zuflucht fanden. Sie vertrauten ihm ihre Geheimnisse und ihren Schmerz an, wie sie es bei einem selbstbewussten Menschen, der kein Versagen kennt, nie getan hätten.

Jerry war einfach gewohnheitsmäßig so entschlossen, durch offene Türen zu gehen, dass er diese Gewohnheit nie ablegen konnte.

Vielleicht meinen Sie, es sei sicherer, die Tür zu meiden und zu bleiben, wo Sie sind. Ironischerweise schrecken wir manchmal vor den offenen Türen des Lebens zurück, weil wir uns schwach fühlen oder müde sind. Wir haben Angst, dass noch eine Tür uns den Rest geben könnte. Doch der Rückzug von offenen Türen saugt dem menschlichen Geist viel mehr Energie aus als der Schritt über die Schwelle. Jerry zitierte oft eine alte rabbinische Legende, die davon handelt:

> Zwei funkelnde neue Pfennige kamen aus der Münzpresse. Beide hatten den gleichen Wert und die gleiche Schönheit. Eine glitt aus der Hand und fiel zu Boden, rollte fort und war nicht mehr zu finden.

> Die andere wurde durch viele Hände weitergereicht und in vielen Ländern oft gewechselt. Mit ihr wurde die Tempelsteuer gezahlt, auf dem Markt eingekauft, oder sie wurde von einer barmherzigen Seele einem Armen geschenkt. Am Ende geschah es, dass man nach vielen Jahren die lang verloren geglaubte, ungebrauchte Münze wiederfand. Sie war schmutzig und schwarz und ihre Inschrift zerstört, weil sie friedlich und ungenutzt vor sich hin gerostet war.

> Die viel benutzte Münze hingegen war blank und hell, weil sie Jahr um Jahr ihren Dienst getan hatte. Die Hellsten sind die, die für die Pflicht leben, denn Rost trübt die Schönheit viel mehr als Reibung.[60]

Jerry sagte es einmal so: „So alt, wie ich bin – und ich spüre mein Alter oft –, möchte ich doch nicht die Augen vor den

Türen verschließen, die Gott mir am Anfang jedes neuen Tages öffnet. Ich will mich nicht weigern hindurchzugehen, weil ich zu ängstlich oder zu müde bin, denn es gibt noch viel Gutes, das getan werden muss. Ich bitte euch, gemeinsam mit mir diese lebenslange Herausforderung anzunehmen, durch von Gott geöffnete Türen der Möglichkeiten zu gehen, die uns unser Herr Jesus Christus gibt, solange wir Leben und Atem haben."

An dem Wochenende, als das Wheaton College sein 150. Jubiläum beging, flog ich nach Illinois, und eine Gruppe von uns traf sich zum letzten Mal mit Jerry zum Frühstück. Er betete namentlich – mit Vor- und Nachname – für jeden am Tisch, so wie vor fünfunddreißig Jahren. Das war das letzte Mal, dass ich ihn sah.

Im folgenden August versammelten wir uns alle zu seiner Trauerfeier. Die Familie musste eine größere Kirche mieten, weil die vielen Trauergäste nicht in die Kirche passten, zu der Jerry gehört hatte. Darüber hinaus besuchten Hunderte Menschen auf eine extra eingerichtete Website, um dort zu schreiben, wie sehr ihr Leben von diesem einen Mann verändert worden war.

Bei der Trauerfeier übergab sein Sohn Steve uns die Notizen von Jerrys Gedanken zu den offenen Türen. Er zeigte mir auch eines von Jerrys griechischen Neuen Testamenten, in dem Jerry handschriftlich die Namen von Menschen aufgeschrieben hatte, für die er betete: mich, meine Frau, unsere drei Kinder und unzählige andere Studenten und ihre Familien.

Jerry hörte nie auf, durch offene Türen zu gehen. Am Ende war er nur durch eine Tür gegangen, durch die wir ihm nicht folgen konnten. Noch nicht.

Türen werden sich öffnen. Die Frage ist: Werde ich sie sehen? Werde ich reagieren?

Einer von Jerrys alten Studenten, David Church, wurde Lehrer, so wie Jerry. Er schrieb ein Gedicht zu diesen Gedanken, das den Titel „Das Risiko der offenen Tür" trägt:

Die Angst, durch diesen Strudel zwischen Universen zu
schreiten,
die (selbst wenn man das erste nochmals besuchen konnte)
nie mehr sein würden, wie sie waren:
sicher, bezaubernd.

Doch die Tür wurde geöffnet,
und ich stehe davor.
Was ist das für ein seltsamer Wind,
der mir übers feuchte Gesicht streicht?

Wenn ich zurückkehre
zur bezaubernden Sicherheit
dieser vertrauten Orte,
dann wird das Viereck der wechselnden Schatten
auf dem Boden meines Universums –
nun dunkel, nun golden,
nun weiß glühend –
in mir brennen wie eine unbeantwortete Frage,
wie eine vernachlässigte Freundschaft,
wie eine vermisste Liebe.

Das Herz klopft.
Gott helfe mir,
ich
gehe.

Wir folgen dem Herrn der offenen Tür.

Jesus war immer bereit, durch die Türen zu gehen, die sein Vater vor ihm öffnete. Ganz gleich, wie hoch der Preis war. Und der Preis war hoch.

Am Ende hängten sie ihn an ein Kreuz, nahmen seinen Leichnam ab, legten ihn in ein Grab und versiegelten es mit einem Stein. Zwei Tage lag er dort. Zwei Tage lang war die Welt kalt, verschlossen und leer.

Doch am dritten Tag sagte der Vater zum Sohn: „Ich habe eine Tür für dich geöffnet."

Er ging hindurch auf die andere Seite.

Diese Tür steht noch immer offen.

Dank

Ein Buch ist, wie ein Menschenleben, ebenfalls das Produkt vieler offener Türen. Dies ist das erste Buch, das ich mit dem Team von Tyndale gemacht habe, und ich bin sehr dankbar für die partnerschaftliche Zusammenarbeit, die mir viel Freude gemacht hat. Ron Beers war eine unerschöpfliche Quelle von Ermutigung, Ideen und Enthusiasmus. Carol Traver bringt mehr Energie und (im besten Sinn des Wortes) schrägen Witz mit, als jeder Autor erwarten kann. Jonathan Schindler hat wunderbare Beiträge zu den in diesem Buch ausgedrückten Gedanken geleistet und dazu, wie man sie am besten zum Ausdruck bringen kann. Curtis und Sealy Yates waren fröhliche Fürsprecher und Cheerleader. Brad Wright und die Mannschaft von SoulPulse waren eine ebenso großartige Quelle für die Ausrichtung dieses Buches wie auch für Ideen und Fachkompetenz aus den Sozialwissenschaften. Beim Schreiben war ich besonders dankbar für die klinische Forschung, in die ich am Fuller-Seminar von Personen wie Neil Warren, Archibald Hart, Newt Malony und Richard Gorsuch eingeführt wurde.

Dankbar bin ich auch den Ältesten und der Gemeinde der Menlo Park Presbyterian Church, die mir Zeit und Freiraum zum Schreiben gegeben haben. Linda Barker, mit der ich dort zusammenarbeite, bringt ein Maß an Ordnung und Freude in den Alltag, ohne die ein Projekt wie dieses unmöglich wäre.

Ich bin dankbar für meine Frau Nancy, die, soweit ich weiß, nie eine offene Tür ausgeschlagen und sich durch mehr als genug scheinbar verschlossene Türen gezwängt hat. Ich kann mir keinen besseren Menschen vorstellen, mit dem ich auf die göttlichen Möglichkeiten des Lebens zugehen möchte.

Für meine Dankbarkeit gegenüber Gerald P. Hawthorne, der über die Jahrzehnte hinweg so viele Studenten am Wheaton College neutestamentliches Griechisch, aber auch Freundschaft, Lachen, Liebe und Glauben gelehrt hat, reichen Worte nicht aus.

Über den *Autor*

John Ortberg ist Autor, Redner und Seniorpastor der *Menlo Park Presbyterian Church* (MPPC) im Großraum San Francisco Bay. Von ihm stammen unter anderem Bücher wie *Hüter meiner Seele*; *Warum eigentlich Ostern?*; *Das Leben, nach dem du dich sehnst*; *Glaube & Zweifel* und *Das Abenteuer, nach dem du dich sehnst*. John Ortberg hält Vorträge und Predigten auf Konferenzen und in Gemeinden überall auf der Welt.

Geboren und aufgewachsen in Rockford, Illinois, studierte John Ortberg am Wheaton College und machte am Fuller-Seminar einen Masterabschluss in Theologie und promovierte in klinischer Psychologie. Bevor er seine heutige Stelle in der MPPC antrat, war er Lehrpastor in der *Willow Creek Community Church* in Chicago. John Ortberg gehört zum Kuratorium des Fuller-Seminars, ist im Vorstand des *Dallas Willard Center for Spiritual Formation* und ehemaliges Vorstandsmitglied von *Christianity Today International*.

John und seine Frau Nancy haben drei erwachsene Kinder und genießen es heute, im Pazifik zu surfen. Man kann seinen Aktivitäten auch auf Twitter folgen: @johnortberg.

Anmerkungen

1 Diese Sechs-Wort-Memoiren stammen aus Rachel Fershleiser und Larry Smith (Hrsg.): Not Quite What I Was Planning. Six-Word Memoirs by Writers Famous and Obscure. New York 2008.

2 Gerald Hawthorne: Colossians. Kommentar. Herausgegeben im Eigenverlag 2010, Anhang.

3 Viktor E. Frankl: ... trotzdem Ja zum Leben sagen. München ²³2003, S. 108.

4 Sheena Iyengar: "How to Make Choosing Easier". TED-Talk, November 2011, www.ted.com/talks/sheena_iyengar_choosing_what_to_choose (letzter Zugriff 31.08.2015).

5 Stephen Ko: Bisociation and Opportunity, in: Opportunity Identification and Entrepreneurial Behavior, Hrsg. John E. Butler. Greenwich, CT 2004, S. 102.

6 Vgl. Theodor Seuss Geisel: Wie schön! So viel wirst du sehn! Frankfurt a.M. 2000.

7 „Young adults want to make their own hours, come to work in their jeans and flip-flops, and save the world while they're at it." Barna: Millennials: Big Career Goals, Limited Job Prospects. 10. Juni 2014, www.barna.org/barna-update/millennials/671-millennials-big-career-goals-limited-job-prospects (letzter Zugriff 31.08.2015).

8 Andy Chan: Called to the Future, zur Veröffentlichung angenommenes Manuskript, in: Theology, News & Notes. Pasadena, CA 2014.

9 Carol Dweck: Mindset. The New Psychology of Success. New York 2008, S. 3.

10 Frederick Buechner: The Sacred Journey. New York 1982, S. 104.

11 F.D. Bruner: Matthew: A Commentary – 2 The Churchbook Matthew 13-28. Grand Rapids, MI 1990, S. 805f.

12 Jessica Bennett: "They Feel 'Blessed'". New York Times, 2. Mai 2014, www.nytimes.com/2014/05/04/fashion/blessed-becomes-popular-word-hashtag-social-media.html (letzter Zugriff 31.08.2015).

13 Vgl. Theodor Seuss Geisel: Wie schön! So viel wirst du sehn! Frankfurt a.M. 2000.

14 James Dunn: Word Biblical Commentary. Romans 1–8, vol. 38A. Waco, Texas 1988.

15 Ernest Kurtz: "Spirituality and Recovery: The Historical Journey", in: Ernest Kurtz: The Collected Ernie Kurtz, Hindsfoot Foundation Series on Treatment and Recovery. New York 2008, http://hindsfoot.org/tcek09.pdf (letzter Zugriff 31.08.2015).

16 Geoffrey Mohan: "Facebook Is a Bummer, Study Says". Los Angeles Times, 14. August 2013, http://articles.latimes.com/2013/aug/14/science/la-sci-sn-facebook-bummer-20130814 (letzter Zugriff 31.08.2015).

17 Steven Furtick, zitiert in: Brett und Kate McKay: "Fighting FOMO. 4 Questions That Will Crush the Fear of Missing Out". The Art of Manliness, 21. Oktober 2013. http://www.artofmanliness.com/2013/10/21/fighting-fomo-4-questions-that-will-crush-the-fear-of-missing-out/ (letzter Zugriff 18.08.2015).

18 Frederick Buechner: The Sacred Journey. New York 1982, S. 107.

19 Chris Lowney: Heroic Leadership. Chicago 2003, S. 121, 129.

20 Sam Whiting: "Muni Driver Will Make New Friends, Keep the Old". San Francisco Chronicle, 8. September 2013, www.sfchronicle.com/bayarea/article/Muni-driver-will-make-new-friends-keep-the-old-4797537.php#/0 (letzter Zugriff 31.08.2015).

21 John Blake: „Actually, That's Not in the Bible". CNN Belief Blog, 5. Juni 2011, http://religion.blogs.cnn.com/2011/06/05/thats-not-in-the-bible (letzter Zugriff 31.08.2015).

22 Gerald Hawthorne: Colossians. Kommentar. Herausgegeben im Eigenverlag 2010, Anhang.

23 David Garrow: Bearing the Cross. New York 1988, S. 57f.

24 Die Geschichte der Rechabiter wird in Jeremia 35,1-19 erzählt.

25 Chip Heath und Dan Heath: Decisive. New York 2013, S. 40f.

26 M. Craig Barnes schreibt diesen Gedanken C.S. Lewis zu. Siehe M. Craig Barnes: "One Calling of Many", in: The Christian Century, 19. März 2014, www.christiancentury.org/article/2014-03/one-calling-many (letzter Zugriff 31.08.2015).

27 Frederick Buechner: Telling Secrets. San Francisco 1991, HarperCollins E-book-Ausgabe.

28 Martin Buber: Ich und Du. Stuttgart 1995, S. 79.

29 Archibald MacLeish, zitiert in Sheena Iyengar: The Art of Choosing. New York 2010, S. xvii.

30 Vgl. Theodor Seuss Geisel: Wie schön! So viel wirst du sehn! Frankfurt a.M. 2000.

31 Barry Schwartz: "The Paradox of Choice". TED-Talk, Juli 2005, www.ted.com/talks/barry_schwartz_on_the_paradox_of_choice (letzter Zugriff 31.08.2015).

32 Ichak Adizes: Managing Corporate Lifecycles. Santa Barbara, CA 2004, S. 6.

33 Chip Heath und Dan Heath: Decisive. New York 2013, S. 10.

34 Doris Kearns Goodwin: The Bully Pulpit. New York 2013, S. 44.

35 Johannes Chrysostomos: Homily XXXIII (zu Hebräer 12,28f).

36 Andy Chan: "Called to the Future", zur Veröffentlichung angenommenes Manuskript, in: Theology, News & Notes. Pasadena, CA 2014.

37   A.a.O.
38   Ryan Grenoble: "San Pedro Post Office Volunteers Have Been Gi-
     ving Back to Community Since 1966". Huffington Post, 16. August
     2012, www.huffingtonpost.com/2012/08/16/san-pedro-volunteer-
     post- office-_n_1790883.html (letzter Zugriff 31.08.2015).
39   Century Marks, Christian Century, 16. April 2014, S. 9.
40   Fjodor M. Dostojewski: Aufzeichnungen aus dem Dunkel der
     Großstadt, in: Sämtliche Romane und Novellen, Bd. 3. Leipzig
     1922, S. 61.
41   Marcus Buckingham: The Truth about You. Nashville 2008, S. 41.
42   Warren Sazama, S.J.: "Some Ignatian Principles for Making Pray-
     erful Decisions". www.marquette.edu/faith/ignatian-principles-for-
     making-decisions.php (letzter Zugriff 31.08.2015).
43   A.H. Maslow: The Farther Reaches of Human Nature. New York
     1971, S. 36.
44   a.a.O., S. 36f.
45   Phillip Cary: Jonah. Brazos Theological Commentary on the Bible.
     Grand Rapids, MI 2008.
46   Gregg Levoy: Callings. New York 1997, S. 190.
47   Klaus-Peter Hertzsch: Wie schön war die Stadt Ninive. Berlin
     1983.
48   Zitiert in Greg Levoy: Callings, S. 191.
49   William H. Myers: God's Yes Was Louder than My No: Rethinking
     the African American Call to Ministry. Trenton, NJ 1994, zitiert in
     Levoy: Callings, S. 199f.
50   Phillip Cary geht in seinem Kommentar zu Jona auf die Bedeutung
     des Wortpaars „groß" und „böse" in Jona 4,1 ein. Siehe Cary: Jo-
     nah.
51   William Shakespeare: Hamlet. Übers. August Wilhem v. Schlegel.
     Akt 5, Szene 2.
52   Frederick Buechner: The Sacred Journey. New York 1982, S. 108.
53   Jennifer Kennedy Dean: "Think Small When You Dream Big".
     Praying Life Foundation, 13. April 2011, http://www.prayinglife.
     org/2011/04/think-small-when-you-drean-big/ (sic! Letzter Zugriff
     31.08.2015).
54   Teile dieses Abschnitts stammen (in bearbeiteter Form) aus mei-
     nem Buch Hüter meiner Seele, Asslar 2015.
55   Zitat von Rudolf Bultmann in F.D. Bruner: Matthew: A Commen-
     tary – 2 The Churchbook *Matthew 13-28*. Grand Rapids, MI 1990,
     S. 780.
56   Cornelius Plantinga Jr.: Reading for Preaching. Grand Rapids, MI
     2013, S. 62f.

57 Rabbi Stephen Pearce: "Mezuzot Remind Us That Doors Hold a Symbolic Meaning". Jweekly.com, 5. August 2004, www.jweekly.com/article/full/23315/mezuzot-remind-us-that-doors-hold-a-symbolic-meaning/ (Letzter Zugriff 31.08.2015).

58 Bob Goff: Love Does. Nashville 2012, S. 44f.

59 Gerald Hawthorne: Colossians. Kommentar herausgegeben im Eigenverlag 2010, Anhang.

60 Die Texte in diesem Kapitel stammen aus Dr. Jerry Hawthornes tief bewegendem Andachtsbuch.

Christine Caine

Bis ins Ziel

Leidenschaftlich für Gott laufen

Viele Christen bewegt die Frage: „Was ist Gottes Auftrag für mein Leben?"
Christine Caine, die bekannte christliche Menschenrechtsaktivistin und
Evangelistin, vergleicht dazu das Leben mit einem fortwährenden Staffel-
lauf – ein Lauf, zu dem Gott alle Christen einlädt. In diesem Bild überreicht
Gott uns die „Staffelstäbe", also göttliche Aufträge, die wir immer wieder
annehmen und weitergeben sollen. Caine ruft jeden dazu auf, seine Aufgabe in Gottes großem Plan zu erfüllen, um das Reich Gottes auf der Erde zu
verwirklichen.

Gebunden, 14 x 21,5 cm, 208 S.
ISBN 978-3-417-26654-2
Auch als E-Book

SCM
R.Brockhaus

Philip Yancey

Zurück zur Gnade

Wie wir wiederfinden, was uns verloren gegangen ist

Warum haben wir Christen so ein schlechtes Image – obwohl unsere Botschaft doch so großartig ist? Diesem beunruhigenden Missverhältnis zwischen Ansehen und Ansinnen des christlichen Glaubens geht Philip Yancey auf den Grund. Er führt differenziert und ohne Anklage anhand vieler Beispielgeschichten und konkreter Ideen vor Augen, wie Gottes Gnade wieder unsere Visitenkarte werden kann! Ein Buch, das aufrüttelt, um der Welt das wieder nahe zu bringen, was uns selbst gerettet hat.

Gebunden, 14 x 21,5 cm, 328 S.
ISBN 978-3-417-26645-0
Auch als E-Book

SCM
R.Brockhaus